U0887981

PUHUA BOOKS

我们一起解决问题

数物融合

工业互联网重构数字企业

施战备 秦成 张锦存 刘丽兰 ◎ 著

人民邮电出版社
北京

图书在版编目（CIP）数据

数物融合 ：工业互联网重构数字企业 / 施战备等著.
-- 北京 ：人民邮电出版社，2020.8（2023.2重印）
（新基建新技术新管理丛书）
ISBN 978-7-115-53903-8

Ⅰ. ①数… Ⅱ. ①施… Ⅲ. ①数字技术—应用—工业企业管理—研究 Ⅳ. ①F406.3-39

中国版本图书馆CIP数据核字(2020)第069020号

内 容 提 要

目前，工业互联网已成为众多企业关注的焦点，运用工业互联网实现数字化转型是很多企业都在做的工作。然而，一些企业和管理人员往往将数字化转型与数字技术投资相混淆。

本书将引领读者重新审视新一代信息技术给企业带来的前所未有的挑战和机遇，以全新的视角诠释如何利用数字主线打通企业端到端价值链，以数据为驱动，以工业互联网为依托，赋能企业研发、制造、营销、运营和服务等核心业务的创新，从而在新的行业竞争格局中脱颖而出。同时，本书基于国内外企业数字化转型的成功案例和经验，结合国内企业信息化、数字化现状，为正在转型或即将转型的企业提供了如何以工业互联网重构数字企业、正确实施数字化转型的建议。

本书适合企业管理者以及从事研发、制造、营销、运营和服务工作的人员阅读，也可供高等院校相关专业的师生参考。

◆ 著 施战备 秦 成 张锦存 刘丽兰
责任编辑 张国才
责任印制 彭志环

◆ 人民邮电出版社出版发行 北京市丰台区成寿寺路 11 号
邮编 100164 电子邮件 315@ptpress.com.cn
网址 https://www.ptpress.com.cn
北京虎彩文化传播有限公司印刷

◆ 开本：700×1000 1/16
印张：18.75 2020 年 8 月第 1 版
字数：240 千字 2023 年 2 月北京第13次印刷

定价：85.00 元

读者服务热线：(010)81055656 印装质量热线：(010)81055316
反盗版热线：(010)81055315
广告经营许可证：京东市监广登字 20170147 号

专家赞誉

作者以全新的视角，从企业战略的维度思考数字化转型，通过工业互联网将数字主线、数字孪生、工业App等概念和技术有效衔接起来，通过解耦、建模和重构企业的业务实现业务模式和产品服务的创新；重新审视研发、制造、服务等业务的数字化，通过理论与实践相结合，在厘清概念的同时也为企业转型指明了方向。因此，本书值得企业管理者、相关工程人员和业内专家细细品味。

——**陈　明**　同济大学工业4.0工厂主任

工信部电子科技委员会委员

工业互联网是企业数字化转型的重要手段。今天，许多企业在数字化转型与应用方面缺乏基本知识与系统概念，很多人对工业互联网的发展与技术只有碎片化的了解。这本书对工业互联网发展与企业数字化转型做了系统化的讲解，值得企业管理者与工程人员参考。

——**李　杰**　美国辛辛那提大学教授

美国NSF智能维护系统（IMS）中心创始主任

最近几年，很多人都在思考同样的问题：未来的数字化企业是什么样子？与传统的自动化、信息化系统之间是怎样的关系？对此，作者结合自己的工作实践和思考，给出了自己的答案：在工业互联网平台上实现数与物的融合。

——**郭朝晖**　博士、优也信息科技有限公司首席科学家随着老龄化社会的到来与全球化竞争的加剧，数字化转型已成为制造企业转型升级的必由之路。作者以开阔的视野、前瞻的理念、丰富的经验和流畅的文笔，以工业互联网为主线，依次从研发、制造、营销、运营与服务等多维度深度剖析了制造企业数字化转型的方法与路径。因此，本书对制造企业数字化转型升级具有很强的学习与参考价值。

——**朱铎先** 北京兰光创新科技有限公司董事长

本书对数字化转型的许多概念进行了梳理，这应该也是当下困惑业界的术语，每人都有自己的解读。其实，概念只是一个“手电筒”，它在黑暗中劈开了一道新的边界，但它自身无法对路径选择做出判断。而企业最重要的仍然是大胆求证、小心实践。概念引导启发，实践做出判断，这是本书的一大价值。

——**林雪萍** 北京联讯动力咨询公司总经理

疫情的黑天鹅开启了数字化商业世界的新时代，我国的产业互联网已经按下了加速键，势在必行。从业 20 年，从早期的单机税务信息化到现在的数据智能转型，我经历了我国企业信息化的主要阶段，我们用 20 年走完了国外 60 年的信息化历程。在这个过程中，我欣喜地发现，我们不仅建设了很多高水平的转型项目，落地了卓越丰硕的数字化成果，而且也有很多企业在思考、总结和沉淀。大家都在通过演讲、出书等方式把实践转化成数字化的理论体系，这些理论体系会让后续的数字化转型和实践更加体系化，能够更好、更快、更规模化地推进我国的产业互联网转型。

——**史　凯** 精益数据创新体系创始人

ThoughtWorks 数据智能总经理

本书系统地解读了工业互联网、数字主线、数字孪生、数字中台等智能制造领域前沿技术的内涵与应用，并分享了国内外领先制造企业的最佳实践和典型案例，提供了制造企业推进研发、制造、营销与服务等核心业务数字化转型的指南。对于正在积极探索和推进数字化转型、提升核心竞争力的制造企业，本书具有十分重要的指导意义和参考价值。我强烈推荐制造企业的 CXO 认真阅读，从中获得启发与灵感，并根据企业的行业特质寻找到数字化转型的突破口，真正取得实效！

——**黄　培** e-works 数字化企业网 CEO

推荐序一

制造业正在经历根本性、战略性、全局性的变革。这种变革源自信息或数字这类特殊资源成为制造业发展的内生要素，发轫于信息通信技术的快速进步，加速于业态和模式的转变，朝向数字化、智能化的愿景迈进。然而，几年探索，成功与失败相间，路径尚未清晰，目标也存在模糊之处。

在这样的时候，我看到了施战备、秦成等人的新著《数物融合：工业互联网重构数字企业》一书。细品之下，我感到这是近年来关于制造企业数字化转型最系统、最有价值的专著之一。

之所以说最系统、最有价值，是因为本书从制造企业的角度诠释了数字化转型的方向——构建数字企业；正确地把握了转型的核心要素——企业的数字中台、物联网平台、数字主线和数字孪生；系统地阐述了企业数字化转型的各个环节——研发、制造、营销、运营和服务。尤为值得重视的是，无论是核心要素，还是主要环节的讨论，这本书都能紧紧把握以具体的企业为中心。所谓数字中台、物联网平台、数字主线和数字孪生，都是以具体企业的事务为对象，而不是从技术的角度去讨论抽象、泛泛的概念，或超越企业的价值不明确的平台、中台、主线。

从概念到概念，将以互联网为中心的平台、数字、计算模式直接套用到制造企业的数字化转型，将此戴上“互联网思维”的光环，生硬照搬，是国内外许多企业甚至名列前茅的大企业在过去几年的实践中纷纷败北的主要原因。

20 年互联网成功模式成为制造企业数字化转型失败的一个重要原因，听起来十分刺耳，但这是无可回避的事实，因为两者之间遵循不同的规律。网络是不一样的网络，数字是不一样的数字，计算是不一样的计算。

制造企业的物联网有的直接应用了互联网，有的利用了协议、浏览器等互联网技术，有的用 DCS、SCADA、总线等连接。不管用什么方式连接，均不适用梅特卡夫定律。这些系统都是围绕企业的一个或多个目的，实现一个或多个业务流程，其边界、节点、功能是确定的或可确定的。这些连接的系统遵循的理论基础是控制论，方法论则应该是基于模型的系统工程，不是泛在连接，不遵循梅特卡夫定律。

制造企业物联系统的计算基于控制或管理的目的，控制和管理的节点在哪儿，计算就在哪儿。如果计算离开了控制的地方，计算就要出问题。因为在控制的地方计算的是含义，不是处理符号；离开了控制节点，同样的“0、1”字符串，含义就可能不一样了。我们想想任何数控机床和自动化控制系统，如发电机组中感知的东西尽管用模拟或数字的形式传输到控制单元，但是，该感知器功能加上所感知内容的时间、地点、过程，这些要素合在一起，控制单元接收到的就是含义，而不是符号，然后系统根据控制逻辑对这个含义进行处理。

制造企业的数字，就是这个企业在制造过程、管理过程、研发过程、营销服务过程等产生和需要的数字；数字孪生是这个企业需要且有价值的过程、部件的数字镜像；数字中台是为上述过程或事务提供处理和数字资源。具体化、与具体企业的事务紧紧相连是制造企业数字化转型的本质特征，而全球一网、泛在、通用是互联网的本质特征。

互联网思维不适用于工业互联网，企业的数字化转型不应由信息通信技术或数字驱动，而是由工业企业的内在发展需求或要解决的问题驱动。我们不能想当然地认为，贴上工业互联网、工业大数据、工业 App、数字中台这样的概念，就能得到解决企业所面临问题的灵丹妙药，就能增加企业的利润、提升企业的劳动生产率；而是应该反过来，从企业利润如何增长、市场份额如何扩展、劳动生产率如何提升、面临的关键问题如何解决，去寻找适合的技术、适用的数据、恰当的模式。

理论和实践有时是一致的、互补的，有时又是矛盾的，甚至是相左的。所以，我们应当首先考虑问题是什么？价值是什么？这个价值怎么变成可靠的现金流？这个价值怎么变成企业解决今天的困难、走向明天的基础？我推荐本书，就是希望制造企业的领导者和技术人员能将本企业的实际问题与本书系统的精辟的介绍和阐述结合起来，以真实的价值为中心，找到自身实现数字化转型的恰当路径。

是为序。

杨学山
2020 年 5 月 13 日

推荐序二

作为汽车行业的一名老兵，我从 1956 年大学毕业至今已经研究了半个多世纪的汽车技术，深知汽车行业的法规要求严格、可靠性要求高、技术与管理复杂、产业链长。因此，汽车产业发展水平是一个国家整体制造业水平的标杆。当下汽车产品在智能化、网联化、电动化的发展创新都离不开工业软件，而汽车企业的发展创新同样离不开各种先进的数字化技术。

从 1886 年卡尔·本茨的三轮汽车奔驰 1 号成功注册专利算起，汽车发展到今天已有百年历史。如果卡尔·本茨穿越到今天，他一定想不到当初复杂、昂贵的汽车已经普及到千家万户，更想不到一辆智能汽车 40% 的价值已经是超过 1 亿行的软件代码，它们支撑着汽车安全控制、动力匹配优化、自动辅助驾驶、信息娱乐系统等各种功能。我回想起在 1996 年筹建吉林工业大学汽车仿真与控制国家重点实验室时，就开始利用 CAD、CAE 等各种设计与仿真软件建立“人－车－环境系统”的研究环境，而近些年来，车联网、大数据、人工智能等技术的快速应用使汽车的智能化水平越来越高。

“软件定义汽车”的时代已经到来，大众、宝马等汽车行业领先企业纷纷提出数字化转型目标，利用工业互联网等技术将人员、机器、物料、系统等各类生产要素互联互通，弥合数字世界与物理世界的鸿沟，以数据驱动企业流程的优化与决策效率的提高，进而提升客户体验和忠诚度，实现企业的高质量、可持续发展。众所周知，工业互联网将成为未来制造业竞争的制高点，所以今年 3 月 6 日工信部发布了《工业和信息化部关于推动工业互联网加快发展的通知》，这为我国加快工业互联网创新发展提供了行动指南。

在与我国众多汽车企业的交流合作中，我看到虽然信息化技术已经普及到企业的研发、制造等各个环节，但是工业互联网技术的总体应用水平还不高，尤其是缺乏对当下包括工业互联网在内的各种新概念、新技术的理解和应用指导。企业管理者迫切需要有一套与数字化转型相关的理论和实践结合体系，在新冠肺炎疫情肆虐的当下苦练内功、主动转型，推动企业向数字化、网络化、智能化发展。

所谓“他山之石，可以攻玉”，本书的几位作者一直致力于为制造企业提供数字化转型的规划与落地工作，既有国外先进的工业互联网技术理论，又有国内众多企业的实践经验，所以他们总结了一套重构数字企业的体系和架构，并结合大量案例来论证如何具体落地。

数字化技术的浪潮风起云涌，我期望本书能帮助管理者根据企业的发展现状和目标理清数字化转型思路，利用工业互联网技术构建企业的核心竞争力，推动更多优秀的企业成为勇立潮头浪尖的弄潮儿。

郭孔辉

2020 年 5 月 19 日

推荐序三

制造业是保持国家竞争力和经济持续稳定发展的重要支柱，是立国之本、强国之基。改革开放以来，我国制造业有了很大的发展，取得了举世公认的成就，但是依然面临质量不高、创新不足和尖端产品过少等问题。尤其是在欧美再工业化、劳动力成本大幅提升的背景下，我国制造业正面临着来自内外两方面的严峻挑战。制造业转型升级既是推动我国由制造大国向制造强国转变的必由之路，也是我国在新一轮产业革命中抢占价值链高端、保持全球竞争力的关键，还是国家重要发展战略。如何持续有效地推进制造业转型升级，已成为众多企业研讨的主题。

与此同时，以物联网、云计算、大数据、人工智能等引领的新一轮技术浪潮正在席卷整个制造业。这些新兴的信息技术与工业技术的深度融合催生了工业 4.0、工业互联网、数字孪生、智能制造、智能工厂等一系列全新的概念、技术和范式，给制造业带来了前所未有的冲击和变革。这些技术正在使工业产品、制造过程、全生命周期管理变得越来越智能，以前科幻片中的场景正在逐渐成为现实。例如，结合大数据、云计算和人工智能等先进技术的无人驾驶已于今年 4 月在我国多个城市正式上路运行；在某些特定行业，“无人工厂”或“黑灯工厂”也已经成为现实。从长远来看，这些技术和范式将对整个制造业产生深远的影响，必将持续推动制造业转型升级。然而，对于制造企业个体而言，摆在其面前最现实的问题是如何利用这些技术实现产品、制造过程、服务的创新和转型升级，提升企业竞争力。同时，企业应当想清楚，是通过采购智能产线设备，实现机器换人，还是装配一套信息系统或企业上云。

正如本书所说，我国制造业正在经历转型阵痛期。此时，我们应该立足于制造业，回归制造业本质，重新审视这些概念和技术，思考如何让这些技术与企业的产品和业务实现深度融合。也正鉴于此，国务院于 2017 年正式发布《关于深化“互联网 + 先进制造业”发展工业互联网的指导意见》，提出增强工业互联网产业供给能力，持续提升我国工业互联网发展水平，形成实体经济与网络相互促进、同步提升的良好格局。2018 年 7 月，工信部印发了《工业互联网平台建设及推广指南》和《工业互联网平台评价方法》。2019 年的《政府工作报告》明确指出通过打造工业互联网平台，拓展“智能 +”，为制造业转型升级赋能。2020 年，我国又提出“大力发展先进制造业，加快推进新型基础设施建设”，而工业互联网成为“新基建”的一个重要投资方向。由此可见，工业互联网已经成为制造企业提质降本增效、加速转型升级的重要抓手。

企业数字化转型不能一概而论，我们要从时代变迁、技术发展、转型落实等多角度全面看待，抓住其本质和规律，夯实基础，实实在在地解决问题，创造价值。

本书作者多年来一直奋斗在制造业信息化领域，对企业及车间信息化的规划、组织、实施已积累了很丰富的经验。他们创作的这本《数物融合：工业互联网重构数字企业》紧扣当前制造业的发展形势，深入剖析和阐述了当前的技术热点和概念，为我们拨开了纷繁芜杂的数字迷雾，指出了企业数字化转型升级的本质，能够帮助读者利用工业互联网平台为企业打造数字基石。为了帮助企业能够更好地落地数字化转型，他们在书中列举了大量国内外先进企业的成功案例，分享这些企业的经验，从实践落地的角度为企业提出了研发、制造和服务等核心业务的转型路径。这是企业数字化转型方面不可多得的一本好书，可供业内相关人士参考和借鉴。

方明伦
2020 年 5 月 19 日
（上海大学终身教授，曾任上海大学党委书记、常务副校长）

推荐序四

工业互联网已经成为我国"新基建"的重要内容之一。

企业数字化转型已经成为全球企业界的基本共识。

对工业互联网的解读和实践，在我国呈现出与世界其他地方不同的特点。从对工业互联网的定义到其所适用的场景，所有从业者、研究者、实践者都给出了不同的答案。而企业如何通过融合数字化自身的诸多要素，乃至数字化所有业务系统，进而成为数字企业，是一场没有唯一路径、没有标准方案，但是有明确方向与目标的宏大实践。

在施战备、秦成等人创作的《数物融合：工业互联网重构数字企业》一书中，这两部分关乎企业生存与发展的重大内容被和谐地统一到了一起。

搭载上源源流淌、无穷无尽的比特数据，给企业的某些方面做一些数字化工作，如数字化产品、数字化流程、数字化销售等，很多企业都会去做，很多文章、著作都会谈到。但是，如此系统地将数字化转型体系架构、数字化研发转型、数字化制造转型、数字化营销转型、数字化运营与服务转型甚至员工数字化都予以研究与解读，同时以工业互联网赋能上述转型活动，并将所有实践结果荟萃到一本书集中描写，目前市场上似乎只有这一本。这让该书变得与众不同，有可能给读者带来更多的思考与想象空间。

作为一家面向全球业务、扎根我国 20 多年的技术型企业，PTC 对互联网的业务尝试与追求可谓时间久远。自 20 世纪 90 年代后期互联网兴起之时，该公司就提出了独树一帜的协同产品商务（Collaborative Product Commerce，CPC）的概念，希望基于互联网，面向制造企业的产品设计、生产、供应链、售后服务等全生命周期业务活动，以较全面的数据管理来实现跨行业、跨地域合作，以产品协作开发提升企业效益。然而，当年基于互联网的制造协同技术尚不成熟，加上社交与消费互联网异军突起，产品生命周期管理

（Product Lifecycle Management，PLM）浪潮汹涌，此后，CPC 逐渐淡出了人们的视野。但是，用跑在网络上的数据打通制造业诸多衔接不畅环节的梦想始终活跃在该公司领导人的脑海中。

7 年前，当全球工业软件巨头都还在不遗余力地发展 PLM 技术时，PTC 却再次将目光聚焦在基于工业物联网的数字化技术上，大胆收购 ThingWorx 软件，进军工业物联网领域。很多业界人士一开始并没有看懂这个深思熟虑的转变，都以为 PTC 走偏了。等到德国人开始大力宣传推动工业 4.0、美国人开始布局工业互联网、我国大多数人开始意识到这是一场新工业革命的时候，人们才发现，不是 PTC 走偏了，而是业界的业务发展逻辑变了。

用跑在网络上的数据打通制造业诸多衔接不畅环节的梦想，竟然在此时焕发出了全新的生命力。于是，PLM 概念开始逐渐淡化，工业互联网解决方案日趋成熟。占据了工业物联网先机的 PTC 早一步跨入工业互联网新赛道，布局了数物融合战略，推出了打通数字、物理两界的“数字孪生 +AR”，串接了企业价值链上的数字主线，构思了企业数字化转型架构。PTC 多措并举，开始以较大的力度促进企业的数字化重构。

过去 20 年，人们曾经认为企业数字化之路始于建个机房、买一批电脑、搞一点办公自动化，然后按部就班地踏着 CAX、PDM、SCM、ERP、MES 等一个一个的台阶向前发展即可。今天，人们忽然发现，在不经意的数年间，工业互联网已经演化成一架自动升起的通向数字空间的高耸入云的天梯。借助这部天梯，企业上云、入网、用数、赋智，乃至构建数字企业，都容易了很多。这就是该书要告诉读者的最重要的信息。

该书作者把他们多年的经验心得、所见所闻，总结成一整套完整的、可落地操作的数字化转型体系，十分不易。剩下的就是读者见仁见智的阅读与理解，求真求实的规划与实践。

是以为序。

赵敏

2020 年 6 月 3 日

（中国发明协会常务理事、发明方法研究分会会长）

前言

近年来，工业领域进入了一个信息爆炸的时代，中台、数字孪生、工业互联网等概念层出不穷，令人眼花缭乱、无所适从。我相信，工业企业的管理层和业务人员对这点深有体会。这些概念到底如何，能否为我所用，却是公说公有理、婆说婆有理，一时间争得不亦乐乎。所谓公道自有人心在，有些务实的企业渐渐冷静下来，将空谈概念的供应商拒之门外。这值得我们庆幸，更应该引起我们的反思。作为从事制造业信息化的人员，我们有责任和义务去帮助企业拨开数字迷雾，立足于企业的核心利益和价值，道出数字化的本质，指明数字化的方向。这也是我写这本书的初心。

本人是机械制造科班出身，浸淫于制造业信息化、数字化已不下 20 年，对当前制造业现状、面临的困境和机遇还是有所了解的。这么多年的摸爬滚打让我经历了风风雨雨，见过了太多企业实施信息化的成功与失败，也亲身体验到了我国制造业正在历经转型升级的阵痛。很多企业正在面临要不要数字化的两难抉择。说它是抉择，一点也不夸张，甚至有人认为“数字化是找死，不数字化是等死”，反正都是死。我个人认为，当前正处于转型浮躁期，各种概念的狂轰滥炸很容易让困境中的企业将其当成救命稻草或一剂良药，以为包治百病、药到病除。这种概念炒作的最大效果就是“知其然而不知其所以然”，只会让企业变得越来越焦虑，让企业的 CIO 或 IT 经理饱受非议，承受来自各方的压力。而 CIO 或 IT 经理们却只能望数字化兴叹：从何而来，去向何方？

企业不需要这些云里雾里的概念，它们需要的是一根线，把其中有用的概念串起来，为己所用。而数字化转型就是这根线，它告诉企业实现什么样的目标，就需要什么样的数字技术以及制定什么样的数字战略，将这些技术与产品、业务融合起来，让其发挥真正的价值。

其实，数字化转型并不是一个新概念。简单地说，利用数字技术改变企业的工作模式或商业模式的过程就可以称为数字化转型。企业在发展过程中将面临不同阶段、不同形式的转型。例如，20 世纪 80 年代，个人计算机的出现将我们带入了信息化时代，企业纷纷向设计信息化转型；20世纪90年代，互联网浪潮推动了企业向管理信息化转型。如今，以物联网、云计算、大数据、人工智能等为代表的新一波数字技术浪潮正在推动企业向数字化转型。然而，细细数来，真正成功实现数字化转型的企业却屈指可数。究其原因，在于数字化转型不是一个简单的 IT 项目，也不仅仅是设备和系统的数字化改造，数字化转型是需要企业全力以赴的一项整体战略。

本人由于工作原因，经常奔走于全国各种智能制造、数字化转型等大型会议，也听了很多专家对此的深刻见解，让我受益匪浅。但是，很多见解依然停留在概念层面。真正能够剖析数字化转型，捋清其中的条理脉络，再结合企业战略、产品和业务等阐明如何利用数字技术赋能企业各个业务环节，然后予以重构，形成完整的数字化转型体系的见解却少之又少。所以，我和几位志同道合的同事一直有个想法，那就是不要继续停留在概念层面，而是要深挖、深挖、再深挖，把我们这 20 多年来的经验心得以及国内外数字化转型的经验和教训，总结形成一套完整的、可落地操作的数字化转型体系。之前由于工作原因，再加上个人的拖延症，这个想法一直未能落地。反而是这次新冠肺炎疫情成就了这本书，也算是造化弄人吧。我借此机会祝愿大家能够共克时艰，早日战胜疫情，再续“中国制造”的辉煌!

本书将为大家条分缕析地解构企业数字化转型，把中台、工业互联网、大数据等概念掰开来，扯碎了，找到其本质以及内在联系；再从企业的角度介绍如何利用数字化转型将这些概念整合起来，实现数字技术与业务的深度融合，形成有机、完整的数字化转型体系，从而推动企业向数字化、智能化的转型升级。

我希望本书能作为引玉之砖，为正在转型或即将转型的企业高层、CIO、IT 经理及业务专家等提供一些参考和借鉴，也欢迎业内有志之士或行业同仁批评指正，共同探讨企业数字化转型之道。

少一份浮躁，多一份磨砺。这是我 20 多年来的从业心得，与君共勉。

施战备

2020 年 3 月 1 日于上海

CONTENTS 目录

第1章

CHAPTER 1

企业数字化转型

1.1 信息化与数字化

1.1.1 新一轮数字化浪潮

我们正在经历新一轮的数字化技术浪潮，其中的代表性技术有物联网（Internet of Thing，IoT）、增强现实（Augmented Reality，AR）、大数据、人工智能（Artificial Intelligence，AI）、云计算等。这些数字技术正在打破传统的行业边界，重塑企业运营模式，正如蒸汽机和电气化从 18 世纪起彻底改变了整个工业领域一样。随着数字技术的快速发展，这些技术的应用成本越来越低，企业可以提供更多的选择、更低的价格来满足各种市场需求，从而推动了智能互联设备的爆发式发展。先进的人工智能设备现已进入我们的日常生活，如苹果的 Siri、小米的小爱音箱等。人们已经开始习惯享受数字技术带来的红利，如滴滴打车、美团外卖、智能语音助手等。在不远的将来，无人驾驶也将成为现实。

与以往不同的是这些数字技术正在快速融合，形成强大的组合效应，进一步推动其应用呈指数级增长。埃森哲在 2017 年世界经济论坛预测了这一轮技术浪潮的发展趋势，如图 1-1 所示。物联网和大数据、人工智能、云计算等技术的融合催生了工业 4.0 和工业互联网，它们正在推动整个制造业转型升级，为工业领域注入了新的生命力和活力，因此也被称为“第四次工业革命”。

数字化已经成为众多企业关注的焦点、创新和变革的源动力。企业纷纷加大数字化技术投入，以驱动产品创新和运营效率提升，开辟新的业务领域，拓宽行业边界。据 CB Insight 的统计分析，自 2014 年以来，科技创新型独角兽企业（估值 10 亿美元以上的科技初创企业）如雨后春笋般呈爆发式增长态势。这些初创型企业正在以全新的视野、全新的商业模式和产品打破传统的行业边界，成为新技术、新业态、新模式的行业标杆。根据胡润研究院发布的《2019 胡润全球独角兽榜》，截至 2019 年全球共有 494 家独角兽企业，其中 206 家来自中国，排名第一。

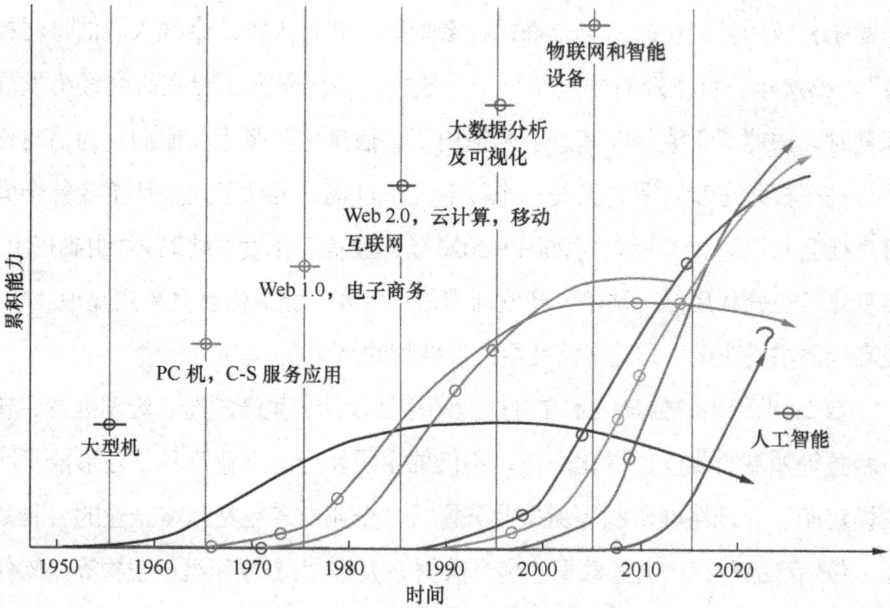

图 1-1　数字化技术浪潮趋势[①]

在工业领域，智能互联和数据分析正成为很多制造企业迈向工业 4.0 或智能制造亟待解决的技术问题。大批独角兽企业加入竞争，打破了原有的业态平衡和竞争格局，很多企业面临的不再是“To Be Or Not To Be”的问题，而是如何利用数字化技术实现业务模式或商业模式转型，从而在日趋激烈的竞争中脱颖而出。

但是，仍然有许多企业和管理人员将数字化转型与数字技术投资（如购置新的数字化设备和软件）相混淆，或者误以为将信息系统升级为移动应用或线上营销就万事大吉了。因此，在讨论数字化转型前，我们有必要先了解什么是数字化，以及数字化与信息化的区别。

① Accenture, Digital Transformation Initiaive, 2017.

1.1.2 什么是信息化

“信息化”概念最早源于日本。1963 年，日本学者梅倬忠夫在《信息产业论》一书中描绘了“信息革命”和“信息化社会”的前景，预见到信息科学技术的发展和应用将会引起一场全面的社会变革，并将人类社会推入“信息化社会”。1967 年，日本政府的一个科学、技术、经济研究小组在研究经济发展问题时，依照“工业化”概念正式提出了“信息化”概念。他们认为信息化既是一个技术进步过程，又是一个社会变革过程，推动了人类从工业社会向信息社会的迈进。[①] 我国在《2006—2020 年国家信息化发展战略》中明确指出，信息化是充分利用信息技术，开发利用信息资源，促进信息交流和知识共享，提高经济增长质量，推动经济社会发展转型的历史进程。

自 20 世纪末，信息技术在制造业的产品设计、生产制造、管理运营、售后服务等领域得到全面深化应用，不仅催生了新型的工业产品，还形成了大规模定制、异地协同研制等新型业务模式。企业信息化是指将企业的各种数据（包括产品数据、财务数据、生产数据等）、人力资源和组织架构等以软件化的方式在各种信息系统中进行存储和管理，并通过固化的业务流程在各自系统内实现运转。我们通常所说的产品数据管理器（PDM）、客户关系管理（CRM）、企业资源计划（ERP）和制造企业生产过程执行管理（MES）等系统就是典型的企业信息化系统，这些系统的共同特点就是可以支撑特定领域的业务应用。

随着企业信息化进程的持续推进，企业内部会建立越来越多的信息化系统，随之而来的困扰是形成了越来越多的烟囱式信息孤岛。企业管理人员发现在经过长达几年甚至更长时间的信息化实施和投入之后，他们依然无法实时洞察企业的日常运营情况，也无法得到产品研制进度的实时可视化概览；研发人员无法实时获取产品交付后的使用情况，服务人员也无法及时获取产品

① 资料来源：MBA 智库。

配置、设计模型和供应商信息等。因为这些数据分别存储在不同的信息系统中，需要通过人工统计，不仅费时费力，而且无法保证数据的准确性和及时性。许多企业试图利用企业服务总线（Enterprise Service Bus，ESB）来打通多个信息系统形成的数据孤岛（见图 1-2），但是并没有从根本上解决建设周期长、维护成本高、可扩展性差、易用性差、集成接口复杂等问题。

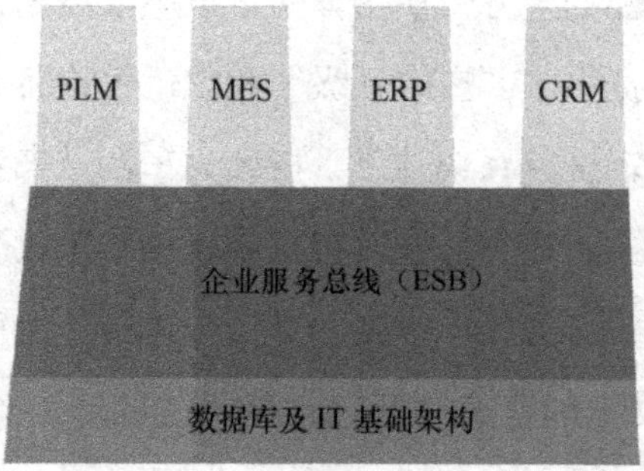

图 1-2　传统的烟囱式信息孤岛

1.1.3　什么是数字化

数字化有两层含义，在英文中分别有两个单词与其对应，即 Digitization 和 Digitalization。Digitization 是指将传统的通过纸介质或模拟量传递的信息转换成数字格式的过程。例如，通过 OCR 扫描或者语音识别技术，将图像、文字、声音等转换为一系列由数字表达的点或者样本的离散集合表现形式，其结果存储为数字文件，就是数字化的过程。在实践中，数字化的数据通常是二进制的，以便计算机处理。但严格地说，任何把模拟源转换为任何类型的数字格式的过程都可以称为 Digitization。而 Digitalization 是指将人、机、系统之间的交互和通信，乃至业务过程和商业模式等转变为数字化形式，实现数字和物理信息的融合，打通全寿期、全价值链的数据链路，如产品即服务（Product as a Service）、集成式营销或智能制造等，从而提升企业运营效率，提高产品服务质量，实现业务模式或商业模式的创新。

本书讨论的数字化指的是第二层含义，即 Digitalization。

新一代数字技术的发展为企业解决在信息化时代面临的信息孤岛问题提供了新的途径。以汽车为例，作为互联网时代的创新弄潮儿，特斯拉提出了去中介化、快速响应、持续迭代的理念，建立了一套全新的销售服务模式，为消费者带来了颠覆性的全方位使用体验，点燃了汽车行业销售服务模式的革命。特斯拉为车主提供了“空中升级”和“远程诊断”功能：通过远程软件推送，不定期对车辆进行系统升级，持续为车辆带来新的功能；当车辆出现故障后，特斯拉服务人员会通过后台系统检测车辆状况，为车主远程解决问题，从而大大简化了服务流程，提升了用户体验。据特斯拉官网统计，高达 80% 以上的车辆故障都是通过远程维修解决的。不难想象，特斯拉通过一系列的数字化技术和手段，整合了产品研发、生产制造、市场营销乃至售后服务等各个环节的数字化信息和业务流程，使研制过程和售后服务效率得到了最大化。特斯拉还为每台汽车配备了强大的数字化系统，以至于它的 Model S 被称为“四轮驱动的应用程序”，这也支撑了其全新的数字化服务运营模式。

1.1.4 数字化与信息化的关系

信息化关注企业内部业务流程的优化，从而提升工作和管理效率。数字化是在信息化的基础上，以用户为中心，以数据为驱动，关注业务模式和商业模式的创新。其打破了传统的行业边界，从而为企业创造新的价值，是信息化发展的下一个阶段。信息化和数字化的关系如图 1–3 所示。

数字化就是通过采用一系列数字化技术，解决企业在信息化阶段面临的烟囱式信息孤岛问题，打通横向（即全寿期价值链）和纵向（即 IT/OT）之间的数字链路，实现以数据驱动的创新业务模式。企业由信息化迈向数字化的过程就是数字化转型，后文将进一步阐述数字化转型的内涵。

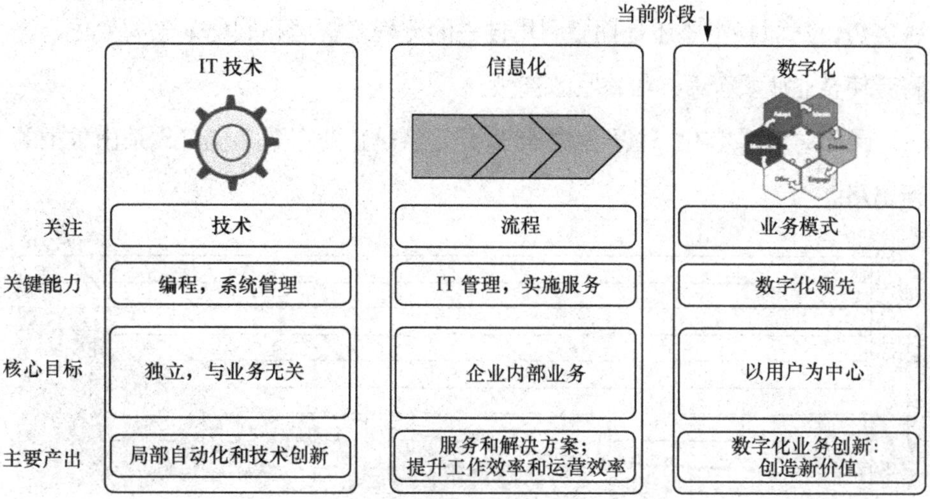

图 1-3　信息化和数字化的关系[①]

1.2　数字化转型的内涵

当前已经迈入了全新的数字化时代，移动互联网、物联网、云计算等技术正在不断地将我们身边的物理世界数字化，并连接到网络，成为巨大的数字化网络的一个节点。在这一波数字化浪潮中，工业企业已经无法忽视这张数字化网络而独善其身。

数字化浪潮最直接的体现是数据的爆发式增长。IDC 在 2018 年底发布的《数据时代 2025》白皮书中指出，全球数据存储容量将从 2018 年的 33 ZB 增长到 2025 年的 175 ZB，平均年复合增长率为 61%，而制造业是其中最主要的数据来源（见图 1-4）。

数据的爆发式增长将加速用户和市场需求的变化，以及产品的创新速度，随之而来的是企业内部设计迭代、部门协作和数据流转的加速。传统的固化的企业流程将无法适应这种持续的快速变化，从而使企业丧失竞争力。有些企业试图通过业务流程再造（Business Process Reengineering，BPR）来改变这

① Gartner, Taming the Digital Dragon: The 2014 CIO Agenda.

种劣势，然而其本质还是期望利用过去的流程来管理和制约未来的变化，这将会使企业疲于奔命，最终收效甚微。

无疑，向数字化、智能化的转型升级将是企业在数字化时代杀出重围的新出路。

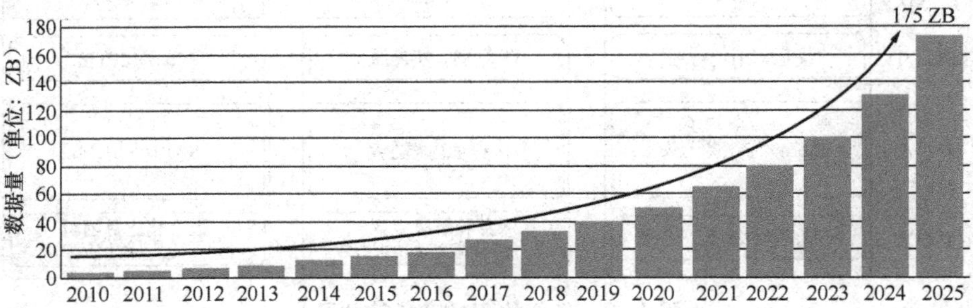

图 1-4 全球数据增长趋势①

1.2.1 什么是数字化转型

如今，数字化技术正在成为产品不可分割的一部分。新的产品内置传感器、处理器和软件并与互联网相联，同时产品数据和应用程序在产品云中储存并运行，我们称之为“智能互联产品”。海量产品数据以及大数据分析技术让产品的功能和效能都大大提升，而且能提供跨界乃至超越传统产品的新功能，它们带来的机遇将帮助企业实现指数级增长。

智能互联产品必将重新定义产品的运营服务模式，使“产品即服务”成为可能。这也必将成为企业在未来竞争中脱颖而出的关键。智能互联产品不但会影响企业之间的竞争，而且会扩展整个行业产品体系的边界。未来竞争的焦点将会从独立的产品延伸到包含产品的相关系统，乃至连接各个子系统的整个产品生态体系。

如图 1-5 所示，风机制造商为突显其差异化竞争优势，未来将不仅提供纯粹的风机产品，还将提供智慧风场规划、建设和运营服务等一体化解决方案，其将面临来自从风机设备到风场运营领域的竞争。要应对这些挑战，它们必

① 数据来源：IDC& 希捷，数据时代 2025，2018 年 11 月。

须打破传统的商业运营模式，联合上下游供应链，构建强大的产品生态，提供卓越的产品性能和一体化的运营服务体系，形成新的商业和服务模式，才能在新一轮的竞争中立于不败之地。这些截然不同的产品将颠覆现有的企业价值链，促使企业重新思考：随着行业边界的极大拓展，企业如何获得竞争优势？如何利用海量数据创造新价值？如何整合供应链，构建新的产品生态？如何转型内部研制和运营模式以支撑这种新的产品生态？

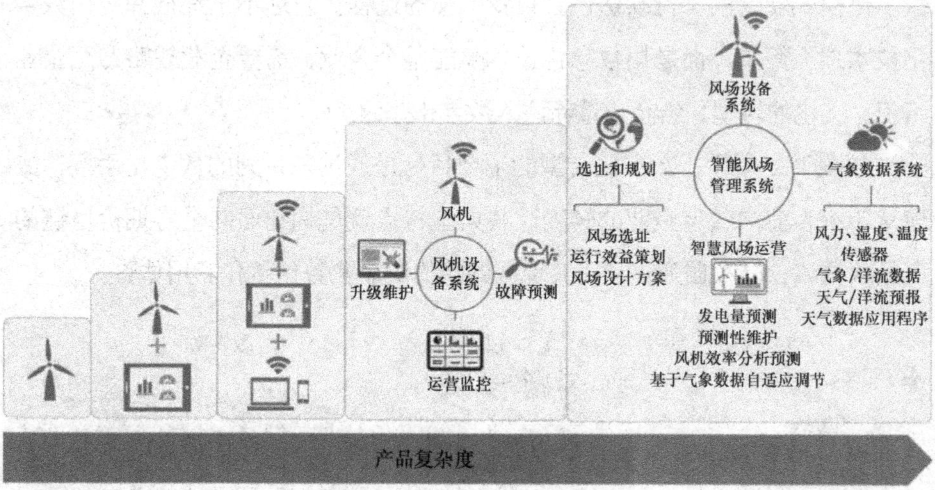

图 1-5　数字化产品发展趋势

同时，新的数字化技术也为企业内部运营带来了新的生机。随着物联网、云计算、大数据等技术的成熟和发展，工业企业进入了万物互联的新时代。企业内部的数据正在呈指数级增长：随着交付用户的智能产品数量的增加，其收集的实时工况数据与日俱增；随着生产现场持续引入智能产线和设备，其产生的海量数据正在引发一场全球的工业 4.0 或智能制造变革；随着移动互联网的迅猛发展，市场需求、用户反馈、竞品分析等数据如潮水般涌入企业内部，令众多企业无暇应对。传统企业内的信息孤岛和组织壁垒使这些数据难以在企业内顺畅流转，无法发挥其巨大的潜力，反而成了这些企业的负担和累赘。如何让数据说话，由数据驱动企业内部业务的运转？企业在哪些方面需要做怎样的转型？这已经成为当下大部分企业需要迫切解决的问题。

答案就是数字化转型。

数字化转型是指将数字化技术应用于产品和企业运营中，以用户为中心，以数据为驱动，构建贯通全寿期、全价值链的产品数据链路，实现产品与业务的深度融合，提升用户体验和企业运营效率，帮助企业实现业务模式和商业模式的创新，开拓新的市场机遇。数字化转型是企业从传统信息化模式向数字化模式转变的、持续迭代且自我颠覆的过程。它远不是拥抱并应用数字化技术那么简单，而是用数字化技术赋能整个企业，需要企业战略乃至企业组织、文化的转型，给企业重新注入数字化基因。

如图 1–6 所示，数字化转型的主要目标是通过一系列的数字化手段，实现从传统企业向数字企业的转变。其典型特点就是构建面向全寿期价值链的产品数据流，以数据为驱动，实现端到端的快速业务创新和应用体验。

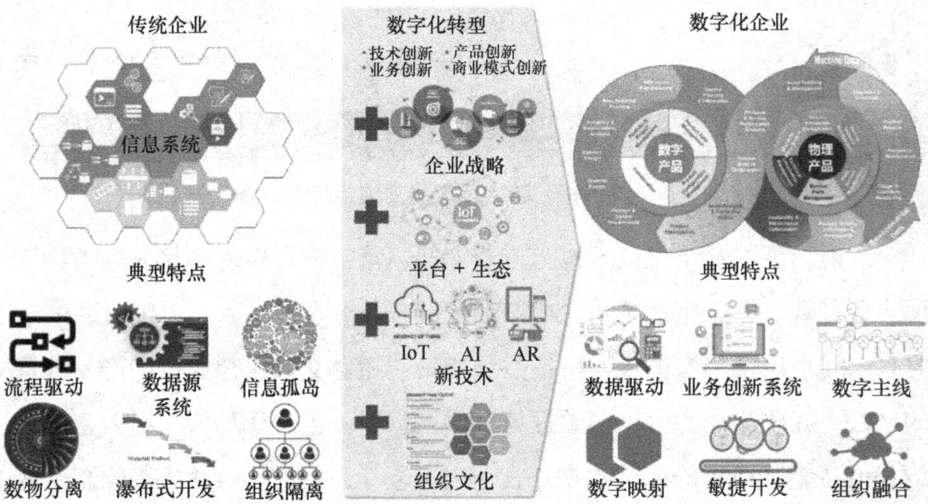

图 1–6　数字化转型的内涵

1.2.2 数字化转型趋势分析

2016 年哈佛商学院研究表明，选择进行数字化转型的企业在三年内得到了 55% 的平均毛利润提升，相比之下其他企业的毛利润同期降低了 37%。数字化转型的领头羊也曾是收入处于落后水平的企业，他们的收入在三年内增长 16%。而那些世界顶级公司的收入也仅仅增长了 11%[①]。根据《IDC FutureScape：2019 年全球数字化转型预测》，到 2020 年，至少有 55% 的企业将是坚定的数字化实践者，他们将通过新的商业模式和数字化产品与服务来改变市场，重塑企业竞争力。据 IDC 统计分析，2019 年全球数字化转型投资将达到 1.18 万亿美元（包括软硬件及服务投入）；按照当前的投资规模，预计 2020—2023 年，这个数字将达到 7.4 万亿美元，平均年复合增长率达到 17.5%[②]。按行业划分，离散制造业的投资占比最高，重点投资方向为智能制造和数字化供应链。按区域划分，美国和欧洲的直接投资规模仍然占据前二位，我国位居第三。

在这种全新的数字化格局下，数字化转型已经势在必行，而我国制造企业的数字化转型才刚刚起步。

过去几年，我国制造业发展的内外部环境已经发生了巨大的变化，“中国制造”最大的传统优势——人口红利正在消失，我国制造业正面临着越来越严峻的挑战，包括人口老龄化、劳动力成本上升、资源环境约束大增，以及来自东南亚、拉美的中低端市场竞争等。鉴于此，2015 年我国提出了“中国制造 2025”战略规划，旨在通过新一代数字化技术与制造技术的深度融合，持续推动技术和产品创新，加快产业结构调整和转型升级，提升中国制造的核心竞争力和品牌塑造力，向全球产业链中高端迈进，由“中国制造”转变成为“中国智造”，最终实现由大到强的根本转变。

数字化将是我国企业进行结构调整和转型升级的最佳契机。在过去 10 年中，我国确实涌现出了一批像小米、滴滴、字节跳动等新兴的数字企业，其增长速度和市值规模远远超过了传统蓝筹公司。波士顿咨询的一项调查显示，中国初创企业平均仅需 4 年时间就能因估值达到 10 亿美元而晋升为独角兽公司，其中有 46% 的中国独角兽企业仅用了 2 年时间[③]；而传统企业往往需要

① HBR,Winning Through Change In the Digital Economy.

② IDC, IDC FutureScape: Worldwide Digital Transformation 2020 Predictions.

③ BCG，中国互联网经济白皮书：解读中国互联网特色，2017 年 9 月 13 日.

10～15年的时间才能达到这个估值。不难发现，我国独角兽企业主要集中于互联网、金融等领域，来自制造业的却寥寥无几。这主要得益于近几年我国移动互联网、移动支付、大数据等技术的迅猛发展和创新应用，以及庞大的移动互联网消费群体的形成。而制造业由于数字化基础相对薄弱，且前期数字化改造投入较大，很多企业管理层在数字化没有展现明显的效应前往往会持谨慎态度。

埃森哲的研究显示，虽然中国企业已经普遍思考并开始数字化转型，但仅有9%的中国企业转型成效显著，这些企业被称为“转型领军者”。他们在持续深耕传统业务的同时，果断向新业务，包括新市场、新产品、新服务和新商业模式等拓展以谋求转型，在过去三年中新业务的营业收入在总营业收入中的占比已超过50%。[①]

这些领军企业在数字化转型的道路上不断突破行业边界、实现产品和业务创新的同时，也正成为行业标杆和灯塔，为追随者指明方向，增强其对数字化转型的信心。大多数中国企业在逆境中并未收缩投资与创新，反而主动求新求变，以数字化赋能：有67%的中国企业领导者表示，未来1～2年将持续增加对当前核心业务的投资；更有54%的企业领导者表示，不仅要强化核心业务，还要为探索新业务增加投入。[②] 由此可见，数字化转型已然成为我国企业将外部压力内化为变革动力的首要且必然选择。

1.3　数字企业是数字化转型的最终目标

1.3.1　数字企业

数字企业（Digital Enterprise）的提法虽然已被广为认可，但关于其定义

① 2019埃森哲中国企业数字转型指数研究。

② 2019埃森哲中国企业数字转型指数研究。

与内涵却众说纷纭。笔者比较认同 MBA 百科做出的定义：数字企业是指在企业的经营管理、产品设计与制造、物料采购与产品销售等各方面全面采用信息技术，实现信息技术与企业业务的融合，使企业能够采用数字化的方式对其生产经营管理中的所有活动进行管理和控制。

随着数字技术的飞速发展，数字企业的概念也在不断演进。

数字企业是企业数字化建设的高级阶段，是数字化转型的最终目标。数字企业将数字化技术、现代管理技术和业务过程相结合，并应用到企业产品生命周期全过程、全价值链和企业运营管理的各个环节，实现产品设计、制造、运营、服务等各个业务环节的数字化，全面提升企业的产品研发能力、创新能力和运营效率，加速业务转型，提高企业综合竞争力。一方面，数字企业需要面向用户提供创新、智能的产品和服务，提升用户体验，提高运营和服务效率；另一方面，数字企业还需要整合内部资源，打破传统的组织壁垒和数据孤岛，构建连续贯通的数据流，以数据驱动业务，提高业务协作和运营效率，同时也能更加快速地响应用户需求，提供更加敏捷、高效的运营服务。

如图 1-7 所示，未来数字企业中的各个业务环节不再是孤立的，而是高度融合、相互支撑的。例如，工程研发部门需要及时获取生产现场的质量数据、交付产品的真实工况数据和质量问题数据，以加速设计优化和产品创新；销售人员能够获得最新的产品模型和配置数据，通过 AR 等多种形式展示到用户面前，以提升用户体验，并及时向工程部门反馈用户的定制化需求或订单配置；服务工程师在维修现场需要能够实时获取产品履历、设计图纸（模型）、质量问题记录、备件清单以及相应供应商等信息，以加速故障诊断，提升维修效率；通过数据流与业务流在各部门无缝衔接，实现各个业务环节的可视化和透明化，使企业管理层能够实时洞察业务运营过程，利用数据分析技术进一步优化决策和资源配置。

由此可见，与传统企业相比，数字企业具有以下鲜明的特征。

（1）关注整体而非局部

数字企业不再着眼于局部的数字化，而是关注整体的数字化能力提升，更注重数据流和业务流贯通而形成规模效应。

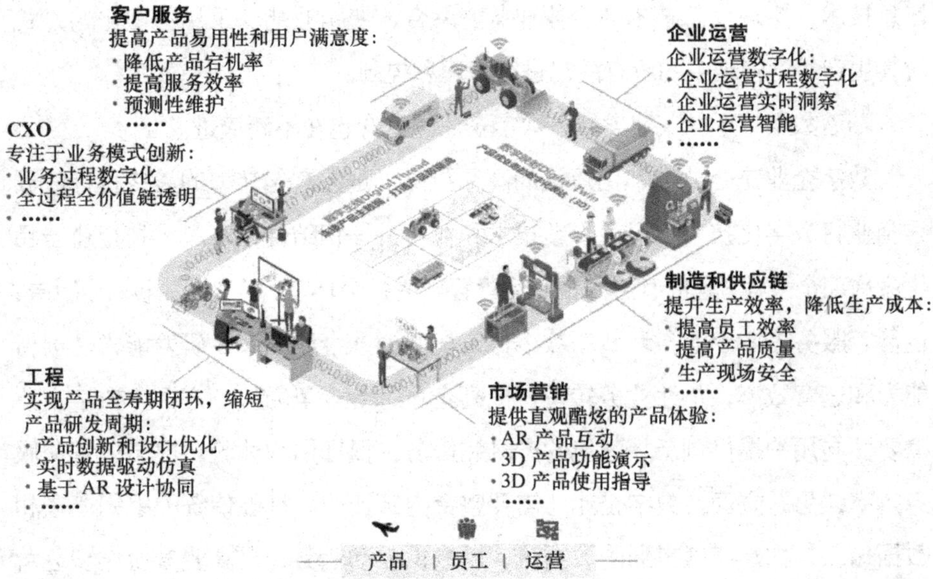

图 1-7　数字企业

（2）着眼未来而非当下

数字企业更关注未来，以业务增长升级为核心，制定数字化转型战略，其关注的指标往往是业务转型、产品创新、增长潜力和市场份额等，不会把数字化当成解决企业燃眉之急的救火工具或修补工具。

（3）以用户为中心而非产品

数字企业注重以用户为导向的创新体验，能够快速响应用户的个性化、定制化需求，以提升用户满意度，并以此来驱动企业内部资源整合、跨部门协作和产品迭代创新等。

虽然在不同的行业和业务领域，工业企业所关注的数字化转型方向和重点会有所差异，但企业数字化基本围绕产品数字化（Product Digitalization）、运营数字化（Process Digitalization）和员工数字化（People Digitalization）展开（见图 1-8）。

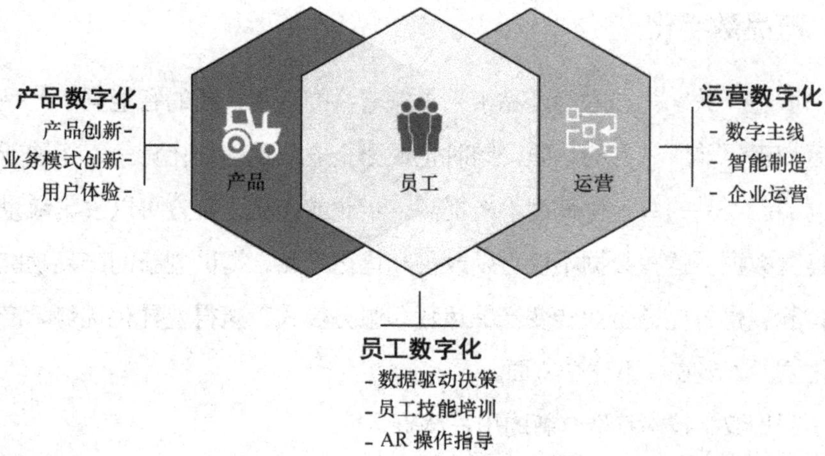

图 1-8　企业数字化转型的方向

（1）产品数字化：通过产品数字化和智能化，推动产品创新和服务差异化，提升用户体验和满意度。

（2）运营数字化：通过企业内部运营过程的数字化，消除组织壁垒和信息孤岛，打通跨部门业务数据流，实现企业运营过程的透明化和可视化，从而提升企业运营效率。

（3）员工数字化：利用数字化技术为员工赋能，通过穿戴式设备、AR 眼镜等一系列数字化手段为员工提供沉浸式的培训和指导，有效缩短新员工培训上岗周期，缩小员工技能差距，提高员工生产力和产品质量。

产品数字化和运营数字化只是基于企业自身的行业特性和战略目标而采取的不同的数字化转型策略，两者相辅相成，殊途同归，最终都将推动企业实现数字化转型。一方面，智能互联产品需要全新的设计、营销、制造和售后服务流程，同时新的业务环节如数据分析和安全服务等将会诞生，这将重塑现有的价值链，进而促进跨部门协作和企业运营效率的大规模提升。另一方面，新的业务模式和运营模式将整合企业所有的资源及数据，提高产品研发和企业运营效率，从而为用户提供更加优质、高效的产品和服务体验。而人作为企业最重要的资产，既是产品的体验者，又是业务的执行者。员工数字化将融入产品数字化和运营数字化的各个环节中，并成为驱动企业数字化转型的关键因素。

1.3.2 产品数字化

如前所述，数字化技术为产品带来了颠覆性的变革，新的智能互联产品为消费者带来了前所未有的体验，同时也成为企业实现差异化竞争、拓展新商机的利器。产品的数字化程度不断提高，企业或产品运营方可以收集海量的产品运营数据。这些数据不仅可以改善和优化产品，提供创新的产品功能和用户体验，也将促进企业转变产品运营和服务模式，赢得差异化优势。产品数字化主要表现在以下三个方面。

（1）利用数字技术打造全新的用户体验。

（2）支持产品和服务的个性化定制。

（3）产品即服务：产品运营和服务模式的转变，企业由“销售产品”转变为“销售服务”。

案例

通用电气（GE）航空发动机是产品数字化的典型代表，其早期的发动机仅收集30个参数，且每次起降仅收集一次，数据量不足1KB。而新一代发动机安装了上千个传感器，实时采集飞机的各种参数，每次起降收集的数据量超过500GB，全面实现了航空发动机的数字化。基于这些海量数据，以及GE在发动机领域的知识积累和强大的专家团队，GE利用物联网、云平台、大数据分析等技术为每台发动机构建了一个实时动态的数字孪生模型（Digital Twin）[①]。这个数字孪生模型可实现发动机全寿期虚实数据的融合，为航空公司提供运维管理、能力保证、运营优化等整套解决方案,从而帮助GE实现从“销售产品”向“产品即服务”的模式转型。利用这些技术，GE可提前预测发动机故障，并实施预防性维修，避免因为发动机故障造成航班延误、成本增加，甚至更大的安全事故。以意大利航空（Alitalia）为例，GE成功助其一年节省了1.5%，

① 资料来源：GE官网。

相当于 1500 万美元的燃油成本[①]。GE 正是通过这些技术与产品的深度融合，实现了业务模式由单一的产品销售商向智能产品、智能分析、智能决策三位一体的"产品即服务"供应商转型，重构了发动机行业价值链。

1.3.3　运营数字化

数字技术也给企业的发展和创新带来了新的机遇。企业可以利用数字化技术，打破传统的组织壁垒和信息孤岛，实现全价值链、全寿期范围内的数据可视、洞察和追溯，从而改善现状并推动建立新的业务及运营模式，帮助企业实现提质、降本、增效等价值。

运营数字化主要体现为以下三个方面。

（1）以数据驱动，实现业务与运营的融合。

（2）精益的数字化运营模式。

（3）敏捷、柔性的数字化组织体系。

案例

宝马集团提出了智能创新计划[②]，正在推动一系列新技术在集团内部的全面应用，包括智能数据分析、智能物流、创新自动化和辅助系统以及增材制造等，以挖掘数字化创新潜能，实现生产运营数字化。数字化和创新技术正在影响整个宝马集团的生产价值链，从冲压车间、车身车间到油漆车间，从装配到物流，每个生产阶段都受益于数字流程的应用。这项计划为整个宝马集团生产系统开辟了新的机会，通过数字主线整合了研制过程中的各类数据，重塑了产品价值链，不仅提高了生产流程的灵活性和产品质量，也实现了客户的个性化定制期望。

1.3.4　员工数字化

随着企业迈入数字化时代，数字技术在创新产品和运营模式的同时，也

① 数据来源：GE 官网。

② 资料来源：宝马官网。

在改变员工的工作方式。由于企业引入了先进的新技术，产品和操作的复杂性正在持续增加，使员工的技能差距不断扩大。例如，用户个性化定制带来了灵活的产品配置，智能互联产品将引入大量的软件和电子器件等。然而，传统制造企业的基础设施仍然由孤立的业务系统和设备组成，员工为完成一项工作往往需要访问多个系统和设备，其接收的信息往往是过时或不准确的，这就对员工提出了更高的技能要求。这种现象在生产制造和维修服务环节尤为明显。德勤的分析报告指出①，技能缺口可能会导致 240 万个制造业就业岗位空缺，使未来 10 年制造业 GDP 面临损失 2.5 万亿美元的风险。

企业数字化转型肯定始于技术，然而更重要的是数字技术与人的有效融合。正是这种融合才使数字技术变得如此具有创新性和颠覆性。

员工数字化是指企业利用如 AR、大数据、工业 App 等新技术来提升员工的技能水平，简化工作界面，提高员工生产力。员工数字化是缩小员工技能差距、激励员工创新能力的有效途径，是企业数字化转型的重要一环，将直接决定产品数字化和运营数字化的成败。

对于制造企业来说，员工数字化主要体现在以下三个方面。

（1）用户界面

基于工作情境，聚合来自不同系统、设备和人员的相关数据；整合业务过程，以 App 形式简化用户界面，提高员工的生产效率。

（2）培训指导

利用数据分析或 AR 等颠覆性技术，通过 AR 眼镜实现产品培训、操作指导、远程专家指导等，解放员工双手，进一步提高工作效率。

（3）流程优化

采用工业数据分析技术，以数据驱动决策，实现决策过程的自动化和智能化，推动流程创新和业务转型。

① Deloitte, The jobs are here, but Where are the People? 2018.

第2章

CHAPTER 2

数字化转型的相关概念解析

当下，新概念、新技术层出不穷，很多企业管理者往往被这些概念搞得晕头转向，无所适从。本章将为读者解析与数字化转型相关的一些新概念，明确其与数字化转型的关系。

2.1 数字中台

2.1.1 什么是中台

在数字经济时代，企业竞争的本质已演变为如何优化资源配置效率、以数据驱动业务来响应瞬息万变的市场变化和用户需求。这就要求企业从数据层面打通各个组织单元，实现业务单元的快速重组。然而，过去为企业带来工作效率提升的烟囱式、孤岛式的业务系统已经成为企业转型的阻力。中台概念应运而生，成为企业打造平台化服务的核心。

中台概念源于我国的互联网公司，是其适应数字业务的快速发展和外部竞争环境变化的产物。随着企业规模不断扩大，企业业务向多元化发展，2015 年 12 月阿里巴巴启动了三年（2015—2018 年）的中台战略，构建符合数字化时代的更具创新性、灵活性的“大中台、小前台”组织机制和业务机制，即作为前台的一线业务会更敏捷、更快速响应瞬息万变的市场，而中台将汇集整个集团的运营数据能力、产品技术能力，对前台业务形成强力支撑①。阿里中台战略的核心是将不同业务线共同用到的数据和技术（软硬件以及分析技术工具）加以整合、沉淀，构建统一的共享服务体系，以支持前台业务需求。中台使企业可以不用重新设计、开发来自不同部门的新业务需求，从而避免重复功能建设和维护带来的资源浪费，以支持业务敏捷化和快速创新，快速响应未来的市场变化。

① 钟华编著．企业 IT 架构转型之道：阿里巴巴中台战略思想与架构实战 [M]．北京：机械工业出版社，2017 年 5月．

中台架构并不是从零开始的，而是基于传统的“前台 + 后台”架构演变而来的。在传统的前后台架构中，前台是指与终端用户交互的应用，而后台是指运行这些应用和服务的各种系统。众所周知，用户需求的变化是非常快的，这就决定了前台系统需要快速迭代以响应用户需求；而后台系统由于投资大、建设周期长，力求系统的安全性和稳定性，这就带来了前后台之间迭代速度需求不一致的矛盾。中台就是为了适应需求的快速迭代而产生的，它将后台中的通用能力和业务逻辑拆分出来，形成了“应用层（前台）—逻辑层（中台）—数据层（后台）”的架构。在这种架构中，中台发挥着承上启下的作用，既能满足前台快速响应的需求，又能满足后台稳定性的需求，如图 2-1 所示。

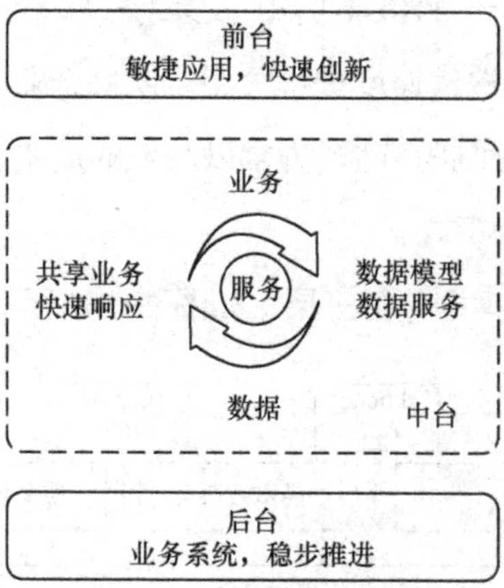

图 2-1　中台架构

在中台架构中，比较有代表性的是业务中台和数据中台，也是企业在中台建设中不可或缺的两部分。罗兰贝格对业务中台和数据中台给出了比较详尽的定义[①]。

（1）业务中台：围绕“积累、标准、迭代”三步以实现企业核心竞争能力的固化，并通过能力产品化的方式打造可供各业务单元调用的接口（一致的、

① 王欣，罗兰贝格，强有力的中台是敏捷型组织建设的推进器，2019 年 4 月.

标准的核心能力服务包），以便不同前台直接调用。

（2）数据中台：围绕“打通、整合、共享”三步，将企业海量、多维的数据资产建模、聚合、分析，为前台提供数据资产、数据定制创新、数据监测与数据分析等服务，最终实现数据资产的活化。

当然，除此之外还有诸如技术中台、组织中台、AI 中台等新的概念，而从不同视角对这些概念的解释也不尽相同。这也使企业需要更加深入地了解自身需求，以应用为导向，摒弃跟风心态，借鉴业内领先企业的建设经验和方法，拨开迷雾，抓住中台的本质。

2.1.2 中台与高德纳的步速分层思想

高德纳（Gartner）于 2010 年提出了步速分层（Pace Layered）思想，将业务系统根据其不同的迭代速度进行分层，以便企业为不同层级的系统制定相应的系统治理和运营维护策略，力求以较低的成本和风险获得更高的业务价值和更优的 IT 投资决策。

高德纳的步速分层模型包括三层，如图 2-2 所示。

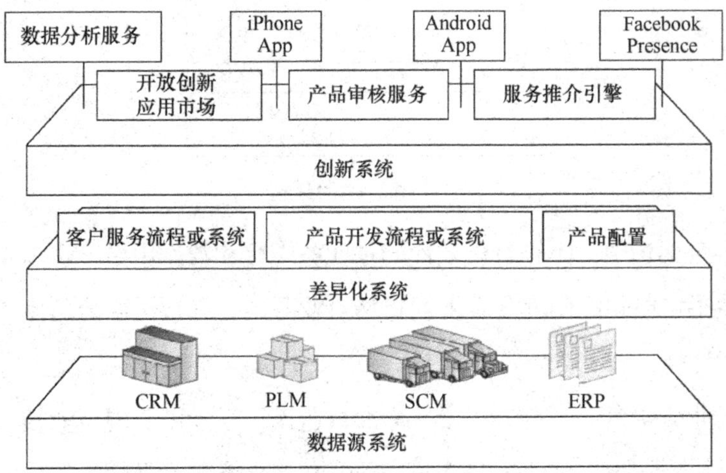

图 2-2　高德纳的步速分层应用[①]

① Data Chatter Box, System of Record and ERP, 2015.

（1）数据源系统（System of Record，SOR）

这些系统提供了企业的核心业务功能，也是企业的主数据源。我们常见的业务系统，如 PLM、ERP 和 MES 等都属于数据源系统。这类系统由于经过几十年的信息化建设和经验积累，已经成为整个行业的标准配置，并非特定产品或业务所独有的功能。因此，这些系统通常都是由供应商提供的商用货架产品（COTS）。SOR 系统的特性是要保持稳定和安全，且投资大、周期长。因此，这类系统不会频繁更改，其步速是比较缓慢的，一般在 5 年以上。

（2）差异化系统（System of Differentiation，SOD）

差异化系统提供企业独特的产品和服务，是企业差异化竞争战略的重要组成部分，使其能够比竞争对手更快、更有效地交付产品或服务，获得客户的满意。例如，面向用户提供个性化定制功能，可在不增加销售成本的情况下为客户提供更多选择和更贴心的服务。由于业务系统通常提供很多业务功能，因此它有可能同时包含 SOR 层和 SOD 层的功能。这一层中的应用程序或系统体现了企业独特的业务模式和管理体系。对这一层的治理不仅能体现企业的综合实力，也能充分发挥 IT 部门的价值，为增加企业收入、市场份额和利润率做出贡献。这部分的系统不会频繁变化，但需要有一定的敏捷度，能够响应不断变化的市场和用户需求。它们的步速要明显快于 SOR 系统，一般在 1 ～ 3 年。

（3）创新系统（System of Innovation，SOI）

临时构建的新应用程序用于解决新的业务需求或机遇，或者用于业务和技术的创新验证。在这一层中的应用通常是核心业务功能之外的功能，主要依靠部门或外部资源进行开发实现，因此在出现故障的情况下对企业的风险较小。例如，作为企业门户的补充，企业通过微信公众号推送产品和服务信息，向用户提供自助服务。快速敏捷是这一层应用的特性，所以对其的管控治理将会大大简化。这层应用要求能够快速响应前端需求的变化，步速很快，一般为 0 ～ 12 个月。

由此可见，高德纳分层思想的目的是为了根据步速将业务系统分层，制定相匹配的系统治理和运营维护策略，充分发挥各层系统的优势，提升系统运营效率，降低系统集成复杂度和维护成本。它可以作为企业进行 IT 投资战略规划的辅助工具。而中台是一种体系架构，是为了快速响应不断变化的市场和用户需求，通过整合、沉淀共性业务和服务能力，既能快速响应前台用户需求，又能保持后台的稳定性和可靠性。两者虽然在某些理念上有相同之处，但由于出发点和目的不同，SOI、SOD、SOR 和前中后台也不尽相同，SOD 系统有可能是面向终端用户的前台系统。所以，从本质上来讲，中台和高德纳的步速分层思想没有任何关系，不能混为一谈。

2.1.3 中台是否适合工业企业

经过多年的信息化建设，企业围绕业务需求建设了众多的业务系统。根据企业的规模和复杂性，这些业务系统的数量从几个到几十个，甚至上百个不等。这些业务系统在一定程度上解决了特定的业务问题，同时也给企业造成了一个个烟囱式的信息孤岛。随着业务系统数量的增加，企业内的信息孤岛问题越来越严重，系统之间的集成接口越来越复杂，开发和维护成本也成倍地增加，但依然无法满足跨部门、跨系统的业务协作需求。企业每部署一套新的业务系统都会让 CIO 或 IT 主管纠结不已，因为他们需要充分考虑新系统与现有系统的集成，评估其对现有 IT 架构的影响。任何不慎都有可能打破当前脆弱的平衡和稳定性，使很多企业尤其是 IT 部门深陷泥潭、不堪重负。

ESB 技术的出现在一定程度上缓解了企业面临的这种困境。ESB 是传统中间件技术与 XML、Web 服务等技术相互结合的产物，作为企业系统之间的信息中枢，用于实现不同系统之间数据和信息的准确、高效传递。为了集成不同系统、不同协议的服务，ESB 还提供了协议转换、数据格式转换及基于内容的路由等功能，让不同的服务可以互联互通。ESB 最大的价值在于减少了系统间交互所需的点对点集成的数量，同时还可以消除不同系统之间的技术差异，让不同的应用服务协调运作，实现不同服务之间的通信与整合。

同时，这也使性能和集成消耗成为 ESB 无法避免的瓶颈。ESB 类似于传统的中间件，主要关注底层系统架构层面，就像在系统底座之间搭建了一座桥梁，降低了集成复杂度和维护成本。但是，ESB 没有改变业务系统本身的应用架构，无法对数据进行建模、聚合和分析等处理，因而也没有改变前端用户的体验和使用模式。所以，ESB 在一定程度上缓解了信息孤岛问题，但并没有解决业务系统的烟囱问题。

中台概念自阿里巴巴提出到现在，短短几年时间就迅速走红，在工业圈引起了极大的反响，这与当前企业信息化发展到一定程度而普遍面临的信息孤岛问题密切相关。

在数字化时代，传统的行业边界正在被打破，企业竞争的核心演变为其打造数字化生态的能力，以及在生态中的资源配置和整合能力。企业不仅要洞察企业内部业务，同时也要洞察基于数字化生态的协作创新，以响应瞬息万变的市场变化。企业面临来自以下两方面的挑战。

（1）对内如何突破组织壁垒和信息孤岛，实现业务和数据的深度融合，通过将数据业务化、业务服务化，以数据驱动业务，加速产品和业务创新？

（2）对外如何整合内部资源，提升快速响应能力，使产品和服务能跟上市场及客户的节奏？

数字中台首先解决的就是企业内系统间数据孤岛的问题，围绕产品和业务将不同系统的数据进行全面聚合、建模和分析，构建企业内通用、共享业务中心，形成对企业业务和数据的全面洞察，以提升企业运营效率，促进业务持续创新。这对正处于转型煎熬期的工业企业而言，无疑是福音。数字中台架构如图 2-3 所示。

根据艾瑞咨询在《2019 年中国数字中台行业研究报告》中的分析，中台架构还具备以下优势。

（1）避免重复开发：企业通过抽象、梳理、整合可复用的功能和场景，将其提炼为可被业务单元引用的基础能力并下沉，避免重复开发，实现服务快速复用。

（2）形成数据资产：沉淀数据、流程与逻辑，加速数据到数据资产的形成，解决数据不一致问题，不断发挥数据价值，进而支持业务的决策和优化。

（3）提高企业效能：打通新旧业务的数据壁垒，解决求稳与求变的矛盾，减少人员及部门之间的沟通成本，提升企业的整体运营和创新效能。

（4）推动业务创新：由于具备快速编排、组合服务的能力，中台架构可更好地支持企业规模化创新，降低试错成本，使企业自身能力与用户需求可以持续对接。

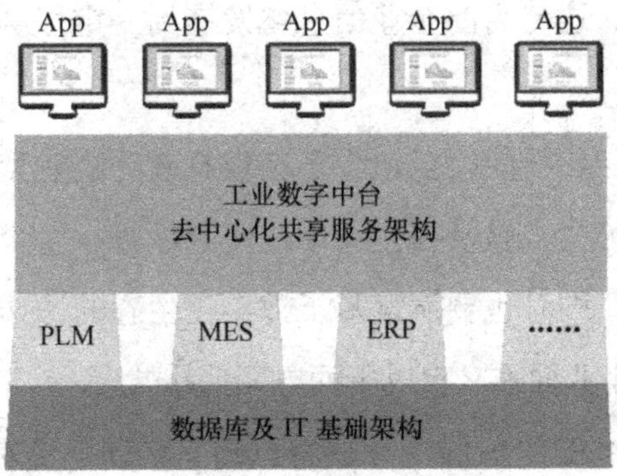

图 2-3　数字中台架构

可见，中台为企业转型提供了新的契机，企业需要结合自身业务特点和规模进行取舍。

2.1.4　工业中台

由于产品特点、业务复杂度、系统复杂度的不同，工业企业提倡的中台必然与互联网公司提倡的中台存在很大的差异，主要体现在以下几方面。

（1）工业企业历史积淀深厚，原有体系无法快速推倒重建。

互联网公司提供的中台建设方案得益于其天生的数字化优势，即使有陈旧的历史系统也往往倾向于推倒重来，利用中台架构全部重新打造，从而发挥数字化优势。但是，工业企业信息化沉淀了 30 年，工业数据的类型、工业知识的深度都极其复杂。例如，机电液设计、仿真建模及分析、工业设计及仿真等都需要多年工程领域专业知识的积累，相关问题无法通过简单的数据治理或系统重构解决。这些专业设计工具和系统虽然技术架构相对落后，更新迭代速度慢，但却是不可替代的。所以，工业企业在建设中台的过程中，首先需要正确审视自身的历史和现状，制定相匹配的技术架构，而不能仅仅着眼于美好的未来。

（2）工业企业数据复杂，需实现IT与OT的融合。

工业产品的生命周期长，涉及的业务环节复杂。以飞机为例，全新飞机型号的研制周期一般为5～10年，交付给航空公司后其服役期一般在20年以上。而企业需要关注从飞机研发、制造、运营、服务直到退役前的全寿期各个环节，其业务和数据的复杂度可想而知。工业中台需要承担打通全寿期、全价值链数据和业务的使命，不仅要贯通PLM、ERP、MES等企业内业务系统，还要联接生产制造环节中各种产线、设备以及交付给用户的所有实物产品。这些数据有实时的、非实时的，有结构化的、非结构化的；数据量大，实时性和准确性要求高；其存储和管理方式也各不相同，企业需要制定相应的数据策略。

（3）工业企业应以业务中台为主、数据中台为辅。

工业企业的产品特点及运营模式与互联网公司完全不同。工业企业需要通过研发、生产、销售工业产品，并向用户提供售后服务而产生价值，获得利润。所以，工业企业涉及的业务更加复杂多变，除了关注面向企业内部的研发、制造、供应链、物流等业务以外，面向终端用户的营销、服务等业务也至关重要，都将直接影响对终端用户需求的响应能力及产品创新能力。

工业企业的核心是产品和业务。只有产品创新、业务高效，工业企业才能在激烈的竞争中立于不败之地。所以，工业中台建设过程中应以业务中台为主、数据中台为辅。以业务为导向，提炼核心业务能力，通过解耦、建模和重构过程将业务数据化和服务化，提高业务的灵活性和敏捷性，从而实现企业整体运营效率的提升。首先，应该将业务过程和实现技术、系统之间进行解耦，使业务运作不再依赖特定的系统技术；其次，通过业务建模将来自各个系统和设备的元数据进行重构，并基于业务模型构建产品全寿期数字链路；然后，基于一系列的业务模型进行灵活的业务编排，以快速响应前端业务的需求和变化，加速业务创新。当然，数据中台并不是不重要，而是数据中台的建设应该配合业务中台的建设。如果工业企业先从数据中台入手，由于工业数据的复杂性，不可能在短期内见效，且在无法从根本上改变企业数据现状的情况下将使数据中台的建设陷入绝境。

综上所述，中台建设是一个长期持续迭代的过程，并不是所有企业都适合建设中台，不同的企业所需要的中台能力也各有不同。工业企业切忌盲目跟风，也不能照搬互联网公司的建设模式和经验。互联网公司因为天然具有数字化基因，所以中台建设水到渠成。而工业企业则完全不同，由于产品研制周期长、涉及业务领域广、职能部门众多、数据类型复杂等特点，尽管其在信息化建设上耗费巨资，历经几年乃至十几年的持续建设，但是信息化应用程度依然不尽如人意。因此，工业企业在决策是否建设数字中台前，应先结合自身特点和业务现状，评估企业信息化建设水平，明确企业当前的主要问题是填补信息化空白，还是解决烟囱式信息孤岛，挖掘数据的潜在价值，然后做进一步的决策。

2.1.5 工业中台是企业数字化转型的利器

数字化转型是体系化的企业战略，它涵盖了业务、技术、商业模式、组织文化等方面的变革过程。中台是一种技术架构，其核心是打破传统僵化的前后台运营模式，为企业提供更灵活、更具创新性，并能实现协同共享和多技术融合的核心数字化能力。工业中台的建设是企业从信息化时代向数字化时代迈进的重要落地举措，是企业打造平台化服务能力的关键要素，正在成为诸多企业尤其是大中型企业进行数字化转型的“有效开启方式”。

因此，企业不能将中台建设和数字化转型割裂开来，而是需要在数字化转型战略的指导下，围绕产品全寿期研发、制造和服务等核心业务，打造共享、敏捷、高效的中台技术架构；通过服务化提升业务的敏捷性，以数据驱动产品和业务创新，提升用户体验。

在后面的内容中，我们会深入介绍如何基于中台架构构建企业数字化转型体系。

2.2　工业互联网平台

2.2.1　工业互联网平台概述

工业互联网（Industry Internet）的概念最早由 GE 于 2012 年提出。随后，GE 联合 IBM、思科、英特尔和 AT&T 组建了工业互联网联盟（Industry Internet Consortium，IIC），将这个概念大力推广开来。IIC 指出，工业互联网就是物联网、机器、计算机和人员的互联网络，它通过使用高级数据分析驱动业务转型，实现智能工业运营，体现了全球工业生态体系①。2015 年 6 月，IIC 发布了工业互联网参考架构（Industrial Internet Reference Architecture，IIRA）。这为工业互联网系统的各要素及相互关系提供了通用语言，为工业互联网的落地提供了框架性指导。

工业互联网作为物联网、大数据、人工智能等新兴数字化技术与制造业深度融合的产物，通过实现人、机、物的全面互联，构建起全要素、全产业链、全价值链全面连接的新型工业制造和服务体系，成为支撑第四次工业革命的基础设施，对未来的工业发展将产生全方位、深层次、革命性影响②。而工业互联网平台是贯穿落实工业互联网概念的商业化软件平台，其本质是在传统工业云平台的基础上叠加物联网、大数据、人工智能等新兴技术，构建更精准、实时、高效的数据采集体系，建设包括存储、集成、访问分析和管理功能的使能平台，实现工业技术、经验知识模型化软件复用化，以工业 App 的

① 资料来源：工业互联网联盟（IIC）。

② 参考工业互联网产业联盟（AII）的《工业互联网平台白皮书（2019）》。

形式为制造企业提供各类创新应用，最终形成资源富集、多方参与、合作共赢、协同演进的制造业生态①。

2.2.2 工业互联网平台的发展态势

工业互联网的概念一经提出后，立即在全球引起了极大的关注。为了占据新一轮工业革命的制高点，美国、德国、日本等工业强国先后将工业互联网提升到了国家战略层面，纷纷布局工业互联网平台，加快推动制造业数字化转型。

2017 年 11 月，国务院印发了《深化“互联网 + 先进制造业”发展工业互联网的指导意见》，正式推出了工业互联网创新发展战略。工业互联网平台成为促进我国制造业转型升级、实现高质量发展的重要驱动，是企业数字化转型的基石。

高德纳在 2019 年工业物联网平台魔力象限分析报告中指出：当前工业物联网平台市场仍处于早期阶段，未来几年将会快速成长；预计到 2023 年，工业互联网平台的部署率将从 2019 年的 15% 增长到 30%。

基于高德纳对工业互联网平台的定义，平台必须具备以下三个核心能力才能进入其评估范围。

（1）平台必须具备设备管理、集成、数据管理、分析和安全性。

（2）支持应用程序管理功能，应用程序具有可扩展性、可靠性和弹性。

（3）同时支持私有化部署和公有云部署。

由图 2-4 可知，工业互联网平台尚没有真正的“领导者”，这也反映了工业互联网平台仍处于发展初期的事实。仅有三家供应商（PTC、Software AG、Hitachi）因为其布局广泛、愿景完善而进入了“远见者”象限，大部分供应商还处于“特定领域者”，这表明其产品愿景相对狭窄，且对市场理解也相对有限。

① 参考工业互联网产业联盟（AII）的《工业互联网平台白皮书（2017）》。

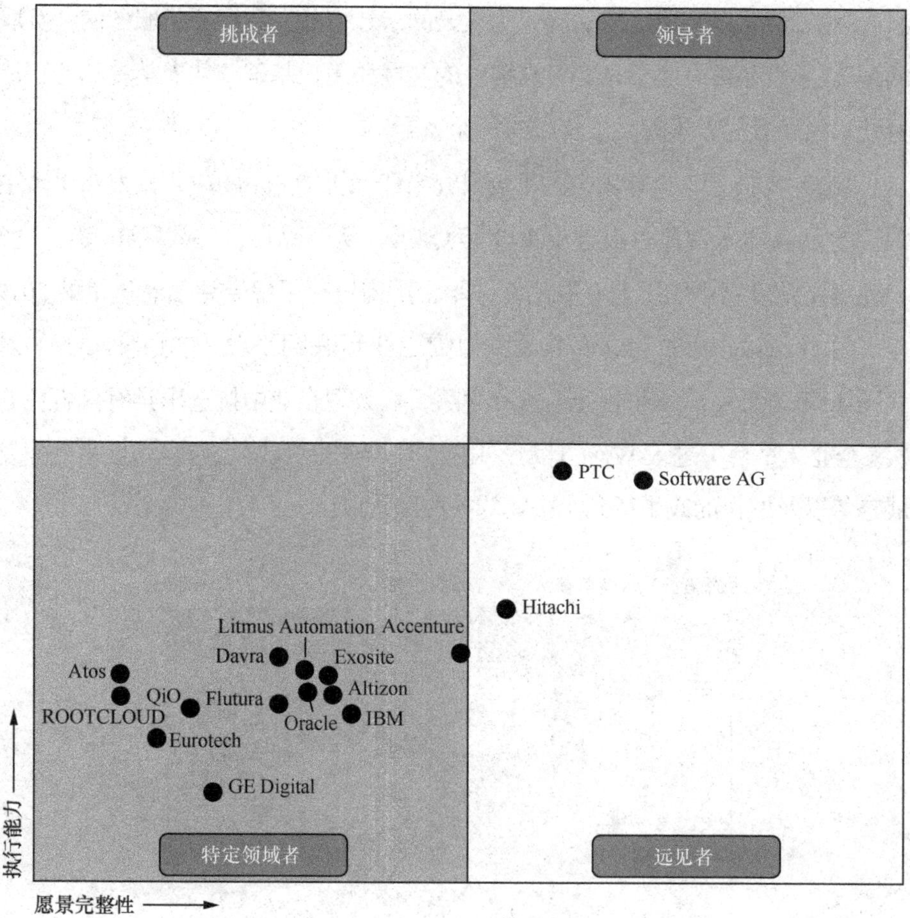

图 2-4　2019 年高德纳工业互联网魔力象限[①]

我国工业互联网平台正在如火如荼地发展，但整体市场格局尚不明朗，仍处于风云变幻、群雄纷争的时代。据工业互联网产业联盟统计，目前我国各类型工业互联网平台的数量总计已有数百家之多，具有一定区域、行业影响力的平台也超过了 50 家[②]。从整体来看，参与角逐的平台主要有三大类。第一类是以海尔、树根互联、航天云网为代表的深耕传统工业领域的“工业派”；第二类是以华为、浪潮和电信运营商为代表的提供基础设施服务的“ICT

① 资料来源：高德纳（2019 年 6 月）。

② 参考工业互联网产业联盟（AII）的《工业互联网平台白皮书（2019）》。

派”；第三类是以阿里巴巴、腾讯为代表的云计算及大数据分析服务的“互联网派”。不管是哪一类，都有各自擅长的领域和用户基础，凭借其多年的积淀持续向纵深发展，不断突破传统的行业边界。

2019 年 11 月，全球领先的市场研究与咨询机构 Forrester 正式发布了《中国工业互联网平台评估报告（2019 年 Q4）》，从产品提供、战略布局、市场表现三个维度对中国工业互联网软件平台厂商进行了综合评估。这是继 2019 年 6 月 Forrester 发布《Now Tech：中国工业互联网平台（2019 年 Q2）》对我国 40 家工业互联网平台企业盘点之后，从大型企业中挑选出具有代表性的 7 家企业（平台）进入 Wave 评测。由此可以看出，我国工业互联网平台的发展态势以及取得的成果得到了国际的关注和认可。

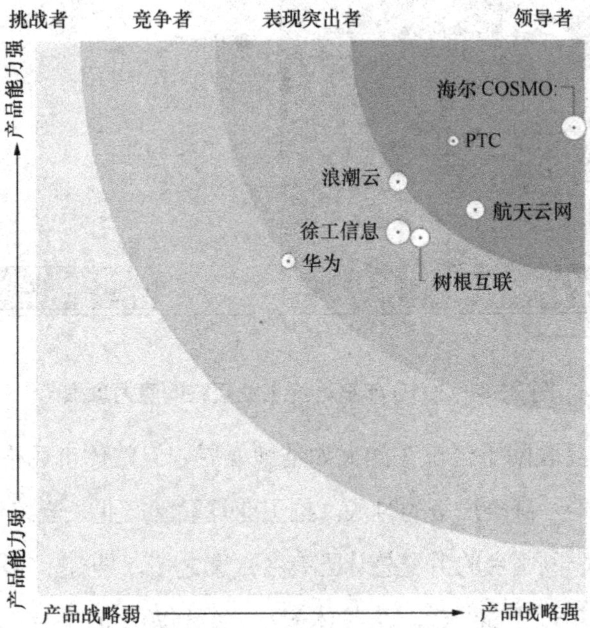

图 2-5　2019 年第 4 季度 Forrester Wave 中国 IIOT 平台分析报告①

由图 2-5 可知，在我国工业互联网市场上，海尔、PTC、航天云网进入

① 资料来源：Forrester（2019 年 11 月）。

了第一梯队，无论产品、战略布局及市场表现都可圈可点；紧随其后的浪潮云、树根互联、徐工和华为也都各有所长，足见我国工业互联网的发展势头。随着这些优秀的工业互联网平台在市场中脱颖而出，我国工业互联网行业也逐渐从理论研究阶段进入实践应用阶段，这预示着我国工业企业的数字化转型将开始进入发展的“主车道”。

2.2.3 从传统 ISA-95 架构到工业互联网平台

工业企业在建设工业互联网平台的过程中，一定会面临工业互联网平台与传统 ISA-95 架构之间的定位问题。

ISA-95 是企业管理系统与控制系统集成的国际标准，由美国仪表、系统和自动化协会（The Instrumentation，Systems，and Automation Society，ISA）在 1995 年投票通过，在国际上也被称为 IEC/ISO62264。ISA-95 涵盖流程制造和离散制造，其目的是利用通用的术语和模型，规范企业业务和工厂生产运营之间的信息流，降低生产控制系统之间的集成成本和风险，简化集成操作，同时也鼓励软件供应商基于参考模型和框架在其产品中实现标准化。

ISA-95 包含 5 层，从 Level 0 到 Level 4，分别代表了一个生产制造的层次；从工厂车间到企业管理，每一层都定义了与上下层之间的接口规范。例如，尝试用 MES 系统去连接 SCADA 系统，如果没有 ISA-95 标准指导，你会发现对 SCADA 的海量数据无从下手；而且，大部分数据对 MES 系统来说价值有限，如果全部提取过来，可能会让 MES 系统数据库崩溃。

Level 0：设备层，包括各种生产设备。

Level 1：传感层，包括传感器及 PLC。

Level 2：生产过程控制和监控层，包括 SCADA 及各种人机接口程序。

Level 3：生产运营层，包括 MES 和 MOM 系统（Manufacturing Operation Management，生产运营管理）。

Level 4：业务系统层，包括 ERP、PLM、SCM 等企业业务系统。

大部分制造企业采用了不同供应商的多个生产执行、运营或管理系统，这带来了集成接口复杂、信息传递不畅、维护成本高等问题。实践证明，ISA−95 架构对于管理和控制企业制造层次结构及其与业务系统（尤其是 ERP）的连接非常有价值。然而，企业在开始推进数字化转型，需要获得更广泛的数据以实现对生产过程和运营管理的实时洞察时，他们就会发现传统的 ISA−95 金字塔架构已经难以胜任。这主要体现在以下几个方面。

（1）跨层级数据传递效率差，影响数据质量。

（2）各软件供应商对 ISA−95 标准的执行程度不同，集成接口依然复杂、扩展性差。

（3）IT、OT 脱节，研发过程与生产运营过程分离，业务流程碎片化。

（4）生产过程数据分散，无法得到有效利用。

在数字化时代，企业数据的重心正在从业务领域（如研发、制造、服务等）转移到企业大数据，即广泛的连接和数据访问。于是，工业互联网平台应运而生，它打破了传统的 ISA−95 金字塔架构，用扁平化、网状架构重新定义了制造集成方式，如图 2−6 所示。在这种网状架构中，所有设备和系统均作为资源节点接入工业互联网，数据是这张网络的基本元素，企业业务在这张网络中被解耦和重构，再以敏捷、创新的方式支撑前端的工业 App。

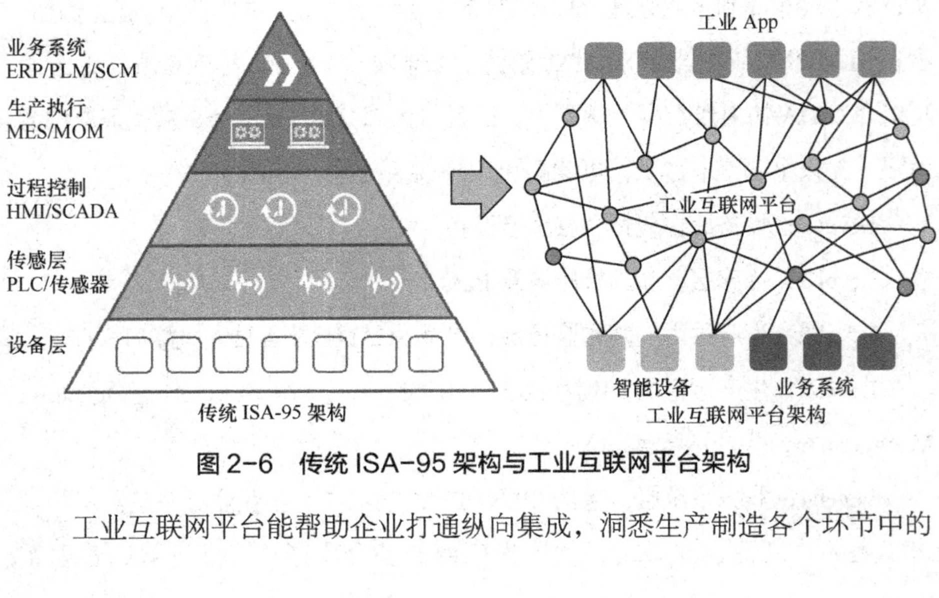

图 2−6　传统 ISA−95 架构与工业互联网平台架构

工业互联网平台能帮助企业打通纵向集成，洞悉生产制造各个环节中的数据信息，有效提升工厂的透明度和生产运营效率，从而实现向数字化、智能化的转型升级。这里所说的纵向集成就是要解决企业内部从生产设备、生产执行、生产计划到企业运营管理之间的数据流转和传递问题，即 ISA-95 制造金字塔中从 Level 0 到 Level 4 的贯通，我们更多地称其为 IT 和 OT 的融合。

当然，工业互联网平台并不是要替代传统的 ISA-95 架构，而是对其进行补充和扩展，如图 2-7 所示。LSN Research 指出，工业互联网平台将消除传统系统之间不间断集成的依赖性，并通过数字主线贯通任意设备和系统之间的数据流，从而实现真正的车间到企业顶层的集成应用①。支持新旧系统的并存与融合，而非全面的系统改造，是工业互联网平台存在的价值和意义，也是企业数字化转型的基础。同时，通过 IT、OT 的融合，有效使用各种数据以做出更好的决策，提升 IT 与 OT 之间的协作效率，是工业互联网平台需要具备的另一个核心能力。

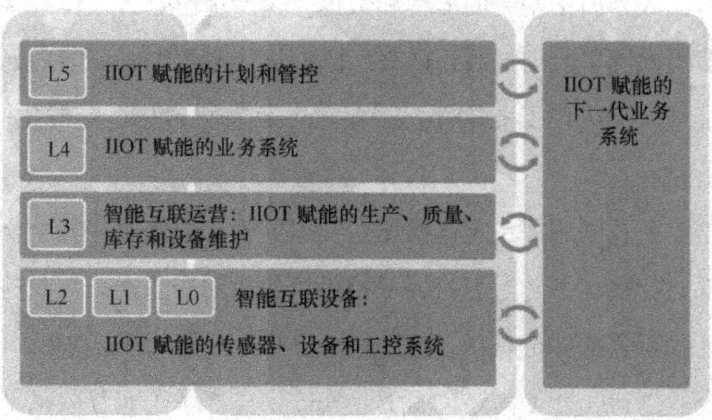

图 2-7　工业互联网平台下的企业集成架构

2.2.4　工业 App 是工业互联网生态的重要组成部分

工业互联网 App（简称工业 App）是基于工业互联网、承载工业知识和经验、满足特定需求的工业应用软件，是工业技术软件化的重要成果。

① LNS Research, SMART CONNECTED OPERATIONS: Capturing the Business Value of the Industrial IoT, 2015.

其本质是企业知识和技术诀窍的模型化、模块化、标准化和软件化，能够有效促进知识的显性化、公有化、组织化、系统化，极大地便利了知识的应用和复用。[①]

2017 年 11 月，《关于深化“互联网 + 先进制造业”发展工业互联网的指导意见》发布，文件中明确提出了实施 2025 年百万工业 App 培育工程。由此可见，工业 App 已经成为制造业转型升级的风向标，也是我国利用工业互联网平台和技术在工业软件领域赶超国际水平的新机会和新赛道。

工业软件如 CAD、CAE、PLM 等的发展基本伴随着工业企业的发展历程，已经成为企业的核心竞争力。但传统的工业软件系统存在体系庞大、架构复杂、功能高度耦合、实施周期长、难以扩展等问题，在给企业带来专业业务能力的同时，也造成了一个个烟囱式的信息孤岛。烟囱式信息孤岛给业务人员带来的最大困扰就是业务流程和数据的碎片化，业务人员需要重复登录多个系统，人为衔接割裂的流程和数据，这严重影响了工作效率和数据准确性。工业互联网平台出现后，以其广泛的连接和数据融合能力迅速催生了工业 App。相对于传统工业软件，工业 App 具有轻量化、定制化、专用化、灵活和复用的特点。

如果把工业互联网平台比作操作系统，工业 App 则是在其之上的各种应用程序。工业互联网平台为工业 App 提供了必要的服务接口、业务数据、开发组件、运行环境等基础支撑，使工业 App 可以实现对制造资源的优化配置，从而保持企业创新和竞争优势。而工业 App 则支撑了工业互联网平台的智能化应用，是工业互联网的价值体现，有利于促进工业互联网平台的创新发展。

目前，我国在工业 App 产业化浪潮的推动下，已经涌现了一大批优秀的工业 App 和软件供应商。但是总体而言，我国工业 App 还存在质量不高、专业化程度低等问题。原因主要有两个方面。一方面，缺乏成熟的、商业化的工业互联网平台支撑，还没有形成完整的工业 App 生态。目前，我国的工业

① 参考中国工业 App 联盟的《工业互联网 App 发展白皮书（2018 年）》。

互联网平台尚处于起步阶段，需要进一步的工业化应用和验证。另一方面，在传统工业软件方面的短板还需要补足，专业领域知识的积累和沉淀还不够。

2.3 数字主线

2.3.1 何为数字主线

随着产品复杂度和业务复杂度的增加，企业正在或即将面临数据量急剧增加的挑战，数据质量和数据的及时性已经开始影响前端业务的正常开展，如何将数据服务化，通过“数据 + 模型”驱动价值创新将成为企业差异化竞争的关键。很多工业企业都开始认识到数据的价值，甚至把数据比喻为石油，但让企业头疼的是工业数据种类繁多、数据格式纷繁复杂。而且，这些数据散落在各个孤立的信息系统、桌面计算机或工控设备甚至各种杂乱无章的纸质单据中。因此，工业企业迫切需要做的是让这些数据流动起来，将其转化为企业创新转型的动力。于是，数字主线（Digital Thread）概念开始进入了企业管理层的视野。

数字主线概念最先于 2003 年由美国空军（USAF）和洛克希德・马丁（Lockheed Martin）公司在联合研发的 F-35 闪电 II 项目中提出。数字主线技术实现了前所未有的设计数据和制造数据的打通，从而极大地提升了战斗机制造和装配的自动化程度。在制造过程中，可直接基于三维设计模型进行 NC 编程、三坐标尺寸校验和工装设计等。这些模型还被用于持续保障中的培训和维护。洛克希德・马丁公司在 PDM 系统中实现了数字主线，成为设计制造协作以及与全球合作伙伴和供应商协同的基础，大大提升了设计和制造效率以及数据准确性。①

GE 在 2015 年成立数字化事业部后，推出了全球第一个工业互联网平

① Don Kinard, Lockheed Martin, The Digital Thread – Key to F-35 Joint Strike Fighter Affordability，2010.

台——Predix。随后，GE 数字化事业部开始大力提倡基于 Predix 的数字主线和数字孪生概念，使其在业界广为流传，如图 2-8 所示。GE 数字化事业部认为数字主线是贯通整个价值流的数据连接，它使数据资产成为驱动业务和决策自动化的关键，从而使企业获得全面的洞察。数字主线代表了整个产品生命周期中所有端到端业务流程所关联的数据和信息，能帮助企业缩短交货周期、增加盈利能力及提高客户满意度等。①

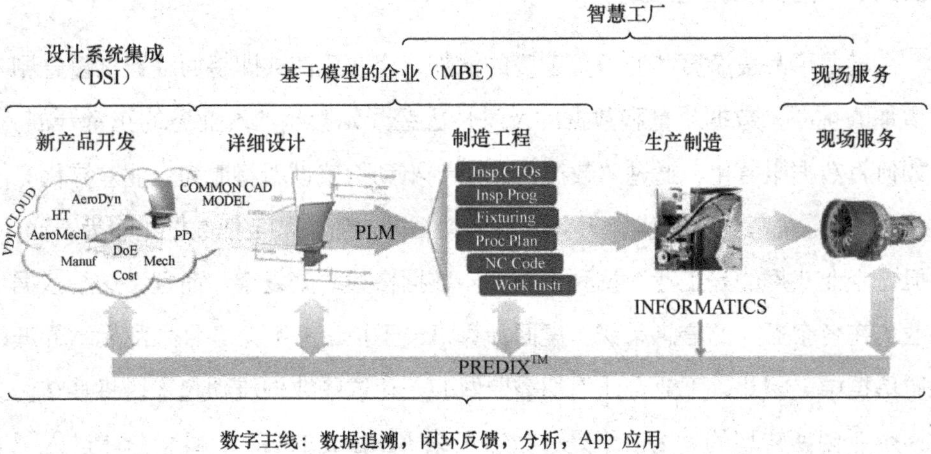

图 2-8 GE 数字主线②

综上所述，数字主线就是打通产品全寿期（研发、制造、营销、服务等）、全价值链（用户、供应链、物流等）的数据链路，以业务为核心对这些数据进行解耦、重构和复用，以支撑新的以客户为中心的商业模式，提升企业运营效率，加快业务创新能力，提升用户体验。数字主线的目标是在正确的时间、以正确的方式、向正确的人提供正确的信息。通过数字主线，可以快速往前或往后追溯到产品各阶段数据，如图 2-9 所示。例如，设计工程师可以实时在线获取已交付产品的运行状态及故障数据，从而在设计环境中进行仿真分析，实现产品快速迭代和质量问题闭环；服务工程师可在服务现场快速追溯产品结构、设计模型、生产记录以及备件信息等。

① GE Digital, Digital Thread Activates $700M+ in Productivity Gains for GE.

② Jim Beilstein, GE’s Digital Manufacturing Transformation, 2015.

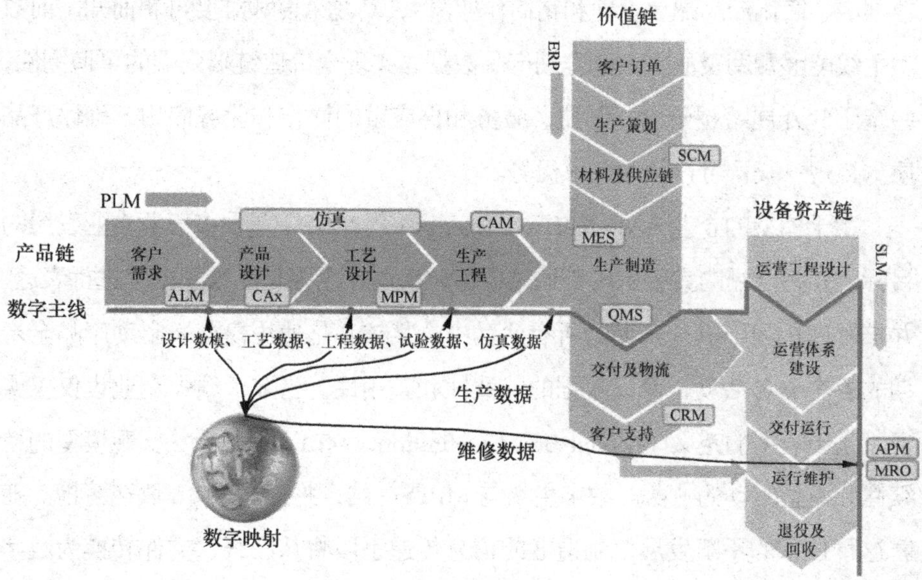

图 2-9 产品数字主线[①]

2.3.2 数字主线的价值

对于产品复杂、质量要求高、生命周期长的工业企业而言，数字主线具有不可估量的价值。这也是航空航天与国防行业最先采用数字主线技术的主要原因。以飞机为例，一架单通道大型客机的零部件数量在 10 万个以上，涉及全球几百家航电系统和零部件供应商，交付后正常使用寿命在 20 年以上。为了保障飞机的飞行安全和适航要求，需要按单架次管理和维护产品数据、变更记录、生产记录、供应商信息以及所有的维修维护记录等，以保证所有的设计更改都能够落实到生产制造过程和交付运营的飞机中，并且在运营维护过程中可以追溯到设计、制造、供应商和服务等相关的所有数据。为了达到这个目的，波音公司于 1994 年启动了 DCAC/MRM（Define and Control Airplane Configuration/Manufacturing Resource Management）计划，整整历时 10 年，耗资数十亿美元推进飞机设计和制造的数字化改造，以打造单一产品

① 作者借鉴林诗万《工业互联网与工业 4.0 架构对接与应用》自绘。

数据源、简化产品配置管理和精简作业流[①]，其复杂度和难度可想而知。而数字主线能够帮助企业整合全寿期产品数据，实现全价值链端到端的可追溯性，并基于此开展跨越研发、制造、服务和供应链的协作和业务应用，确保产品质量合规，获得可持续的竞争优势。

基于模型的企业（Model Based Enterprise，MBE）是很多工业企业发展的目标，其将产品的完整定义都通过数字化模型（主要是三维模型）进行表达，并扩展应用到产品全寿期的所有活动中；其核心是使用模型来驱动产品全寿期的各个业务活动，保证数据的一致性和重用性。当前，领先企业也仅仅实现了基于模型的定义（Model Based Definition，MBD），尚无法实现模型的持续性和模型驱动的业务。数字主线与 MBD 的结合将促进 MBE 快速落地。随着这种技术的不断发展，制造业的信息传递手段将从图纸、文件转换为数字模型，乃至 AR。

此外，数字主线使企业数据触手可及，给企业带来了前所未有的数据洞察，以及巨大的想象空间。我们可以借助移动终端和 AR/VR 技术增强智能工厂操作人员或者服务现场维修人员的使用体验；基于数字主线的数字孪生技术，实现从产品的远程监控、健康诊断到预测性维护，提升产品质量和产品性能，降低非计划停机率。

2.3.3 数字主线与业务系统

数字主线以业务为核心，解决的问题是“在正确的时间、以正确的方式、将正确的数据传递给正确的人或系统”，并突出体现了以下两点。

（1）数据与业务的融合：通过业务建模，将来自不同系统和设备的数据聚合、重构，实现数据与业务的融合。

（2）产品全寿期数字链路：建立业务模型之间的关联，打造面向产品全寿期（研发、制造、营销、服务等）、全价值链（用户、供应链、物流等）的

① Ron Glowen, Boeing, DCAC/MRM paves way to simpler production system.

数字链路，实现数物融合。

由此可见，数字主线是工业企业业务中台所要打造的核心业务能力，就像产品配置管理是 PLM 平台的核心能力一样。数字主线主要聚合来自业务系统和设备的数据进行重构和复用，与企业现有的业务系统是共生关系，两者相辅相成（见图 2-10）。OSLC（Open Services for Lifecycle Collaboration）提出利用 OSLC 规范连接数据来实现跨域、跨应用和跨组织的数字线程，这一规范能使我们能更清晰地理解两者之间的关系。

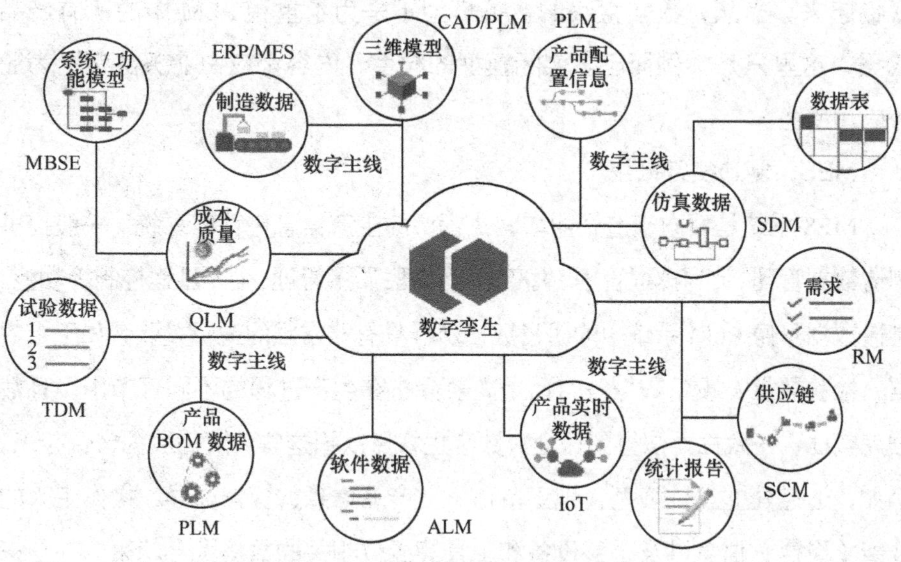

图 2-10　数字主线与业务系统[①]

下面以比较典型的 PLM 和 MES 为例来进一步说明。

PLM：产品全寿期管理系统

顾名思义，PLM 是产品全生命周期数据管理平台，但目前大部分企业用其管理产品研发数据。PLM 往往是企业的主数据或骨干平台，工程人员基于此开展产品设计、多专业协同、供应商协同等工作，并以 BOM 为核心实现

① 作者借鉴 OSLC 的《Achieving the Digital Thread》自绘。

产品配置和工程更改管理等核心业务能力，保证数据的一致性、准确性和完整性。由于 PLM 中的数据以 BOM 为核心进行组织和管理，这些数据量大、类型多、结构复杂，且包含了大量业务约束和规则（如配置规则、版本约束等），不利于在系统间传递和共享（开发过 PLM 与 ERP 或者 MES 系统集成接口的人都能体会到这个接口有多复杂）。数字主线需要将这些数据解耦，形成一系列的元数据（Metadata）；通过业务模型将这些元数据进行重构，如建立零件模型；通过零部件模型把它相关的信息聚合起来，包括材料、成本、供应商等信息；然后建立零件模型与其他模型之间的关联，把相关的数据都联接起来。当然，数字主线的业务模型不是为了重构 PLM 中的所有产品数据，这里只是举例而已。实际模型的粒度、内容都应由业务决定，为业务应用服务。

MES：制造执行系统

MES 系统是面向制造企业车间执行层的生产信息化管理系统，一般提供制造数据管理、计划排程管理、生产调度管理、质量管理、生产过程控制等功能。制造数据不像 PLM 系统中的研发数据那样具有非常强的逻辑关联，如工单数据、检验数据、设备数据等，而是离散分布在生产过程的不同环节中，且数据完整性、一致性无法得到保证。数字主线可以把这些离散的数据聚合起来。例如，通过建立工位模型，把工单信息、产品信息、操作指导、操作工人的技能（岗位）信息以及相关设备和工具等工位相关的数据聚合起来，并与来自 PLM 的产品数据进行关联。在此基础上，就可以在生产现场启用创新的应用场景。例如，包含产品制造信息（Product Manufacturing Information，PMI）的 3D 模型可用于创建移动终端或 AR 眼镜上的智能操作指导；通过实时连接检验设备，监控和分析关键质量参数，如果发现异常则自动将相关数据传递给设计工程师或工艺工程师，用于进一步质量问题分析，快速实现设计迭代和问题闭环。

2.4 数字孪生

2.4.1 何为数字孪生

数字孪生（Digital Twin）也叫数字映射，是物理产品或系统的数字化表达，可以实时动态地反映物理产品或系统的运行状态，用于进一步的仿真、分析和优化等。物理产品持续运行，其状态和运行环境不断变化，而产品的数字孪生体也伴随着数据的流入而不断反映实际产品的状态。

这个概念最先是由美国密歇根大学迈克尔·格里夫斯（Michael Grieves）教授与 NASA 专家约翰·维克斯（John Vickers）共同提出的，并由格里夫斯教授于 2002 年在他的 PLM 课程中明确将其概念化[①]。在随后几年中，支持虚拟产品开发和维护的信息技术迅猛发展，使虚拟产品的信息表达越来越丰富，与物理产品几乎没有区别。数字孪生被正式应用于航空航天领域，用于飞行器的健康诊断和维护保障。2010 年，NASA 将数字孪生引入其空间技术发展计划中。NASA 认为，数字孪生是充分利用物理模型、传感器更新、运行历史等数据，集成多学科、多物理量、多尺度、多概率的仿真过程，在虚拟空间中完成映射，从而反映相对应的实体装备的全生命周期过程[②③]。2011 年，NASA 将数字孪生应用于下一代战斗机：通过在物理战机上部署一套传感器系统，以高频率记录实际飞行时的六自由度加速度、表面温度和压力读数，每小时数据量达到 1PB。NASA 将这些数据输入高保真度的虚拟模型中，对主要结构件进行疲劳寿命和可靠性分析，预

① Michael Grieves, John Vickers, Digital Twin: Mitigating Unpredictable, Undesirable Emergent Behavior in Complex Systems (Excerpt), 2012.

② Bob Piascik, John Vickers, et Al.Technology Area 12:Materials, Structures, Mechanical Systems, and Manufacturing Road Map, 2010.

③ Tuegel EJ, Ingraffea AR, Et al. Reengineering Aircraft Structural Life Prediction Using a Digital Twin, International Journal of Aerospace Engineering, Vol 2011.

测其剩余的使用寿命，以便及时更新维护、维修或更换计划，保障战机在使用寿命中持续安全飞行[①]。

案例

GE基于其工业互联网平台Predix，将数字孪生技术的应用从产品装备延伸到了智慧工厂、智慧运营等领域。例如，GE将数字孪生应用于智慧风场以提升风场整体运营效率。在设计阶段，GE会为风场建立数字模型，收集风场的地形、气象等相关数据，从而确定合理的风机布局以及每个风力涡轮机的参数配置。投入运营后，将收集到天气、性能参数等数据反馈到数字孪生模型中，用于风能预测分析和风机预测性维护，再通过调整每个物理风机中的特定参数（如发电机的扭矩或叶片的速度）来优化风场发电效率和设备可靠性。[②]

因此，数字孪生可通过采集当前环境和性能等数据来了解过去、洞悉现在、预测未来，可有效地监测、模拟和控制资产或流程，达到优化性能、效率、运营、服务、供应链等目的。

如今，数字孪生技术已经被工业领域广泛接受，是企业数字化转型不可或缺的技术和手段之一。很多企业正在使用数字孪生来优化产品质量，提升运营效率，并改善用户使用体验。

2.4.2 数字孪生与数字样机

数字样机（Digital Mock-Up，DMU）是指在计算机上表达的机械产品整机或子系统的数字化模型，它与真实物理产品之间具有1:1的比例和精确尺寸表达，其作用是验证物理样机的功能和性能。产品数字样机形成于产品

① Glaessgen EH, Stargel DS, The Digital Twin Paradigm for Future NASA and U.S. Air Force Vehicles, 2012.

② 资料来源：GE官网。

的设计阶段，以 CAD/CAE 技术为基础，主要用于产品干涉检查、运动分析、性能仿真、制造仿真和维修规划等方面。

由此可见，数字样机是数字孪生的基础，将数字样机与物理产品或系统的数据关联后，再加上数据分析模型就成了数字孪生。数字孪生将数字产品与物理世界连接起来，使我们能够掌握千里之外的产品实时性能和运行状态，还可以帮助企业更好地设计、制造、运行和维护产品。

相对于数字样机，数字孪生具有实时、动态和双向的特点，结合数据分析技术，可以提供实时预警、预测性维护和动态优化等能力。这具体体现在以下两个方面，如图 2-11 所示。

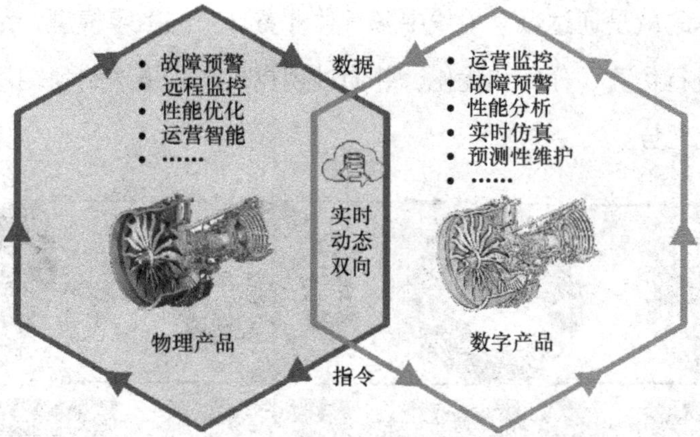

图 2-11 产品数字孪生

（1）数字产品：实时动态地反映物理产品或系统的运行状态，并实时动态地仿真、分析和优化。

（2）物理产品：实时洞察产品或系统运营（性能）状态，基于预测分析结果，优化产品或系统的设计、制造、运营和维护。

2.4.3 数字孪生与数字主线

随着物联网和大数据技术的发展，实现数字孪生的许多关键技术都已成熟，如多物理量和多维度建模、健康预测分析模型等。但要实现对产品或系统的全面预测分析，数字孪生还需要大量的数据支撑。这些数据包括来自

PLM 的 CAD/CAE 模型和设计数据，来自 ERP/MES 的制造履历和供应商数据，来自服务系统的备件、维修记录等数据，以及来自物理产品的性能、工况和环境参数等。实际数据还远远不止这些。另外，数字孪生代表的是实例化的物理产品，与物理产品的数量是 1:1 的关系，那么构建其数字孪生体的数据一定也是特定的、实例化的。这就需要集成和融合跨领域、跨专业、跨组织和跨系统的数据及专业知识，而这正是数字主线的核心能力。

数字孪生和数字主线是企业数字化转型的两大核心技术，两者相辅相成、相互促进，如图 2-12 所示。数字主线是一个连续、无缝的数据链，把从用户需求、产品设计到生产和服务等业务环节的数字模型有机衔接起来；而数字孪生所展示的就是通过数字主线中各具体业务环节的数字模型，结合相应的算法模型进行仿真、分析和优化，并通过视觉化形式推送给前端用户，充分发挥数字化优势。

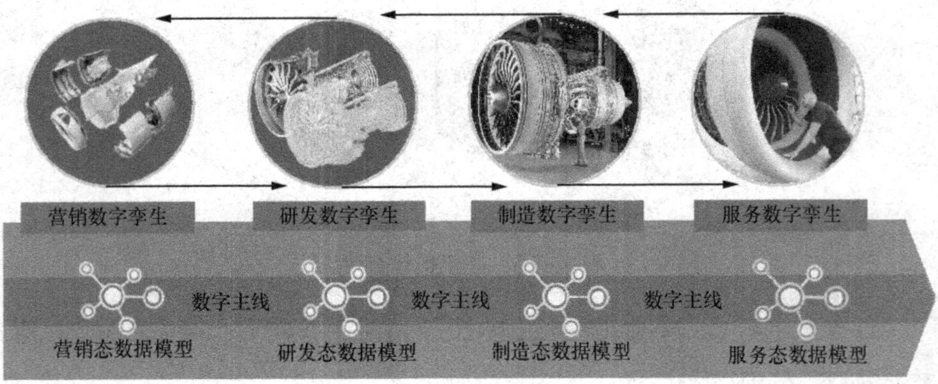

图 2-12　产品数字主线与数字孪生的关系

2.4.4　数字孪生应用

在当前我国制造业转型升级的大背景下，MBD 已成为企业数字化的基础，是大势所趋。MBD 是指用集成的三维实体模型来完整表达定义产品的各类信息的方法，这些信息包括尺寸公差、材料及工艺制造等。产品 MBD 模型将作为生产制造的唯一依据，改变了传统的以二维工程图纸为主、三维模型为辅的生产制造方法。我国大型装备制造业，包括航空航天、汽车和工程设备等行业，都已经率先实现了基于 MBD 的数字化产品定义。这为数字孪生技术的应用奠定了坚实的基础。

而且，软件在产品中的比例越来越高，软件定义产品已经成为现实，这使产品的定制化、智能化程度越来越高。海量的各种产品工况、性能数据正在不断涌入企业的数据中心。令企业头疼的是如何让这些数据流动起来，实现与研发、制造和服务等业务的融合。数字孪生技术的出现，瞬间点燃了企业的热情。

高德纳分析指出，2019 年数字孪生已经进入主流应用期，已经应用物联网技术的企业中有 75% 已经使用或计划在一年内使用数字孪生技术[①]。数字孪生正成为不少国家数字化转型的新抓手。例如，美国工业互联网联盟将数字孪生作为工业互联网落地的核心和关键，德国工业 4.0 参考架构将数字孪生作为重要内容，等等。随着大批领先企业的持续应用和探索，数字孪生技术的应用也越来越丰富。

产品数字孪生

如前所述，产品数字孪生是数字孪生最原始、最典型的应用。产品数字孪生适用于产品全生命周期各个阶段，以数字化的形式完整记录整个产品生命周期的状态变化。

在设计阶段，企业可借助数字孪生和人工智能技术，基于产品的实时工况数据进行仿真分析，及时发现产品设计缺陷，优化产品设计。例如，通过产品数字孪生模型监控产品温度参数，当温度曲线发生异常时及时进行分析，发现底座散热结构设计缺陷，通过改进底盘散热结构，实现快速质量问题闭环；企业也可利用数字孪生洞察用户对产品的真实使用情况，以便下一代产品的优化迭代；通过数字孪生，企业还可以实现异地、交互式设计评审，运用协作式 AR 体验（如 AR 眼镜或移动终端）使产品相关方能够基于同一产品模型和同一视角开展详细评审。

① Gartner, Survey Reveals Digital Twins Are Entering Mainstream Use [EB/OL]. 2019-2-20.

在生产制造阶段，企业可以将产品数字孪生模型与产线设备和生产环境结合起来，在正式生产前通过虚实结合的方式模拟不同产线、不同参数、不同生产环境下的生产装配过程，实现对产能、效率以及可能出现的生产瓶颈等问题的提前预判，加速新产品的导入过程；还可以在设计数字孪生模型的基础上叠加 PMI，通过 AR 眼镜或移动终端等增强现实体验方式为现场操作人员提供交互式智能操作指导，解放双手，提高工作效率，降低技能门槛。

在市场营销阶段，市场部门可以通过数字孪生获得最新的产品数据；用户可通过移动终端或 AR 眼镜等方式在线体验产品，并可以在展厅通过虚实结合的方式进行互动体验。另外，大型装备企业每次参加展会都需要将庞大且笨重的产品搬运到展会现场，既费时又费钱。而数字孪生技术只需要一个 AR 眼镜或者 Pad 就可以把所有数字产品以 1:1 的比例展现在用户面前，用户可以进入设备内部查看内饰细节，还可以模拟各种操作，如试驾等。

在服务运营阶段，企业可以利用数字孪生实现产品远程监控和健康管理，通过对关键性能参数和指标的实时监控预测分析产品运行趋势，并基于预测结果优化相应的维修维护策略，避免因意外停机带来的损失。在维修服务过程中，数字孪生还可以利用实时运行参数、维修记录等数据进行故障诊断，基于诊断结果给出相应的解决方案，并通过交互式 AR 操作指导提高维修效率。数字孪生将帮助企业最终实现从产品制造商向产品服务商的转型，“产品即服务”的商业模式必将为企业赢得差异化竞争优势，成为新的盈利增长点。通过数字孪生，企业可以为用户提供个性化、定制化服务，包括租赁、按使用计费（如小时、流量、载荷等）等。在服务过程中，数字孪生会忠实记录用户使用数据和设备运行状况，并通过监控运营和健康管理保障设备正常运行。

工厂、流程数字孪生

全球的工厂管理层一直在寻找机会，以减少产线、设备非计划停机，提高产品质量，降低生产成本，提升运营效率和盈利能力。但是，到目前为止，大部分解决方案仅能实现单点、局部效益的提升，难以提升企业的整体运营效率。究其原因，主要是企业缺乏全面、科学的数据分析和决策手段，难以获得对企业生产运营全过程的洞察。

于是，数字化领先企业（如 GE 等）开始将数字孪生技术引入生产制造。将生产阶段的各种要素，如厂房布局、产线设备、物流库存以及人员环境等，通过工厂数字模型聚合起来，与物理工厂之间建立双向、动态的映射。在正式生产前，企业可根据既定的业务规则和协作流程，通过数字孪生模型来模拟和仿真生产装配过程，以优化布局和产能。在正式生产过程中，将工厂数字孪生模型与物联网、数据分析技术相结合，可以获得工厂生产运营的全面洞察，实现对生产运营过程的监测、预警、控制和优化；还可以从不同维度（如产能、能耗、产品质量等）进行精准预测分析，优化各维度的资源配置或运行参数，从而达到提质降本增效的目标。

工厂数字孪生可以看作将很多产品数字孪生（如生产设备、生产环境、物流、工装工具等）组合而成的一个有机系统，通过可配置的业务规则和协作流程，以数据驱动实现整个系统的高效、透明和智能。由此可见，无论是建模、运作机理，还是分析模型，工厂数字孪生都比产品数字孪生要复杂得多，其实现的难度自然也更大。

目前，企业在构建工厂数字孪生上主要面临两大挑战。

第一大挑战是需要解决工厂或产线建模问题。

从传统的 CAD 三维建模和 VR 技术的实现方式来看，建模工作量大、周期长，不易扩展。目前比较推荐的方法是采用三维激光扫描系统。三维激光扫描系统集成了激光扫描仪、数码相机、软件及附属设备，可以非接触、快速地获取目标物的三维点云数据和纹理（影像）数据，经过数据处理以及三维建模构建扫描对象的真三维数字模型①。国外已经有商业化的三维激光扫描系统，不过价格比较昂贵。国内也有供应商提供三维激光扫描建模服务。

第二大挑战是基于数字孪生的预测分析模型。

工厂中数据分析的维度比较广，包括性能、产能、能耗、质量、成本、

① 马立广. 地面三维激光扫描仪的分类与应用 [J]. 地理空间信息，2005.

效率等。每个维度涉及的环节也很多，数据采集和建模的难度比较大。以机械臂油漆喷涂质量分析为例，其涉及的参数包括油漆厂家参数、油漆混料配比、环境温湿度、机械臂移动速度、喷嘴压力、流量等，而这些数据分别在不同环节，像油漆混料配比基本靠工人经验，无法准确量化，这就使建模分析过程非常困难。对产品质量、产线产能等的预测分析涉及因素更多、更复杂，而且与企业产品和业务紧密相关。因此，建设工厂数字孪生是一个长期的、持续探索和积淀的过程，没有捷径可走。

工厂数字孪生同样也适用于流程行业，如钢铁、石油化工、食品饮料等，稍有差异的是基于不同的行业特性所要展示的信息。

试验数字孪生

未来的航空航天器将采用更先进的复合材料使其变得又轻又可靠，同时在更长的时间内能承受更高的载荷和更极端的使用条件，这就需要对这些产品在极限环境下进行试验。然而，由于这种极限环境，如温度、机械、声学等极限负荷很难在实验环境中重现，或者耗资巨大，因此需要通过产品数字模型结合量化的极限环境进行模拟试验。类似的场景在汽车、工程机械等行业同样存在。

试验数字孪生就是将高保真产品模型置于多物理尺度、多物理场的综合模拟环境中，通过一系列模拟试验来检验产品的性能、可靠性和失效模式等，从而缩短试验周期，降低试验成本。这是一种特殊形式的产品数字孪生，是数字化试验的未来发展方向，适用于像无人驾驶、太空环境或危险环境下的各种试验。

在这个过程中，最重要的是将专家经验、知识、故障模式等数字化，并将其融入数字孪生模型中，使其能够在试验过程中无限逼近真实产品和试验场景。

综上所述，数字孪生是物联网、云计算、大数据、人工智能等新一代数字化技术的综合展示，将成为这些技术在工业应用的爆发点。随着这些技术的深入应用和持续发展，数字孪生的应用前景将非常广阔。我们相信，不久的将来会有更多惊喜等待着大家去探索和发现。

第3章

CHAPTER 3

工业互联网平台赋能数字化转型

企业数字化转型的根本目的是依托数字技术强大的连接、聚合、分析等能力，驱动研制模式、商业模式和产品的创新，最终以更低的成本、更高的效率为用户提供更好的体验。而工业互联网平台作为工业技术和数字化技术深度融合的产物，是推动工业企业数字化转型的关键。工业互联网平台凭借其广泛的连接能力、强大的数据分析与处理能力、全面的平台化服务能力、快速开发及构建良好用户体验的应用能力等，将帮助企业拨开数字迷雾，认清数字化转型的本质，从而专注于核心业务的转型升级。

3.1 工业互联网平台是数字企业的基石

工业互联网平台犹如工业领域的操作系统，它可以为工业企业打造“前中后台”技术架构，汇聚企业内各种后台资源（包括各种业务系统和工业设备），以数字主线和数字孪生为核心打造数字中台，沉淀工业知识和经验成为各种业务模型，快速、灵活地支持前台的各种工业 App，如图 3-1 所示。

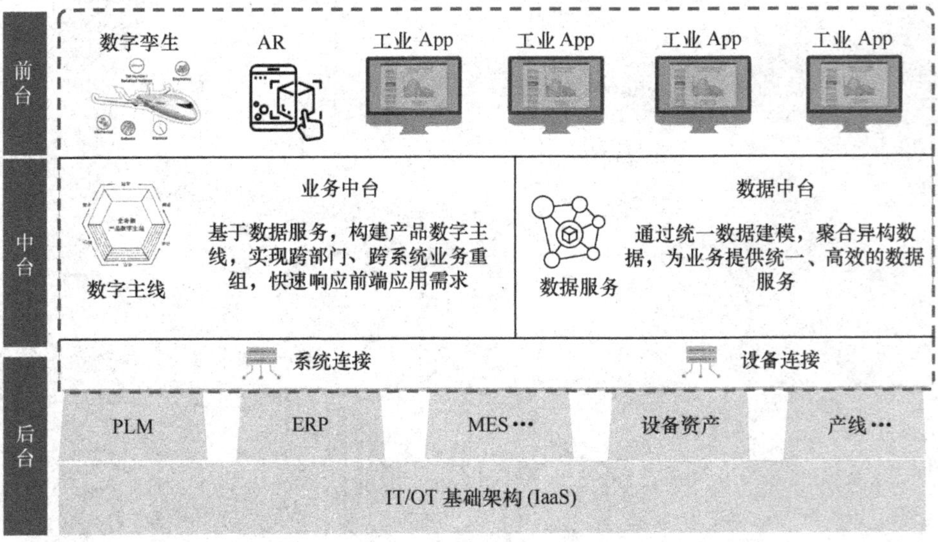

图 3-1　工业互联网平台是数字企业的基石

工业互联网平台与中台的区别和关联在于中台是一种思想和架构，而工业互联网平台是具体的技术实现，是工业企业实现中台架构的关键技术平台。图 3-1 中虚线框部分是工业互联网平台的核心能力。

工业互联网平台既是工业资源和数字技术的整合者，也是工业数据的驱动中枢，又是工业 App 的运行环境，是构成数字企业的基石。

后台：资源汇聚

企业内的各种 SOR 和工业设备都将下沉，成为后台系统。借助工业互联网平台广泛的连接能力，后台系统将分散在异构系统和异构设备中的数据汇聚起来，以便共享和调用。

中台：数据驱动

数字主线和数字孪生是工业企业区别于互联网和消费领域的核心所在，是工业互联网平台需要打造的两大核心能力，也是构建业务中台的关键。而数据中台则通过统一数据建模，聚合异构数据，为业务中台提供统一、高效的数据服务，最终实现业务与数据的融合，以数据驱动业务。

前台：应用使能

工业 App 能够重用中台沉淀的工业知识和经验，共享数据服务，快速响应前端业务需求，它是体现数字企业的敏捷、创新能力所在。工业互联网平台是工业 App 的摇篮，为其提供快速开发和使能环境以及开放的应用市场，打造平台化的工业 App 生态。

下面将详细介绍工业互联网平台赋能数字化转型的核心技术。

3.2　广泛的连接：异构数据采集

广泛的连接是工业互联网平台的基础能力，源于物联网技术，是数字主线中的主要数据来源。在展开介绍前，我们先来了解一下工业数据。

3.2.1　工业数据

工业数据是指工业领域中，企业在产品全生命周期各个阶段中开展各类业务活动所产生的数据的总和，其主要由三部分构成。

第一部分是企业运营相关的业务数据，主要来源于企业内部信息化管理系统，包括 PLM、ERP、MES、SCM 和 CRM 等。这类数据，诸如产品、工艺、生产、采购、订单、服务等数据，是企业的核心数据资产，以结构化数据为主，数据量不大，却有极大的挖掘价值。经过长期的信息化建设，大部分企业已经部署应用了诸如 PLM、ERP、MES 等业务系统，基本实现了这部分数据的数字化。领先企业已经开始考虑挖掘这类数据的潜力，于是有了各种数据看板、仪表盘或驾驶舱等应用。不过，这类应用还是以统计汇总为主，集中于单个或几个系统，尚未涉及全量数据模型及复杂的分析算法。

第二部分是产线设备互联数据，主要是指生产过程中产线、设备、物流等的工况（如压力、温度、振动、应力等）、运行状态、环境参数等数据，一般采集自设备 PLC、SCADA 以及部分外接传感器。这类数据以时序数据为主，数据量大，采集频率高。过去几年，在全球工业 4.0 和智能制造的大趋势下，企业纷纷投入机器换人、设备智能化改造的浪潮中，直接导致数据量呈指数级增长。大部分企业缺乏大数据管理手段和有效的数据分析技术，无法发挥这些数据的价值，这些数据也就成了暗数据。而一家中等规模的智能工厂每天产生的数据量级都是以 TB 计，如果没有成熟的数据存储策略和分析手段，这对企业来说将是灾难性的。

第三部分是企业外部数据，包括产品交付给用户之后的工况、运营以及维修等相关数据，同时还包括大量来自互联网的市场、环境、供应链、网络社区等外部环境的数据。其中，产品运营服务数据以结构化数据为主，如与企业内部的业务数据融合，则能产生极大的业务价值。而来自互联网的数据形式各异、质量参差不齐，对当前大部分工业企业来说，深入挖掘的价值不大。

由此可见，工业数据与互联网数据有着本质的区别。工业数据具有以下鲜明的特征。

第一，工业数据体量大。尤其是随着大量设备和智能产品数据的涌入，工业数据的存储量将呈指数级增长。

第二，工业数据来源多、分布广。工业数据既有来自 PLM、MES、ERP 等庞大管理系统的数据，也有来自各种产线、设备、工业产品等方面的实时数据，还有来自互联网、供应链的各种外部数据等。这些数据往往分散在不同的业务环节和信息系统中，传统的组织壁垒和信息孤岛割裂了这些数据之间的内在关联。

第三，工业数据种类多，结构复杂，关联性强。工业数据既有产品相关的需求、BOM、三维模型等结构化数据，也有设计图纸、技术文件、各类单据等半结构化数据，还有产线、设备和智能产品的时序数据等，这些数据之间有着很强的关联性。例如，一个产品在制造或服务过程中发生的产品质量问题，都要能够反馈到产品的设计过程，从而改进产品设计，提升产品质量。

第四，工业数据的准确性要求高。对于工业领域来说，产品数据的准确性将会直接影响产品质量。后者是企业的命脉，不容有任何差错。以民用飞机生产企业为例，如果由于产品 BOM 数据不准确，导致在生产过程中漏装或错装了某些零部件，可能会导致机毁人亡，给企业和航空公司造成不可挽回的损失。

第五，工业数据的实时性要求高。生产现场的运营和管控对数据的实时性要求高，需达到毫秒级别；智能产品运营和服务对数据的实时性要求也较高，一般在毫秒级到秒级之间。而管理层级对数据的实时性要求相对会低一些。

3.2.2　工业数据采集

由工业数据的分类和特殊性可知，数据的类型不同，其采集方式也完全不同。工业互联网平台首先需要能够支持异构设备和异构系统的连接和数据采集。

异构设备连接

企业在生产过程中会用到大量的生产设备，包括产线、加工设备、辅助工具、物流配送、环保设备等。生产设备市场已经非常成熟，各个细分领域都有专业的设备制造商。例如，工业机器人市场主要有 ABB、库卡（KUKA）

和发那科（FANUC）等几家制造商。这些设备制造商由于多年的知识积累和沉淀，形成了各自独立的可编程逻辑控制（PLC）系统或者通信协议，用于统一实现对自己产品体系的自动化控制。不同厂家或品牌的PLC，其接口协议各不相同，连接方式自然也会有所差异。而目前市面上的PLC品牌多达数千种，就算比较流行的也有几百种之多。除此之外，还有很多设备不具备PLC系统，而是采用自研的数据协议和通用的传输接口来实现数据传输和控制。这为生产设备的连接和数据采集带来了极大的难度和复杂性。

工业互联网平台需要有能力管理这种异构设备连接的复杂性，如图3-2所示。目前，在设备连接方面主要有两类场景，即生产类设备和交付给用户的智能产品，分别对应于第二类和第三类工业数据。

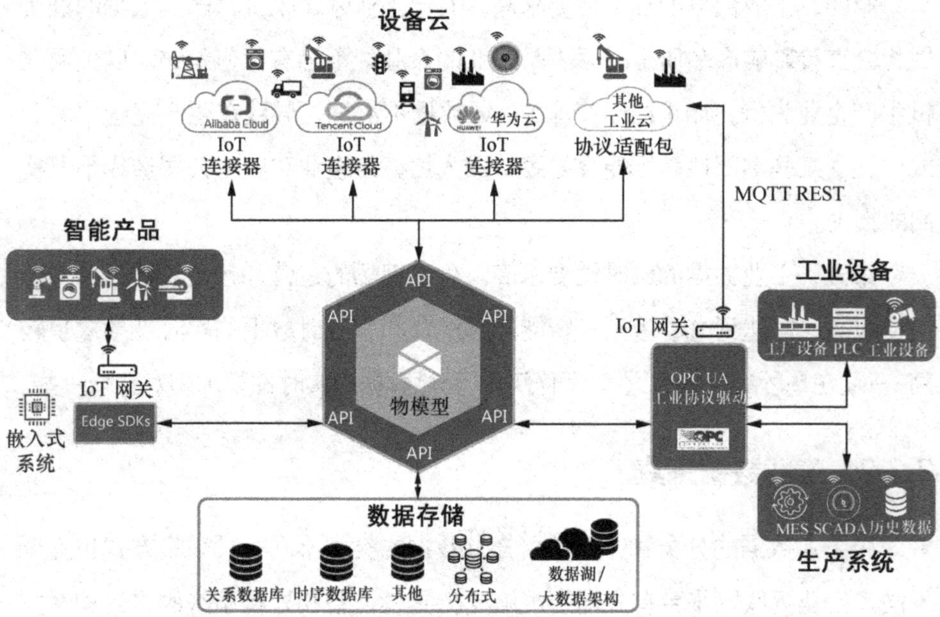

图3-2 异构工业设备连接

生产类设备

如前所述，生产类设备存在极大的差异性和复杂性，连接方式主要有以下几种。

（1）PLC

一般PLC厂商都会开放其通信协议，通过通信协议就可获知每个参数对应的地址，连接过程相对比较简单。可结合设备实际情况，在不改变原设备通信接口的前提下使用交换机上的以太网口，使用协议类采集软件与 PLC 进行协议通信，采集 PLC 中变量地址的数据。

（2）通用接口 + 自研协议

某些设备，尤其是专用设备，制造商往往采用自研的数据协议，再提供通用的传输接口（如以太网、RS485 等）来实现数据传输和控制。这类设备连接的关键是要获取制造商的数据协议，然后根据协议配置或开发相应的数据采集程序。

（3）传感器

传感器是一种检测装置，能感受到被测量的信息，并将检测感受到的信息按一定规律变换为电信号或其他所需形式的信息输出，以满足信息的传输、处理、存储、显示、记录和控制等要求。传感器数据可以通过采集器、采集卡或单片机进行采集，再通过无线网络或以太网传输到服务器。

（4）上位机采集

上位机是指可以直接发出操控命令的计算机，一般是 PC 或终端，屏幕上显示各种信号变化（如液压、水位、温度等）。下位机是直接控制设备、获取设备状况的计算机，一般是 PLC 或单片机之类。下位机按频率读取设备状态数据（一般为模拟量），转换成数字信号反馈给上位机。上位机上一般会安装组态软件等进行数据显示和设备控制。这种情况可以利用组态软件提供的接口进行数据采集，包括 OPC、Web Service、数据库连接等方式。

（5）SCADA 系统

SCADA（Supervisory ControI And Data Acquisition）是对分布距离远且生产单位分散的生产系统的一种数据采集、监视和控制系统。数据采集是 SCADA 系统的核心能力，实时性高，以时序数据为主，所以数据量往往很大。一般商业的 SCADA 系统都具备开放的接口，可以采用系统连接方式进行数据采集。

在设备连接过程中经常会遇到“哑设备”，即无接口或有接口无协议。

对于“哑设备”，需要具体情况具体分析，根据监控目标来确定是改造还是更换。

数据采集后还需要利用协议转换软件（如 Kepware 等）将不同协议的数据转换成统一的协议，比较常见的如 OPC UA 等，以便对数据做进一步的处理和管理。

智能产品

企业交付的智能产品一般需要配备物联网关，作为设备端传感网络的核心，实现与传感器之间的通信、数据采集和数据处理，然后将数据转换成 MQTT、SOAP 等协议，以 2G/3G/4G、LoRa、NB-IoT 等通信方式转发到工业云平台或部署在云端的工业互联网平台。如果是工业云平台，则工业互联网平台需要与云平台的 IoT Hub 进行对接，获取设备数据做进一步的处理。

异构系统连接

如前所述，工业企业经过十几年以上的信息化建设，已经建立了一个个的信息孤岛。如何消除信息孤岛，打通全寿期、全价值链数据链路，成为很多企业迫在眉睫的问题，也是构建数字主线需要清除的首要障碍。传统的点对点集成方式不但接口复杂、开发成本高、难以重用和维护等，而且其数据以参数或属性形式分散存在，不易于前端应用开发，扩展性差。而国外成熟的工业互联网平台都会支持模块化连接器的集成方式，对商业化系统提供标准的连接器，实现即插即用的系统集成，简单快速且易于维护。同时，这些平台也支持按规范定制连接器，实现对自研系统或无标准连接器的系统集成；以业务为导向，通过业务模型将来自异构系统的数据进行重构，然后发布服务接口供前台调用，支持敏捷快速的应用开发。工业互联网与传统系统集成模式对比如图 3-3 所示。工业互联网平台提供的这种模块化集成服务模式将彻底解决企业系统集成难、扩展难、维护难的问题，可通过拖拽式、无代码或轻代码方式轻松实现异构系统的集成。

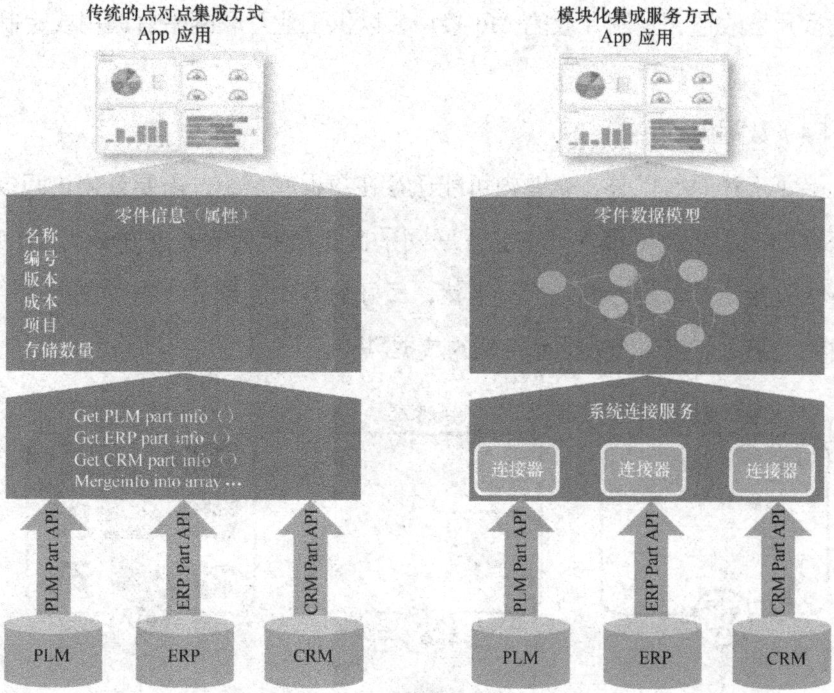

图 3-3　工业互联网与传统系统集成模式对比

综合分析，工业企业面临的异构系统主要有以下几种情况，如图 3-4 所示。

（1）商业系统

商业系统主要是大型业务系统，如 PLM、ERP、CRM 等。这类系统的用户基数大，成熟度高，基本都有开放的 API 接口。一般工业互联网平台都会提供这类商业系统的标准连接器，或者借助合作生态开发第三方连接器，用户可通过应用市场下载购买。

（2）自研系统

对于企业自研或者第三方合作伙伴定制开发的系统，一般都会提供类似 Web Service 的开放接口，以便与其他系统对接。工业互联网平台能够通过这些接口快速实现系统集成，或者利用这些接口快速定制系统连接器。

（3）历史遗留系统

历史遗留的旧系统可能连开放的 API 服务都不提供，因此需要对这类系统进行开发改造，定制开放的API接口，以供工业互联网平台调用或定制连接器。

（4）数据库

除了上述系统以外，企业内可能还存在数据库系统，需要直接访问数据库获取相应的数据。因此，工业互联网平台还需要具备通过JDBC、ODBC等方式直接连接数据库的能力。当然，最好的方式还是对数据库进行一层服务封装，避免直接访问数据库带来的数据风险。

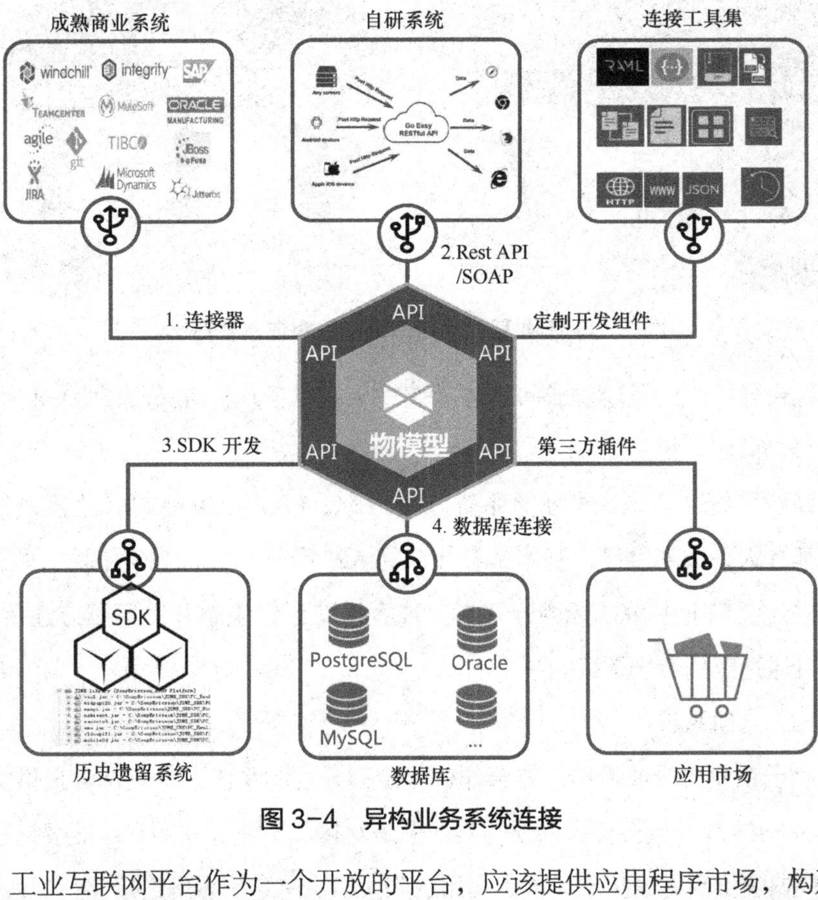

图 3-4　异构业务系统连接

工业互联网平台作为一个开放的平台，应该提供应用程序市场，构建合作伙伴应用开发生态，以丰富和共享各种行业应用程序。同时，在定制连接器的过程中，为加快连接器定制效率，还需要提供一系列的定制开发控件和组件，方便开发者下载使用。

3.3 数字主线：业务与数据的融合

3.3.1 业务建模实现 IT、OT 融合

Splunk 的一项统计分析表明，全球工业企业收集的所有数据中超过 55% 是暗数据[①]。所谓暗数据，高德纳将其定义为企业在常规业务活动期间收集、处理和存储的数据，但通常无法将其用于其他目的，如分析统计、业务改善或直接获利等[②]。暗数据的存储和管理通常会给企业带来比价值更高的费用，甚至更大的风险。这也是我们在调研过程中发现我国企业普遍存在的问题：他们花几年时间投入巨资对哑设备、老系统进行数字化改造，结果并没有给企业带来数字化能力的大幅提升，反而带来了巨大的数据负担。究其原因，主要是因为很多企业管理者对工业数据缺乏系统全面的认识，在没有切实可行的数字化战略的支撑下盲目地进行数字化投资和改造，却没有很好的手段和工具将这些数据整合、利用起来，其结果自然可想而知。

因此，如何围绕产品和业务将研制、管理过程的 IT 数据与生产运营过程的 OT 数据聚合起来，为各种业务所用，已经成为企业迫切需要解决的问题。工业互联网平台的业务建模能力就能帮助企业以业务对象为核心，实现 IT 数据和 OT 数据的融合，从而盘活企业中的暗数据，发挥数据的潜力，将其用于各种分析、决策和优化。

业务建模的核心是业务，建模时要以业务对象（如产品或者车间工位）为载体，将各种数据组织起来（见图 3-5）。以挖机为例，通过建立挖机业务模型，就能将采集自各物理挖机的参数（如载荷、油温、发动机转速等）和事件（如开关机、设备故障等）分别作为挖机模型的属性和事件进行映射，同时将 PLM 和 ERP 系统中的产品设计、制造数据，如产品生产序列号、设计载荷等作为属性进行映射；还可以基于挖机模型的属性、事件以及产品或

① Splunk, The State of Dark Data, 2019.

② Gartner, Gartner Glossary: Dark Data.

业务系统的服务接口构建各种应用服务，如检查设备状态、升级固件等，供前端应用调用。

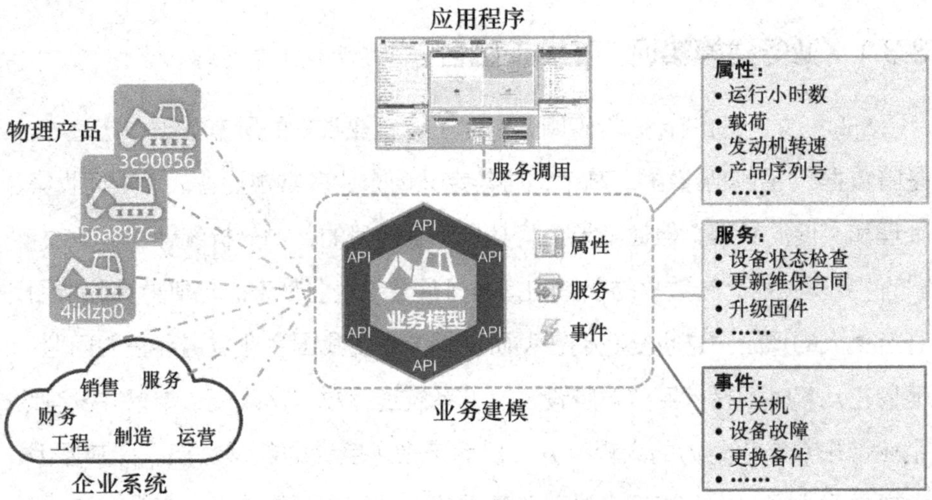

图 3-5　业务建模

对于企业而言，业务建模过程就是其提炼和沉淀核心业务的过程。这是一个长期的、不断迭代完善的过程，因此无代码或轻代码开发是必不可少的。业务建模过程应该支持拖拽式、所见即所得的方式，不懂软件开发的业务人员也能够轻松上手。平台通过后台自动化处理模型管理、数据存储、服务封装、数据通信等工作。

3.3.2　如何构建数字主线

数字主线的概念自提出以来一直在演进。如前文所述，最开始美国空军在应用数字主线的概念时主要借助 PLM 平台打通设计与制造之间的数据链路，其实现思路也基本依靠传统的 PLM 与 ERP/MES 的集成方式。随着数字主线概念的推广，以波音、空客为代表的复杂装备企业开始将数字主线概念延伸到产品全寿期，构建了以 BOM 为核心的数字主线，如图 3–6 所示。企业利用不同视图的 BOM 将本视图相关的产品数据组织起来，再通过建立 BOM 视图之间的关联来实现跨视图的产品数据追溯和更改贯彻。这种数字主线主要还是 PLM 平台的范畴，所以大部分企业都是以 PLM 平台作为产品单一数据源进行数据组织和实现。

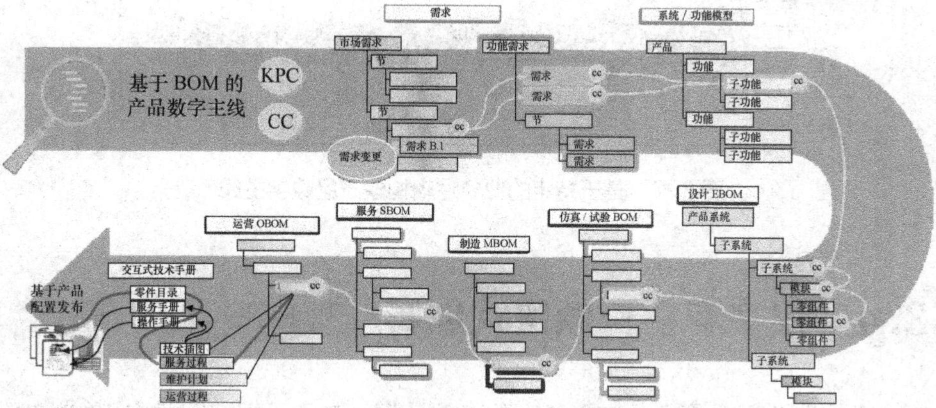

注：KPC：Key Product Characteristics（关键产品特性，用户需求相关特性）；
　　CC：Critical Characteristics（关键特性，产品质量、安全、合规等相关特性）。

图 3-6　以 BOM 为核心的产品数字主线

随着工业互联网平台的兴起，数字主线概念得到了一次跨越式发展。其涵盖的业务范围包括全寿期、全价值链的各个环节；其关联数据也不仅仅是 BOM 相关数据，而是各业务环节相关的多方面数据，包括 IT 和 OT 数据。这样的数字主线自然也不再依赖任何一个传统的数据源系统，而是基于所有这些系统和设备之上、立足于中台架构进行构建的。当然，这样的数字主线不可能一气呵成，而是需要一个持续建设、从局部到全局的过程。

在工业互联网时代，数字主线的核心是将多视图、多维度的业务模型基于既定的业务规则有机衔接起来，形成面向全寿期、全价值链的业务模型数字网络，通过这个网络可以从任何一个节点追溯到其他任意节点。

模型之间基于特定的业务逻辑建立关联，形成特定的业务链（见图 3-7），基于这个业务链就可以实现数据流转和业务驱动。例如，建立用户、订单、设计产品、供应商、实物产品等模型之间的关联，就可以通过用户订单追溯到订单的产品、实物产品的生产序列号以及供应商供货记录等，也可以通过实物产品的序列号追溯到产品设计数据、生产批次以及对应的客户订单号等。随着数字主线应用的深入，这样的数字链路会越来越多，每个链路之间相互关联、相互支撑，形成完整的企业数字网络。

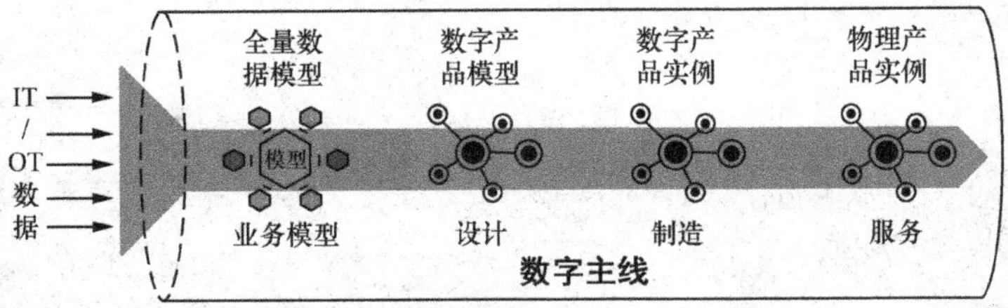

图 3-7　基于特定的业务逻辑构建产品数字主线

3.4　数字孪生：颠覆式创新

数字孪生就是聚合数字主线上的多源数据，基于不同视图或应用的物理产品构建的实时、动态、双向的产品数字模型。数字孪生模型不是静态的，而是随着业务数据化的推进，在业务滋养下不断地动态完善、优化。这个数字孪生模型还可以作为业务服务共享给前台应用，以促进更加丰富的数字孪生服务化应用体系。

基于工业互联网平台，数字孪生不再触不可及，其构建过程相对要简单得多（见图 3-8）。

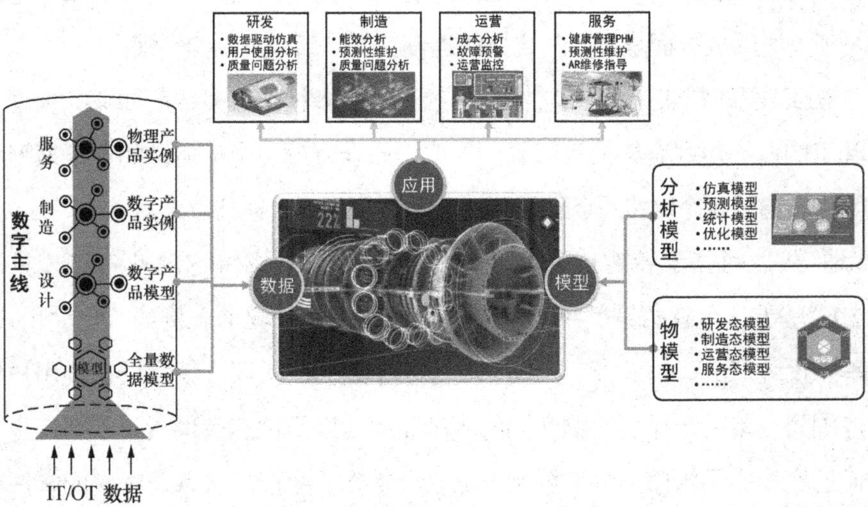

图 3-8　产品数字孪生应用

首先，数据是构建产品数字孪生的前提和基础，包括来自物理产品的运行状态和各种参数，以及来自数字产品的数字模型、设计参数和工艺参数等。这些数据可能分布在物理产品、产品云、企业内部系统（如 PDM、ERP、MES 等），以及外部供应商和物流等。数字主线利用业务模型将这些数据重构，通过模型之间的关联形成产品数字链路。数字孪生需要立足于不同的业务应用，如仿真数字孪生、运营数字孪生等，从数字主线中抽取相应的数据和产品模型，聚合形成相应的孪生数字模型。数字孪生模型是动态的，随着数字主线中的数据变动而实时更新，从而真实映射物理产品的运行状态。

其次，将实际物理环境或设备运行的机理模型与机器学习技术相结合，构建不同维度的仿真分析和预测模型，如热学模型、动力学模型、应力分析模型和疲劳模型等。机理模型也称白箱模型，是根据对象、生产过程的内部机制或者物质流的传递机理建立起来的精确数学模型。机理模型的特点是输入参数和输出结果都非常明确，揭示了事物因素之间的必然联系。而机器学习是基于模糊的、不充分的输入参数，通过不同的分析算法或者算法组合，试图找出事物之间的联系，如相关性、权重等。工业互联网平台需要将机理模型和专业知识内化并提炼出来，同时结合各种内建的大数据分析算法，构建强大的基于特定行业历史和实时数据的高级分析决策能力。而数字孪生就是利用这种将实物机理模型与机器学习技术相结合的能力，为产品建立各种高级的仿真分析和预测模型，再通过物理产品的实时运行数据来驱动这些模型进行分析预测，并将结果与产品三维或数字化模型相结合，以直观、可视化的形式展示给前端用户。

最后，通过工业互联网平台提供的 App 开发环境构建数字孪生应用。数字孪生可应用于产品全寿期各个阶段，例如，在研发阶段可用于实时数据驱动的产品仿真和质量分析，在服务运营阶段可用于产品健康诊断和预测性维护，等等。随着数字孪生技术应用的持续深入，其也应用于工厂中的产线或车间，构建工厂数字孪生。企业通过工厂数字化模型，在赛博空间中对工厂布局、生产节拍、物料配送等进行仿真和模拟，以指导前期工厂规划。待工厂投入运营后实时采集设备、产线等数据和参数，并动态映射到工厂数字模型中，实现生产过程实时可视化监控、故障及安全预警等，结合大数据和机器学习技术可进行质量缺陷分析、产线瓶颈预测、优化运行绩效等。

3.5 机器学习：让数据说话

在新的数字化时代，数据是企业最宝贵的资产，如何挖掘数据潜力，让数据说话，通过数据驱动业务和决策，已经成为企业数字化转型成败的关键。无论是优化库存水平，缩短产品交货时间，还是面向特定用户群体优化产品设计，所有决策都需要数据，以及通过分析数据来洞察改进或提升的空间。

3.5.1 工业数据分析的现状

如果把企业比喻为人体，把数据比喻为人体的血液，那么企业内的各个组织和业务环节就是人体器官，数据分析就是人体的循环系统，驱动血液在各个人体器官之间循环流动，用血液滋养各个器官，持续地促进其新陈代谢，并使人体作为一个有机整体保持青春活力。其中，作为血液的数据无疑是基础的基础。当今的企业必须处理比以往更多的数据。而且，数据量在未来几年必然会爆发式增长。

时至今日，很多企业都开始认识到数据是核心资产，是决胜未来的利器，而数据分析是数字化转型的关键推动力。尽管如此，许多企业仍然难以摆脱传统业务模式的束缚，其固化的业务流程无法及时响应用户对数据的敏捷、动态需求，阻碍了数据潜在价值的充分释放。有些企业虽然意识到数据的潜在价值，决定致力于数据分析，却苦于缺乏既懂业务又懂大数据分析的专业人才，以及相应的数据分析支撑组织，自然也就无法制定详尽的投资规划和数字化战略。据高德纳统计，到目前为止，所有企业的书面战略中只有不到50%明确提到数据和分析是创造企业价值的基本要素。不过，这种状况很快就会改变。预计到2022年，90%的企业战略将明确数据是企业的关键资产，分析是不可或缺的能力①。

由此可见，领先企业已经将数据和分析上升到企业战略，成为企业未来的发展重点和投资方向。这些企业结合实际业务和数据现状，构建基于工业大数据的应用，把产品、设备、资源和人有机地结合在一起，推动企业向数字化、智能化转型。

3.5.2　数据分析与机器学习

数据分析是指用适当的统计分析方法对收集来的大量数据进行分析、提取有用信息和形成结论的过程。而机器学习是一种使用算法解析数据，并从中学习、自动构建分析模型的数据分析方法。它是人工智能的一个分支，其特点是利用数据训练出模型，然后使用模型进行预测。

在工业领域主要有四种类型的数据分析，如图 3-9 所示。

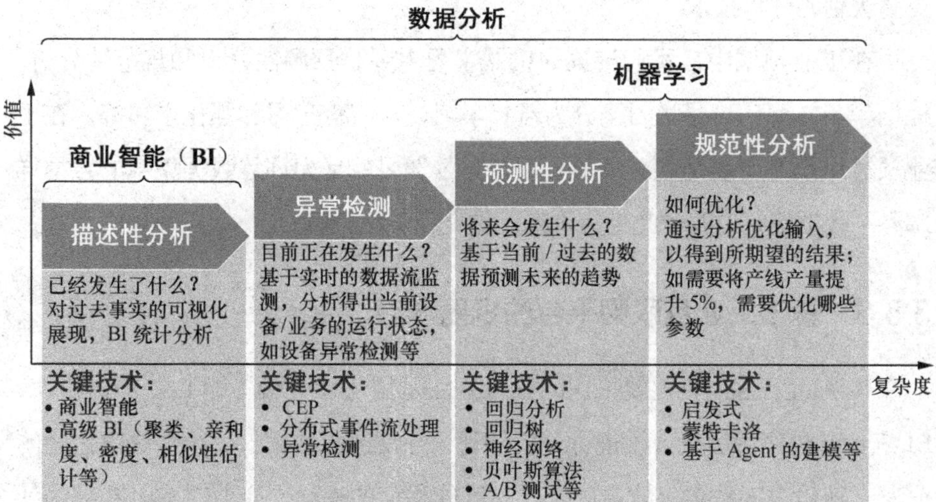

图 3-9　数据分析与机器学习

（1）描述性分析

基于历史数据进行统计、概括和总结，以图形、报表等可视化形式展示

① Gartner, Predicts 2019: Data and Analytics Strategy.

过去发生了什么。商业智能（Business Intelligence，BI）就属于描述性分析。

（2）异常检测

通过监测实时的数据流，分析设备或业务的当前运行状态，如设备异常检测等。异常检测的实时性要求较高，而且一般在边缘端，所以基本不会用到太复杂的分析算法。

（3）预测性分析

利用预测分析模型分析当前和历史数据，对未来或者不确定的事件进行预测。这是一种高级分析技术，主要包括神经网络、回归分析、贝叶斯算法等，对工业企业非常有价值。

（4）规范性分析

基于已经分析得出的运行趋势，通过优化输入来达到期望的结果。例如，需要将产线的产能在此基础上提升 5%，需要优化哪些参数或输入。这是一种更高级别的分析技术。

在工业领域中，我们谈论的机器学习主要是预测性分析和规范性分析。根据学习方法，机器学习又分为监督学习、非监督学习和强化学习等。在工业领域用到的主要是监督学习。所谓监督学习就是为训练数据集中的数据样本添加数据标签，并依此进行训练，建立分析预测模型。

3.5.3 基于工业互联网平台的机器学习

传统的工业企业主要采用的分析方法是描述性分析，即 BI。如前所述，BI 统计方法使用历史数据进行分析统计，经常造成数据、分析和决策之间的分离。随着车间数字化改造以及产品智能程度的提高，企业对实时数据的处理和分析能力的要求越来越迫切，传统的 BI 已经不再胜任，需要更高级的实时数据分析技术来挖掘与日俱增的暗数据的潜力。然而，由于缺乏专业的数据科学家和数据分析技术手段，很多企业只能望数据兴叹。工业互联网平台的出现为企业弥补了这个空白。

基于工业互联网平台的机器学习为企业解决了数据分析的两个核心问题，

只需要两步就可以实现，如图 3-10 所示。

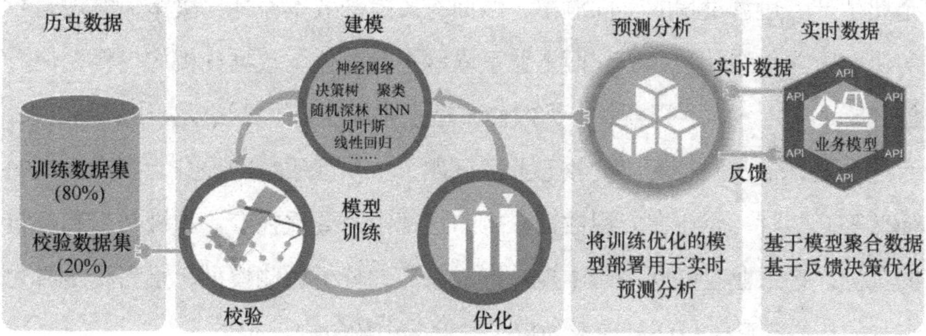

图 3-10　机器学习过程

第一步，利用历史数据进行模型训练，通过迭代优化建立最优的预测分析模型。这解决了专业的数据科学家的问题。工业互联网平台内建工业领域常用的机器学习算法模型，如线性或非线性回归、决策树、神经网络等，通过训练数据集自动拟合最优算法或者算法的组合。用校验数据集（最佳比例为 20%，所有样本都有数据标签）检验模型的准确度。如果准确度不符合要求，则进一步调整数据和输入，优化迭代训练模型。训练模型的准确度取决于是否有足够充分的训练数据集。训练数据集不但要有一定的量，还要有适度的正负样本比例，因为机器只能从正负样本的差异中识别故障模式。这需要企业有一定周期的数据积累和必要的数据清理。

第二步，部署训练所得的优化模型，用于实际的预测分析。数字主线中的各种业务模型为企业解决了数据聚合和数据实时性的问题，而不再是各种离散的、不连续的数据。预测分析模型可以将一个或多个业务模型的数据作为输入，实时进行预测分析，从而实现质量根因分析、设备预测性维护、产线优化等，并以可视化、图形化的方式展示给相关人员。这个阶段产生的数据质量较高，可以将这些数据继续用于模型训练，以进一步优化预测分析模型，提升预测分析的准确度。因此，如果企业在前期没有足够的数据样本进行模型训练（当然，不能完全没有），就可以采用边应用边优化的方式，以应用促进数据的规范性和质量。

数据分析是企业进行数字化改造的目标，通过分析挖掘数据潜力获得对企业生产、运营过程的全面洞察，从而有效提升效率和优化决策，实现向数字化、智能化的转型升级。而工业互联网平台降低了数据分析的门槛，使数据分析不再投入大、周期长、见效慢，让企业从复杂的算法模型中解脱出来，专注于发掘自身亟待解决的核心业务问题，如喷漆质量的提升、生产成本的降低等。同时，企业在应用数据分析的过程中需要重视专业领域知识和经验的沉淀，在工业互联网平台中提炼形成相应的分析预测模型，逐渐积累成为自身的核心资产，最终打造成为自身的差异化竞争力。

3.6 业务编排：数据驱动

数字主线为企业消除了数据孤岛和组织壁垒，将企业内分散的职能部门和业务环节以及外部供应链有机衔接了起来，使跨专业、跨系统、跨组织的协作变得轻松。基于工业互联网平台的业务流程编排不再依赖特定的业务系统，也无须将一个业务过程拆分成几个小流程，分别在不同的系统中予以实现。这种业务流程编排也不再是固化的，而是根据前端业务的变化进行敏捷、灵活的调整。驱动这些业务流程的核心是数据。

3.6.1 流程驱动

数据驱动是相对于传统的流程驱动衍生而来的。在介绍数据驱动前，我们有必要先来了解一下流程驱动。

流程驱动是传统的信息化管理模式，大家熟知的 PLM、ERP、MES 等业务系统从本质上来说都是流程驱动的信息化产物。这些系统往往强调“业务流程化，流程信息化”，在实施过程中最关注企业研发、工艺和制造等相关业务流程，通过流程再造或流程优化来提升协作效率和管理效率。

SIPOC 模型是一代质量大师戴明提出来的组织系统模型，是流程管理和改进的常用技术，也是流程驱动的典型代表。

如图 3-11 所示，流程驱动并不是不重视数据，而是将数据作为流程的输入和输出进行考虑，其重点还在于流程本身。流程驱动是在标准化、规范化的基础上将业务流或价值流分解成一个个的流程节点，为每个流程节点设定责任人和工作要求，然后通过流程把这些节点串起来，使整个业务能正常有序地开展。这在过去的工业化时代确实提高了企业的管理效率，促进了规模化生产。

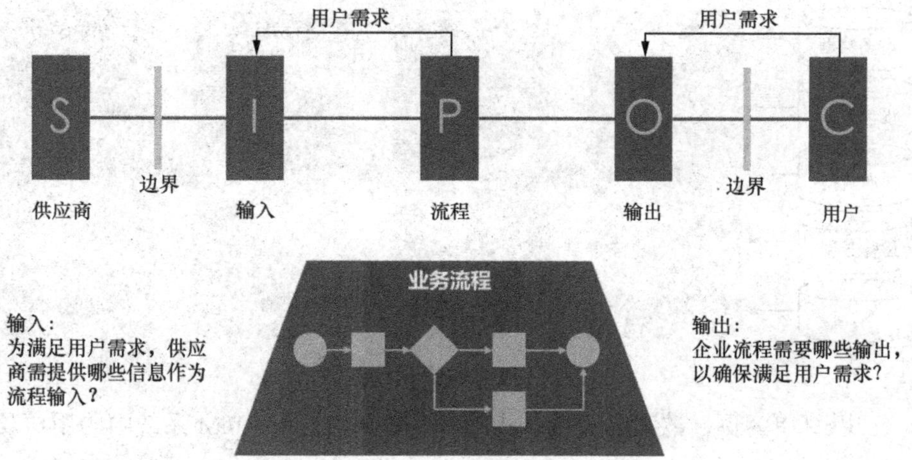

图 3-11　流程驱动模式

然而，流程驱动的最大问题在于将企业中纷繁复杂的业务过程通过业务流程进行固化和复用，一个业务流或者价值流往往会被分割成几个子流程，由多个部门和业务系统分别实现，然后通过职责分工、接口界面等保证数据和业务的衔接。尽管有些企业为了实现数据的可视，在此基础上实施 BI 工具，但这些 BI 工具往往以历史数据的统计汇总为主，而且由于数据源的问题，无法进行深入分析和预测，分析手段和过程往往固化，难以做到实时动态。

3.6.2　数据驱动业务编排

数据驱动是以数据为核心，利用数据聚合、挖掘、分析等技术实现对企业业务和数据的深度洞察，通过数据触发企业的业务活动和决策流程，从而帮助企业透过纷繁芜杂的业务过程发现问题的本质，加快业务运作和数据流转速度，提升运营和决策效率，最终实现向数字化、智能化的转型。

数字化就是要将企业运营过程提炼成知识和数据，使工程师、管理者等都可以从数据视图而不是过程视图来查看或运行他们的业务，业务流程将变得自动化、敏捷化。通过业务建模将数据聚合起来，再利用数字主线打通产品数字链路的过程如图 3–12 所示。

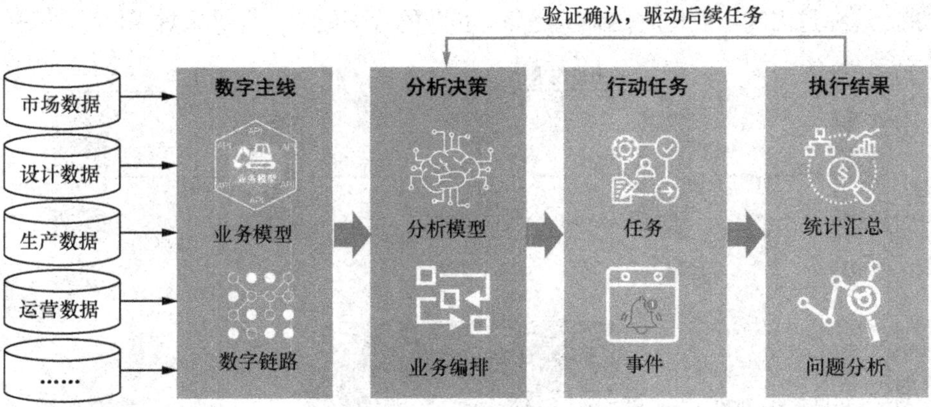

图 3–12　数据驱动业务

以订单为例，数字主线可以从用户下单开始，将 CRM 系统中的用户及订单数据、PLM 系统中相应的产品设计数据、ERP 中生产计划和物料数据、交付的物理产品及服务数据都串联起来，形成订单数字链路，如图 3–13 所示。

在此基础上，企业就可以基于事件或者业务过程重新编排流程。在数字企业中，事件往往是通过预测分析发现问题，启动相应的决策流程以便快速做出响应或处理。而业务过程则是通过相互协作来完成任务，也不再受跨系统数据访问的限制。业务流程编排将变得灵活敏捷，利用数字主线中共享的业务模型和数据服务，通过拖拽的方式就可以快速编排，以方便业务人员快速创新。

案例

博世力士乐在最新一代液压动力产品 CytroPac 上采用全新的数据驱动营销模式，利用产品实时运营及性能数据进行产品使用和能效分析。再结合 CRM 数据，销售代表可以实时洞察用户需求，用数据说话，挖掘新的商机。当某些产品持续接近满负荷运行、需要更换更大功率的产品时，相关数据就会驱动销售代表向用户推荐新产品或更好的产品解决方案。[①]

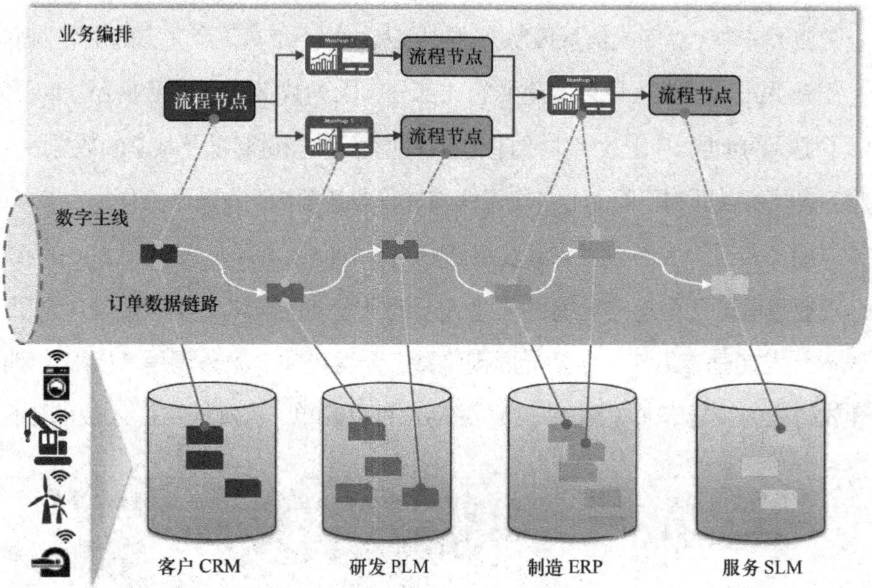

图 3-13　基于数字主线的业务编排

企业还可以通过数据分析发现各个业务环节存在的问题，以数据驱动相应的决策流程，进一步改善用户、产品、运营、供应链以及商业模式等核心环节，实现业务和产品的创新，形成独特的竞争优势，最终实现整个企业乃至供应链的快速运转。因此，对于工业企业而言，建立长远的数据战略，形成从数据出发的管理体系，用数据驱动业务和决策，是其数字化转型的核心。

3.7　工业App：提升用户体验

对于工业企业而言，工业 App 应该是“小而美”的前台应用，要体现其轻量化、灵活性、复用性的特点，是中台数据服务化和业务化在前端最好的

① PTC, Smart, Connected Product Design Helps Bosch Rexroth Optimize Hydraulic Devices.

体现。有些企业将工业 App 当作一个独立的应用系统来开发，从底层架构到业务系统集成，再到前端界面都要从头开始开发，不但耗时耗力，而且不易扩展和维护。企业内不同的业务部门独立开发各自的工业 App，最后相当于又给企业增加了一个个烟囱式信息孤岛。这样的 App 并不是真正意义上的工业 App。

工业 App 是工业互联网的重要组成部分，因为数字主线为工业 App 的开发提供了肥沃的土壤。基于数字主线打造的各种业务数据链路以及共享的数据服务，使业务人员可以面向不同的业务场景快速进行业务重构，打造个性化的、创新的业务应用，而无须关心数据来源及存储方式。同时，为了体现工业 App 的敏捷性，工业互联网平台还需要提供工业 App 的开发使能环境。使能环境包含了工业 App 开发的基本组件，包括界面创建器、开发控件、服务调用、权限控制以及开放的应用市场等（见图 3-14），使用户可以简单、直观地完成 App 的创作。

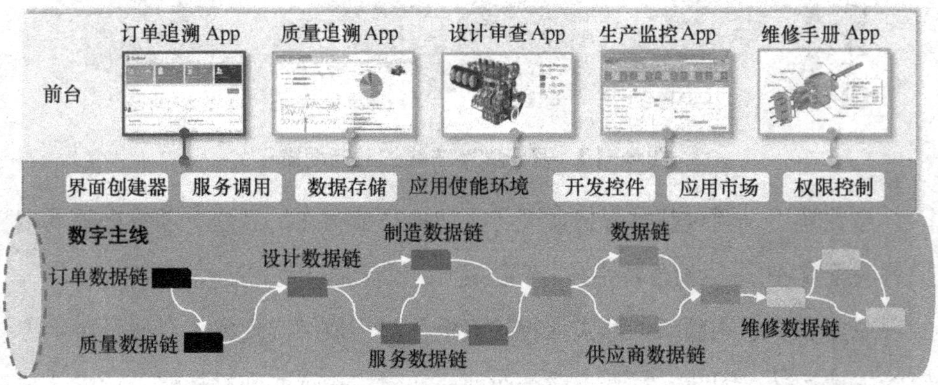

图 3-14　基于数字主线的工业 App 开发环境

工业 App 的开发过程也是提炼专业知识和积累经验的过程，企业应该形成平台化 App 开发生态，打造企业核心竞争力。

（1）打造通用、共享的 App 开发资源库，以提高 App 开发效率。

（2）通用 App：对于管理、绩效类的应用，通过提炼核心的通用组件，如各种 KPI 的统计规则等，打造通用的 App 供全企业或全集团使用，以提供效率。

（3）专用 App：对于专业领域的应用，如仿真、质量分析等，提炼和沉淀其中的专业知识及经验，形成模块化、服务化的数据资产，以便进一步共享和重用。

随着 AR 技术的普及，工业 App 的应用将变得更加丰富多彩。AR 技术将数字产品与物理产品实现完美融合，提供直观、交互式的用户体验，如现场装配指导、产品导览等，大大提高工作效率。

即使在新冠肺炎疫情期间，当很多企业正在为解决远程办公和远程会议而头疼时，数字企业依然可以让员工在家里通过移动终端访问各种工业 App，轻松自如地开展协作，做到真正的决胜于千里之外，这就是数字化的魅力所在。

3.8　平台化生态：创新共赢

在数字化时代，传统的行业边界正在被打破，企业竞争的核心逐渐转变为打造数字化生态的能力，以及在生态中的资源配置和整合能力。如何利用产品创新和差异化服务来打造平台化生态，已经成为企业竞争战略的核心。所谓平台化生态，就是在统一平台的支撑下将企业生产与经营中的各个环节、各个要素在适当的条件下延伸到整个价值链，实现平台化、生态化运作，实现企业与企业、企业与用户之间的，开放式、实时性的协作，形成价值链内多方共赢的商业生态体系。对于工业企业而言，工业互联网平台就是这个统一平台的最佳选择。因为它能够在构建企业内部价值链生态的基础上，利用其广泛的连接能力和开放性，将该生态延伸至供应链、用户以及产品运营，实现全价值链内的共享、协作和共赢。

供应链生态

通过平台化的供应链思维重构现有的产业生态结构，打造一个全新、共赢的产业生态体系，优化整个产业链内的资源配置，实现运营模式和商业模式的转型升级，促进整个生态体系可持续发展。

案例

空客在 A350 XWB 型号的研制过程中就提出了扩展企业（Extended Enterprise）的概念，将全球 100 多家风险共享合作伙伴（Risk Shared

Partner）纳入扩展企业生态。在这个生态中，所有供应商与空客采用共享且统一的流程、方法和工具开展协作，以提高 A350 XWB 和未来飞机的开发与生产效率。扩展企业已经成为空客与供应商关系不断发展的关键要素，使空客及其供应链更加敏感、高效，更加快速响应市场不断变化的需求。①

产品生态

产品孤儿是指产品被交付给用户之后，其本身无法直接与原制造商进行自动的联系与反馈，似乎被制造商遗忘。这是工业革命以来工厂造就的无以计数的物理产品系统的典型生存方式。② 产品孤儿使产品售后服务成了企业最大的包袱。

在智能互联时代，企业开始注重打造产品生态，在统一平台的支撑下围绕产品将产品制造商、产品运营商、服务提供商、备件供应商和用户连接起来，形成开放、共赢的生态网络。在这个生态网络中，企业将激活产品孤儿，实现服务模型和商业模式的转型，并形成强大的合力推动产品的持续创新。

（1）提高服务效率

企业可以通过远程监控和预测性维护提前预测产品故障，并通过数据驱动运营商、备件供应商和服务商之间的协作，在产品故障发生前为用户提供维修或备件更换服务。这大大提高了服务效率，降低了服务成本，提升了用户满意度。

（2）促进产品持续创新，提升用户体验

企业可以拉近与用户的距离，实现与用户之间的协作，快速响应用户需求的变化，提升用户体验和满意度。例如，为用户定制工业 App，以便用户实时追踪订单状态，利用 AR 技术实现在线产品评审等。同时，企业也能更快、

① 资料来源：空客官网。

② 参考林雪萍的文章《拯救产品孤儿》。

更直接地获取用户需求，洞悉用户使用偏好，加速产品创新。

（3）服务转型

通过将产品与服务有机连接起来，推行产品即服务模式，帮助企业实现从产品制造商向服务商的转型。

开发生态

工业互联网平台是一个开放、创新的平台，它不应该是封闭的，应该提供类似于苹果或谷歌的应用程序市场、开发者社区等，打造强大的开发生态，持续地为用户提供创新的应用和插件等，使平台保持旺盛的生命力。正如苹果的应用市场成就了其 iPhone、iPad 的市场地位一样，对于工业互联网平台而言，强大的工业 App 应用市场和开发生态将为其带来庞大的用户群，发挥规模效应，最终必将成就平台。

第4章

CHAPTER 4

数字化转型体系架构

如前所述，工业互联网平台作为工业技术和数字化技术深度融合的产物，为企业打造工业全要素、产品全寿期、全价值链的数字中枢，推动企业向数字化、智能化、服务化转型升级，是企业推进数字化转型的关键。在工业互联网平台的强大支撑下，企业可以专注于产品和业务模式的创新。

数字化转型是一项长期且艰巨的任务，是持续采用数字技术为企业赋能的过程。随着数字技术的不断创新和发展，它可能会伴随企业的整个成长过程。数字化转型就意味着企业战略的转型、组织文化的转型，乃至业务模式和商业模式的转型。在转型过程中，任何员工或组织都不可能独善其身，而应该拥抱创新和变革，将转型思维融入企业的每一个角落。因此，企业应该立足于其核心业务和价值定位，结合自身现状制定长期的数字化转型战略，科学合理地规划数字化转型路线图。

本章将介绍如何从战略层面构建企业数字化转型体系，如何基于工业互联网平台将转型架构落到实处，供正在推动企业数字化转型的相关人士参考。

4.1 企业数字化转型体系

所谓体系，就是指一定范围内或同类事物按照一定的秩序和内部联系组合而成的整体，是由不同系统组成的系统。构成数字化转型这个体系的“秩序”就是数字化，即产品数字化、运营数字化，乃至整个企业数字化。数字化绝非一两个 IT 实施项目的事，而是企业战略层面的事，因此需要从企业战略、组织文化层面来予以保障。同时，数字化一定要融入企业的实际产品和业务中，才能发挥潜力。所以，数字化还需要与研制业务模式、企业商业模式有机融合，从而形成企业内统一的转型战略、转型文化和转型思维，共同向数字企业迈进。

结合行业最佳实践，我们提出了以产品数字化、运营数字化为目标来驱动企业业务模式和商业模式的转型升级，实现企业研发、制造、运营、服务等核心业务环节的数字化；通过数字主线打造贯穿全寿期、全价值链的数字链路，以数据为体，以数字孪生为用，实现数字技术与业务深度融合的制造业数字化转型体系，如图 4-1 所示。

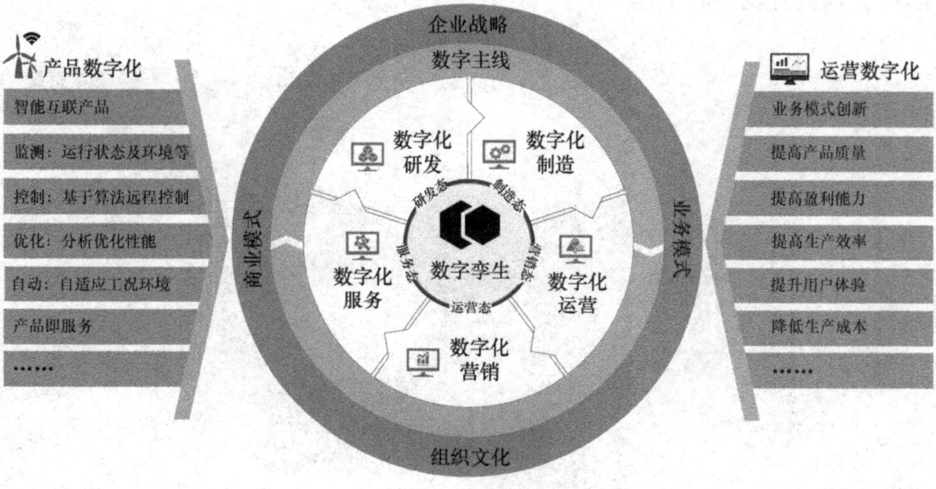

图 4-1　企业数字化转型体系

在这个转型体系中，产品数字化和运营数字化是企业数字化转型的两大目标，转型战略则是将转型目标上升为企业战略，企业的业务流程、组织架构、团队文化、运营管理等都应该围绕这些目标进行相应的转型；同时，研发、制造、运营、服务等业务环节针对转型目标细化形成各自的业务举措，基于统一的平台架构采用合适的数字技术实现各自的数字化，从而汇聚形成完整的数字链路，以支撑前端的持续创新。

那么，企业应该如何构建这样的数字化转型体系呢？笔者给出了企业构建数字化转型体系的七步法，如图 4-2 所示。

4.1.1　转型目标

如第 1 章所述，企业数字化转型主要有三大目标，即产品数字化、运营数字化和员工数字化。产品数字化通过提高产品的智能化程度，提高服务效率和用户体验，最终推动企业向产品即服务模式，也就是商业模式的转型。

运营数字化通过各种数字化手段实现整个业务过程的数字化和透明化，实现提质、降本、增效的目标，最终推动企业向以数据驱动的业务模式转型。而员工数字化将伴随着整个数字化过程，通过产品或运营的数字数据来为员工赋能，以提升员工的工作效率。

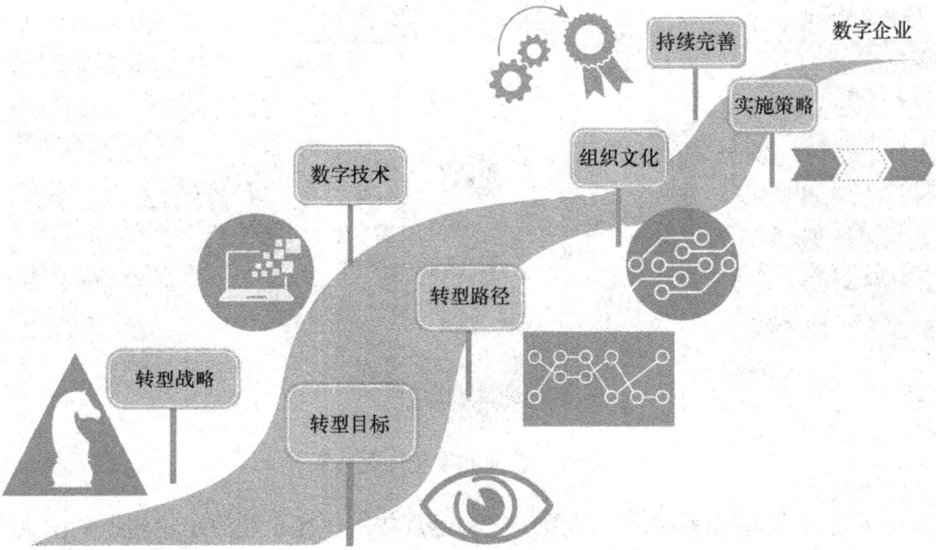

图 4-2　构建数字化转型体系

尽管如此，但是不同的企业由于所处行业、竞争环境、数字化成熟度等不同，其数字化转型的具体目标还是会有所不同。例如，对于面临日益增长的竞争压力的汽车制造商来说，其目标是通过智能网联汽车向用户提供创新的数字化体验；对于石油和天然气供应商而言，它可能会通过连接远程钻井机以提高运营效率和工人安全等。不同的转型目标必将会影响整体的转型战略以及相应的业务举措。因此，企业在转型前首先应想清楚要解决什么问题、转什么，然后考虑如何转，这样才不至于盲目跟风，为了转型而转型。

因此，企业首先需要做到知己知彼，对自身当前的数字化成熟度水平有一个综合的评估，找出自己的数字化能力短板，了解与行业标杆企业之间的数字化能力差距，从而为下一步转型制定合理、可行的目标。目前，不少咨询机构已经发布了企业数字化转型成熟度指标，帮助企业从企业战略、组织文化、产品技术、企业运营和商业模式等多个维度进行综合评估，从而了解企业当前的数字化成熟度水平，以及相应的数字化短板和不足之处。其中比较有代表性的是美国市场研究机构 Forrester 的数字成熟度模型 4.0（The Digital Maturity Model 4.0）、波士顿咨询公司（BCG）的数字化加速指数（Digital Acceleration Index）、PTC 与德国 Acatech 联合编制的 Acatech 工业 4.0 成熟度指数（Acatech Industrie 4.0 Maturity Index），以及中国电子技术标准化研究院发布的智能制造能力成熟度模型。这些成熟度模型虽然在细分维度、评估方式上有所差异，但都是以美国工业互联网参考架构（IIRA）、德国工业 4.0 参考架构模型（RAMI 4.0）或者中国智能制造系统架构为依据进行编制的，无论哪种模型，其评估结果都有很高的参考价值。

以 Acatech 的工业 4.0 成熟度指数为例。通过了解企业的数字化战略，当前应用的数字技术和业务系统，以及在各业务环节的应用状况等，分别从技术、业务、组织和文化四个维度对企业的数字化能力进行综合评估，基于其整体业务目标分析得出需要补足的数字化能力，以及与行业标杆的差距，最终给出数字化转型建议路径，如图 4-3 所示。

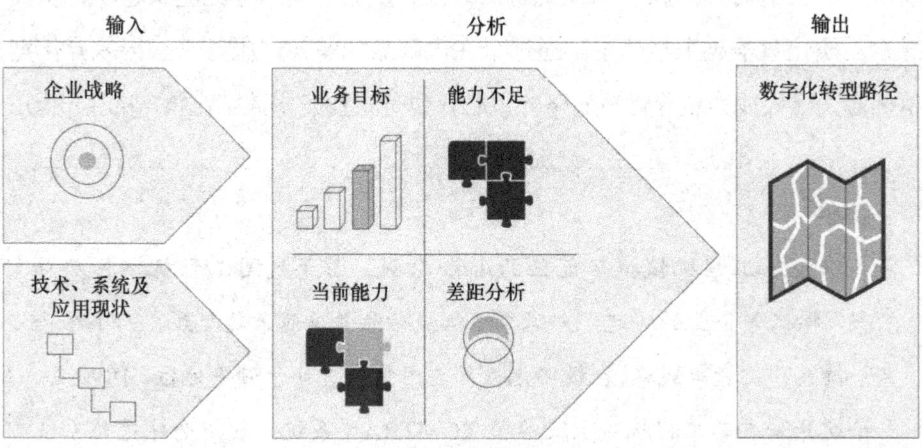

图 4-3　数字化成熟度评估方法示例[①]

① Acatech, Industrie 4.0 Maturity Index, 2018.

4.1.2 转型战略

所谓战略，就是指企业为了实现某种远景目标而制定的高层次、全方位的长期行动计划，以及指导性的业务举措和应对策略。

国内外数字化转型的案例表明，成功的数字化转型并不是从技术开始，而是从企业的转型战略开始，数字技术只是用来实现战略目标的手段。德勤的一项研究报告指出，领先的数字企业中90%以上有清晰的数字化战略，其战略目标的核心是优化决策和创新；而在数字化成熟度较低的企业中，这个比例仅为60%，其战略目标主要是利用单项技术来获得某些绩效的提升[①]。

因此，企业在明确数字化转型目标、了解自身数字化能力差距之后，需要立足未来，找出实现转型目标的关键数字化能力，以此为依据制定企业数字化转型战略，确定数字化转型短期和中长期目标，避免因盲目地跟风转型而让数字技术成为企业昂贵的负担。

企业在制定数字化转型战略时需要考虑以下几个方面。

（1）差异化竞争战略

随着全球制造业分工的精细化和专业化程度越来越高，很多企业已经渐渐从产品制造商转变为产品集成商，同行业企业之间的差距越来越小，从而导致同质化竞争越来越严重。通过个性化产品和差异化服务来获得差异化竞争优势，已经成为企业竞争战略的重心，也是企业应用数字化技术的主战场。

案例

以全球工程机械排名前三的小松为例。由于我国工程机械巨头如三一、徐工等企业的崛起，全球工程机械行业竞争越来越激烈。而小松一直坚持差异化竞争战略，在数字化技术应用上一直处于领先地位。1999年，小松就开始在其工程机械上配备了KOMTRAX系统，使用全球定位系统

① 德勤．战略，而不是技术在推动数字化转型．2015.

（GPS）和传感器等来远程监控设备的运行状况；然后开始致力于开发无人驾驶和自动化操作的工程机械，并于 2008 年推出第一款无人驾驶装卸车，有效提升了工作效率，降低了人力成本。在此基础上，小松又提出了智能施工（Smart Construction）解决方案，通过安装在设备上的 3D 扫描系统将工地现场扫描生成三维点云模型，上传到云端数据中心，利用大数据计算生成相应的施工方案，再远程调度现场不同的施工设备进行协同作业。这不仅为用户创造了新的价值，提高了产品竞争力，而且提高了服务利润，如今其营收的 20% 来源于 KOMTRAX 系统提供的维护服务。[①]

（2）以用户为中心

共享经济曾以传统经济颠覆者的形象出现，横空出世的优步（Uber）、爱彼迎（Airbnb）一度被认为是传统出租车和酒店行业的终结者。在 2015 年 CB Insights 的独角兽公司榜单中，共享经济曾占据了半壁江山。但是，以 ofo、摩拜等为代表的共享单车的黯然退场开始给共享经济蒙上了一层阴影。

然而，共享经济对整个制造业的影响将是久远的，甚至会促使某些行业向服务化转型。其实，把共享经济用在工业产品上就是“产品即服务”的商业模式。也就是制造商保留产品所有权，通过服务系统以租赁或者按使用/性能计费等模式将产品使用权提供给用户。随着工业互联网、云计算、大数据技术的发展，我们正在进入万物互联的时代，面向用户提供端到端服务或“产品即服务”模式正在成为趋势。

产品即服务的核心就是以用户为中心，可以有效降低用户的前期投入，避免因设备故障带来的不确定性和风险，而设备制造商则可以通过服务转型使服务成为新的收入增长点。

案例

飞利浦在 2011 年就采用“产品即服务”理念，推出按照明服务

① 资料来源：小松公司官网。

收费（Pay per Lux）的创新服务，并已经将其应用在阿姆斯特丹的史基浦机场。在合约期间，飞利浦保留照明设备的所有权，承担设备保养维修和能源消耗费用，机场只需每月支付固定的服务费。通过物联网技术，飞利浦可以远程监控照明设备的运营状况，让照明设备维持最佳能源效率，对于更换的设备则直接回收再利用。数据表明，这项服务使机场的照明耗电量减少了50%，照明设备的使用寿命延长了75%。用户花最少的钱享受到了更好的产品和服务。[①]

（3）勇于打破传统

数字化转型是一个自我颠覆的过程，企业需要拥抱革新思维，推动研发、制造、运营、服务等业务全面转型，同时还需要推进组织、文化等方面的变革转型，以获得持续创新、增长的动能；而不能纯粹利用数字技术在现有的模式上打补丁，以期获得业务或商业模式的创新，否则结果很可能是适得其反。“数字技术+老的运营模式=昂贵的老的运营模式”，这个公式就可以很好地说明问题。

因此，企业需要打破现有的模式框架、传统的组织壁垒，用全新的数字化思维，以用户为中心，以数据为驱动，重构自身的业务运作模式，打造动态、高效的组织体系，集中力量为转型目标服务。

4.1.3 转型路径

企业在转型过程中，制定与转型战略目标一致的数字化转型路径至关重要。很多咨询机构也给出了数字化转型路线图，其中较为典型的是 Rapid Value 提出的 BRAVE 模型[②]。它充分结合了企业数字化转型的两大方向，即产品数字化和运营数字化。也正是基于此，它把企业数字化转型分为以下四个阶段，如图 4-4 所示。

① 资料来源：飞利浦公司官网。

② RapidValue, The BRAVE Framework for Digital Transformation.

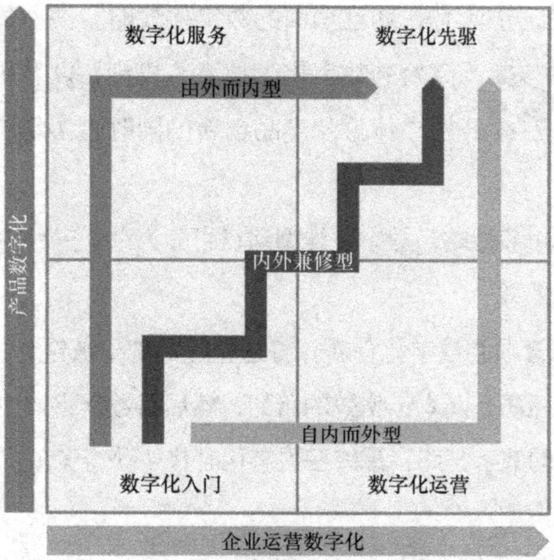

图 4-4　RapidValue 转型路线图[①]

（1）数字化入门

在这个阶段，企业具备基本的信息化基础，正考虑局部的数字化投入，但数字化组织/文化尚不成熟，缺乏整体数字化战略及数字化实施经验。

（2）数字化服务

在这个阶段，企业有明确的以用户为中心的转型战略，积极专注于挖掘数字化服务的潜力，提升用户体验；但预算和业务举措相对孤立，缺少内部业务部门的积极响应和支持，缺乏有效的数据和业务整合，尤其是数字化产品与企业内部各业务环节的融合。

（3）数字化运营

在这个阶段，企业有明确的以绩效即提质、降本、增效为中心的企业战略，积极专注于构建数字化流程、组织和企业文化，但缺乏与产品/用户的有效互动，在产品和服务创新方面提升不足。

① 作者借鉴 BRAVE 模型绘制。

（4）数字化先驱

在这个阶段，企业有长期且全面的数字化战略、统一的面向企业内外部的数字化解决方案、高效的数字化管控决策机制，以及可衡量的业务输出和业务价值，在提升用户体验和产品创新的同时也实现企业内部的高效运营。

基于不同的企业战略，数字化转型路径可分为以下三种。

（1）由内而外型

通过业务和管理的数字化创新，打通企业内部价值链，提高企业的整体运营效率，达到提质、降本、增效的目的；然后将数字化效应延伸至供应链、用户，形成完整的数字链路，最终在数字化时代中获得竞争优势。

（2）由外而内型

以用户为中心，专注于智能产品及数字化应用，旨在通过扩展生态链持续创新产品、改善用户体验，通过差异化产品和服务赢得新的市场机遇，通过产品和市场来促进企业内部业务的整合和重构，从而提升整体运营效率，快速响应市场变化和用户需求。

（3）内外兼修型

兼顾企业内部运营效率和用户体验，形成企业整体战略，统筹规划，同步推进，打通全寿期、全价值链数字链路，实现用户体验和运营效率的同步提升。

不管企业采取哪种转型路径，其最终目标都是实现外部生态链和内部价值链的有机融合，实现产品及服务创新和运营卓越，成为真正领先的数字化企业。

当然，企业还需要结合产品、行业等特点因地制宜地制定详尽的 3～5 年的分阶段转型规划，并设定每一阶段的建设目标和核心技术能力，以作为后续投资预算和项目策划的指导。数字化服务转型规划示例如图 4-5 所示。

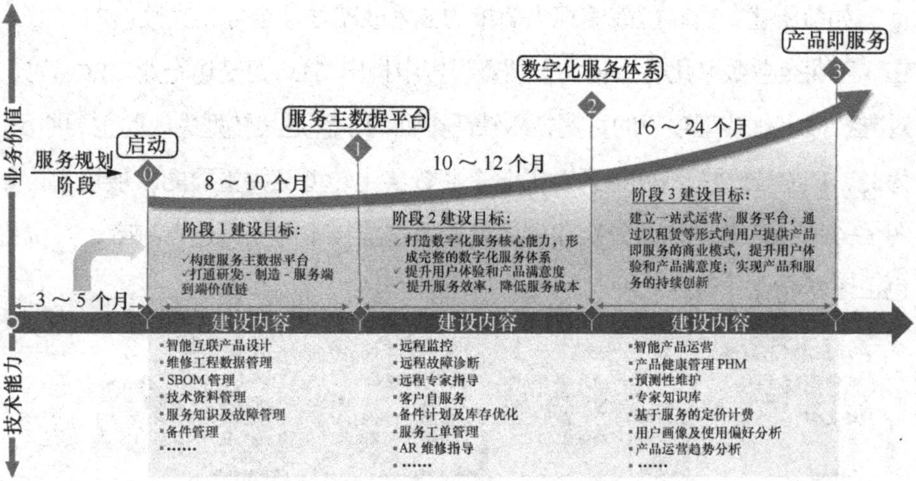

图 4-5　数字化服务转型路径示例

4.1.4　数字技术

企业在制定数字化转型战略、明确转型路径之后，需要选择合理的数字化技术组合作为自身实现转型目标的重要手段。如前所述，单项的数字技术只能给企业带来局部的、有限的能力提升，却无法获得差异化竞争优势，以及全面的业务和商业模式转型。例如，前面介绍的小松就是在开发智能化、无人化工程机械的战略目标下，形成了以物联网、大数据为核心的技术组合来推动产品和服务的差异化。

产品和服务的差异化需要通过增加新功能或者优化当前的产品和服务来实现。为了实现差异化，企业正在利用各种新技术来更好地了解产品、用户偏好等，以便及时、主动地提供增强功能和服务，从而在竞争中脱颖而出。例如，利用物联网和大数据技术获取产品实时运行数据，洞悉产品运行状态和用户使用偏好，驱动实时的产品仿真，实现从服务到设计、再到服务的整个价值链之间的闭环协作，提升用户体验。增材制造技术正在为企业提供全新的设计可能性，而创成式设计（Generative Design）是人工智能技术应用在产品设计中的杰作，两者完美结合时将为企业带来颠覆性的设计和制造理念，驱动产品创新，更快、更好地满足用户需求。

如前所述，将转型战略视为简单的技术战略往往会导致失败。PTC 公司在《工业企业数字化转型现状》调查报告中指出，51%的受访企业 CEO 认为，对支持数字化转型项目的可用技术缺乏全面的了解是其转型失败的主要原因。为此，PTC 公司总结分析了对工业企业数字化转型至关重要的八项技术，如图 4–6 所示。数字化领先企业已经开始将这些技术与业务进行融合，其价值也正逐渐显现并得到认可。

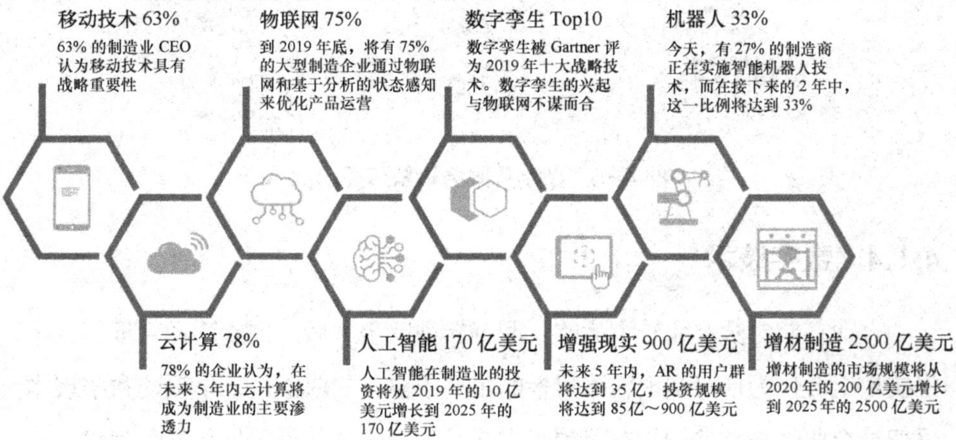

图 4–6　数字化转型的八大关键技术[①]

这些技术都是新兴的前沿技术。对工业企业而言，其技术门槛和应用难度都很大，更别说这些技术的组合应用了。因此，技术平台将成为企业数字化转型的关键，通过平台融合各项数字技术，在降低技术复杂度和使用成本的同时充分挖掘各项技术的潜力，通过技术与业务的深度融合为各种业务应用开拓无限遐想的空间。毫无疑问，工业互联网平台是承担这个角色的不二之选。

4.1.5　组织文化

转型战略犹如灯塔，为企业数字化转型指引方向，而创新的企业组织

① PTC, The State of Industrial Digital Transformation.

和文化则为企业数字化转型保驾护航。在新的转型战略下，企业需要打破传统的组织壁垒，根据新的业务模式和商业模式构建敏捷创新的组织体系，实现跨部门的创新协作形式。例如，企业可以设立数据管理部门和首席数据官（Chief Data Officer，CDO），以便统一采集、管理和分析来自各个部门和领域的数据，充分发挥数据的潜在价值，实现企业运营和产品业务的洞察。同时，在这种新的环境下，企业需要有新的文化来激励员工向数字化转型，促进跨部门、跨领域的深度协作和融合。

数据驱动型组织

笔者在过去几年走访企业的过程中发现，很多企业正在从数据感知型逐渐发展为数据驱动型。他们从业务和运营过程中采集数据并存到数据仓库或数据中心，逐渐转变为使用和分析这些数据来提高自身的运营效率和驱动创新，从中获得对业务的洞察和决策优化，进而引领整个行业并创造新的市场机遇。Forrester 分析指出，通过数据洞察驱动的组织，其每年的平均增长率在 30%以上[①]。

但是，拥有准确、及时和高质量的数据尚不足以实现数据驱动，还需要具有配套的组织和人员站在企业层面来综合考量这些数据。CDO 这个角色就是为此而生的，他通过与各业务部门的协作来推进企业内数据收集、分析和使用策略，以最大限度地发挥数据的价值。CDO 面临的首要难题就是如何打破传统的组织和业务边界，改变固有的思维模式和运营模式，将数据和分析融入企业的日常工作中，让数据说话。来自高层的支持和授权、培养企业数据文化等将是行之有效的解决思路。

相对于传统的组织架构，数据驱动型组织一般具有以下特点。

（1）制定了明确的数据收集、共享、使用和分析策略，使不同层级的业务人员可以得到实时的业务洞察。例如，销售人员可以查看产品分类销售曲线以及用户反馈，研发人员可以查看产品使用情况和关键性能指标，以帮助

① Forrester, Insights-Driven Businesses Set The Pace For Global Growth, 2018.

做出进一步的决策和优化。

（2）以数据驱动，而非传统固化的流程驱动；更善于利用平台化解决方法，以及动态高效的组织体系，如 CDO 领衔的数据组织，通过数据来打通跨组织、跨专业的共享协作。

（3）通过拉近与用户的距离，更了解用户及其生态，更快、更及时地为用户提供差异化的产品和服务，以提升用户体验。

（4）更敏锐的市场洞察力，以发现新业务和创收机会，从而超越竞争对手。

（5）企业内良好的数据文化以及较高的员工数据素养是每个数据驱动型组织都必须修炼的内功。

培养数据驱动的文化

数据驱动型组织的核心在于企业内部的数据文化，即其使用和处理数据的方式。据 NVP 的一项调查，阻碍企业推行数据驱动的主要挑战来自人员（62.5%）和流程（30.0%），而非技术（仅 7.5%）[①]。业务人员既是数据创建者，又是数据的使用者，有责任和义务保证数据的准确性、可用性和高质量。待数据驱动业务的时代到来，他们将是最大的受益者。因此，业务人员应该有全局的数据思维，不应该将数据视为本部门相关的资源，仅用于本部门内的分析和使用，这将严重限制企业获取产品和业务的全面洞察。

数据驱动的文化是企业内在的，必须持续培育和发展，企业可以通过以下几个方面来加强。

（1）高层的持续支持和关注

如果企业高层不认可数据的价值，那么很难期望别人采用数据驱动的思维方式。企业高层重视数据文化，以身作则，从我做起，这是建立数据驱动文化的最强大方法之一。

（2）加强培训和宣贯

抵制变化和对新事物的怀疑是很自然的，因此要准备好应对这种压力。

① NewVantage Partners, Big Data and AI Executive Survey 2019.

企业可以通过培训和宣贯，让员工具备与数据相关的特定知识和技能，以消除他们的顾虑，从而获得有效、高质量的数据。

在这个过程中，建立跨组织的团队是一个不错的方法。与来自整个价值链中各领域的代表共同探讨数据思维和数据文化的培养方式，一方面让大家参与到企业数字化转型大战略中，另一方面通过头脑风暴找到有针对性的培训和宣贯手段。

（3）快速应用和见效

员工在看到并体验到使用数据所带来的实实在在的好处时，就能够快速建立信心，从而加强自己的数据意识，提高主动性和积极性。在这个过程中，不要害怕错误，要建立快速试错、敏捷响应的机制，从错误中找到解决问题的方法，不断总结经验教训，这也是实现数据驱动所必须具备的能力。

（4）持续完善

随着数据驱动的推广和应用，业务部门体验到数据所带来的前所未有的体验时，将逐渐从被动转为主动，不断地提出创新的应用和需求。此时，数据组织就需要在统一的平台和框架下持续完善其数据采集、分析和使用策略，弥补在应用过程中发现的不足，以保持数据的流动速率和流量。

4.1.6　实施策略

对于工业企业而言，数字化转型是一个不断探索和创新的过程，需要摸着石头过河，没有经验可言。如果服务供应商同样也没有经验，缺乏相关的专业知识和背景，那将会给企业的数字化转型带来很多不确定的因素和风险。这时，寻找优势互补又了解服务供应商将显得至关重要。一个有经验的、产品和专业技术完美结合的服务供应商将能帮助企业规避风险和少走不必要的弯路，起到事半功倍的作用。

企业在选择服务供应商时，可以从以下几个方面进行考核。

（1）供应商是否有成熟的平台，是否开放和可扩展？货架产品中是否包含企业关注的核心技术？

（2）国内外是否有成功案例，成效如何？

（3）他们是否具备企业所处行业的背景和专业知识？

（4）他们是否具备企业最关注的数字技术能力（如数据分析、设备连接等）？

（5）供应商和团队是否对数字化转型抱有相似的愿景？

（6）项目团队是否有数字化转型项目实施经验？

（7）他们是否充分理解企业的数字化转型战略？能否在长期战略中为企业提供支持？

另外，由于数字化转型投资大、周期长，实施成功与否将决定着企业未来的命运，所以企业在实施过程中一定要坚持“大处着眼、小处着手、快速推广”的实施策略，如图 4-7 所示。

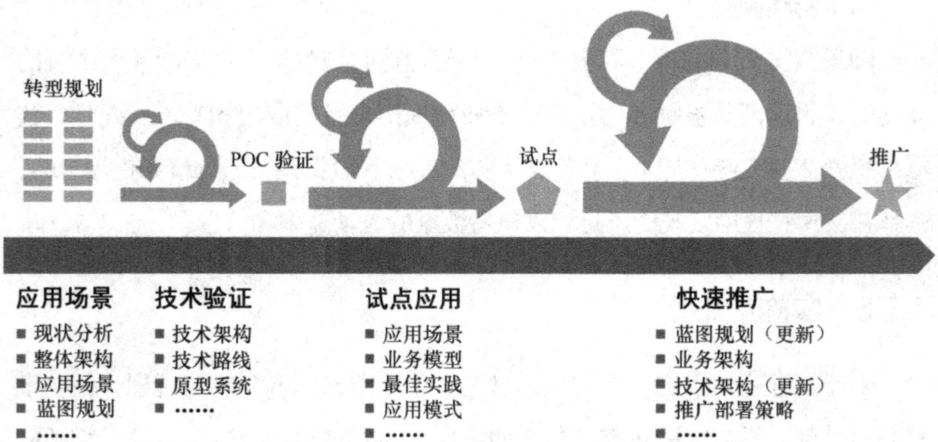

图 4-7　数字化转型项目实施策略

（1）大处着眼：即立足于未来的转型战略和路径规划，确保转型目标和方向的准确性。

（2）小处着手：即利用敏捷、快速迭代的实施方法，并先从具体的一个或几个应用场景开始做关键技术验证，快速试错和迭代；要注重功能的通用性、可扩展性，以便快速推广。

（3）快速推广：当关键技术通过应用场景验证后，将该功能快速推广到其他部门或业务板块。

对关键技术依次采用“技术验证—试点应用—快速推广”这种循环迭代的实施方法，以点到面，最后实现全面的业务转型。

4.1.7　持续完善

企业管理层需要清醒地认识到数字化转型是一个持续创新和迭代的过程，应基于企业转型战略和目标提前制定分阶段的投资规划和实施策略，为每个项目明确定义关键绩效指标（KPI），确保各方都知道自己所承担的角色和职责以及需要交付的内容。

而且，企业管理层需要持续关注项目的进展，定期总结经验教训，及时纠偏，所有问题要得到及时的反馈和闭环。企业在转型过程中走弯路是不可避免的，重要的是出现问题后能否及时应对，快速做出调整以重新回到正轨。随着数字化转型的持续推进，企业将会面临来自产品、流程、组织和人员等方面变革的挑战。

企业不要把数字化转型误解为从 A 到 B 的过程，它是一个持续前进、螺旋上升的过程。随着企业数字化程度的提升，企业数字化转型的目标也会持续完善。所以，企业要用发展的眼光看待数字化转型，坚持以终为始的思想。

4.2　数字化转型架构

对于工业企业而言，无论从业务层面，还是从 IT 层面，数字化转型都是一项庞大且复杂的工程。它不是推倒重来的过程，而是在企业现有的 IT 和 OT 系统的基础上，利用工业互联网平台进行业务重构和整合，实现技术与业务的深度融合，推动业务转型升级，提高企业的核心竞争力。IT 系统的建设都是由业务需求驱动的，每个 IT 系统都是企业主要业务运作和管理的核心。那么，像数字化转型这样庞大且复杂的业务战略，企业应该如何规划 IT 系统来予以支撑呢？这就需要一个可靠的、行之有效的方法和架构来弥合业务战略与 IT 技术实现之间的差距，并通过这个架构在企业内对数字化转型达成统一的、全面的共识。这里的架构就是企业架构（Enterprise Architecture，EA），它从战略层面诠释了企业的业务转型是如何推进 IT 系统演进的，使企业能够应对不断变化的业务环境，也是企业成功推进数字化转型的关键所在。

本节将探讨如何基于企业的数字化转型战略，构建平稳、可靠的企业架构，包括业务架构和 IT 架构，为数字化转型保驾护航。

4.2.1 企业架构

企业架构是一个集成的框架，用于演进或维护已有的信息技术和引入新的信息技术来实现企业的战略目标和信息资源管理目标。这是将企业的商业愿景和业务战略转化成有效的企业信息化建设和管理的过程。

从 1987 年约翰・扎科曼（John Zachman）提出信息系统架构框架以来，企业架构经历了 30 多年的发展，衍生出了很多企业框架组织。其中，比较有影响力的是 Zachman 架构、美国联邦企业体系结构框架（FEAF）、开放组织体系结构框架（The Open Group Architecture Framework，TOGAF），以及高德纳的企业架构框架等。其中，TOGAF 的应用最广泛（见图 4-8），已有超过 60% 的财富 50 强和 80% 的福布斯全球 50 强的公司使用 TOGAF 开发企业架构，以减少信息化建设的成本和风险，提高业务敏捷性[①]。TOGAF 提供了一种设计、规划、实施和管理企业信息技术架构的方法，支持开放、标准的面向服务的架构（Service-Oriented Architecture，SOA）。

企业架构主要分为业务架构和 IT 架构，大部分企业架构方法都是从 IT 架构发展而来的。

业务架构是把企业的业务战略转化为日常业务运作的方法，是战略、流程、组织等业务元素的结构化表达，即业务模型。通过业务模型来描述业务的组织和运作过程，是业务架构设计的核心。业务战略决定业务架构，它包括业

① The Open Group, TOGAF™ 9 Enterprise Edition.

务的运营模式、流程体系、组织结构等内容。

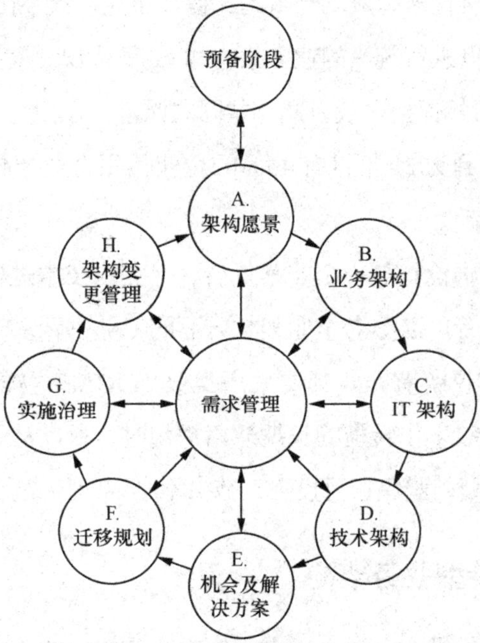

图 4-8　TOGAF 框架①

IT 架构是建立企业信息系统的综合规划蓝图，主要包括数据架构、应用架构和技术架构三部分。IT 架构需要配合业务架构进行统一规划，也用于指导 IT 投资决策和项目预算。

企业架构可以为企业提供一个可靠的、行之有效的方法，开发满足业务发展需求的架构蓝图，是承接企业业务战略与 IT 战略之间的桥梁与接口，能实现 IT 效益最大化，避免重复投资与信息孤岛。在企业业务和系统异常复杂的情况下，企业架构能帮助企业降低复杂度，更好地规划系统。

如今，企业越来越难以跟上数字技术快速发展的步伐，这给业务部门带来了巨大的压力。业务敏捷性正成为企业数字化转型的驱动力。而在企业内部，业务敏捷性又转化为 IT 系统的敏捷性和可扩展性，这对企业业务架构和

① The Open Group, TOGAF™ 9 Enterprise Edition.

IT 架构提出了新的挑战。因此，一个稳定、可靠、能敏捷响应业务需求的系统架构成为企业数字化转型成功与否的关键。企业在数字化转型前，从系统、全局、平台化的角度进行统一的业务架构和 IT 架构规划就显得尤为重要。这可以使业务和 IT 目标保持一致，建立共同的愿景，作为企业数字化转型的基础。高德纳预计，到 2021 年将有 40％的企业使用企业架构师帮助规划新兴技术带来的业务创新[①]。

当然，企业架构设计是一个非常复杂、专业的技术过程，这里不再详细展开，有兴趣的读者可以参考企业架构方面的专业书籍。笔者在这里提及企业架构，并不是建议所有企业都要采用类似 TOGAF 这样的企业架构设计，只是希望企业在做数字化转型的长期战略规划时，可以从系统性、全局性的维度去思考架构规划，避免盲目投资，减少不必要的损失。

4.2.2 数字化转型业务架构

如前所述，我们没有办法在本书中针对企业特定的业务来规划详尽的转型业务架构，那需要专业的架构师花大量的时间进行业务战略、组织流程、运营模式等方面的深入调研，并经过严谨的分析、设计以及反复探讨才能得出的。笔者希望提供一个顶层的、具有一定代表性和普适性的业务框架，引发进一步的思考和探索。

业务架构规划思路

业务架构规划需要以业务战略为指导，是把企业业务战略自上向下进行细化分解、转化为日常业务运作的过程，其核心是通过业务建模将业务过程中的业务元素如战略、组织、流程等整合起来。以降低产品研发成本这个业务目标的分解过程为例，如图 4-9 所示。根据实践和经验，产品研发成本一般与产品设计效率、设计变更频率，以及跨学科、跨部门协作效率等有关。再结合企业的实际情况，进一步分析得出影响产品设计效率和设计变更的主

① Gartner, Enterprise Architects Populate Digital Business Platforms, 2019.

要因素是用户需求变化及新技术推动的产品创新。因此，推出企业需要数据驱动的设计能力，通过收集到的产品运行参数及使用数据来驱动设计仿真分析，使设计师能够及时得到产品使用反馈，快速优化和改进产品，提高设计效率，从而降低设计成本。通过这样的逐级分解，业务战略目标都能够通过具体的业务能力和应用场景来予以实现。

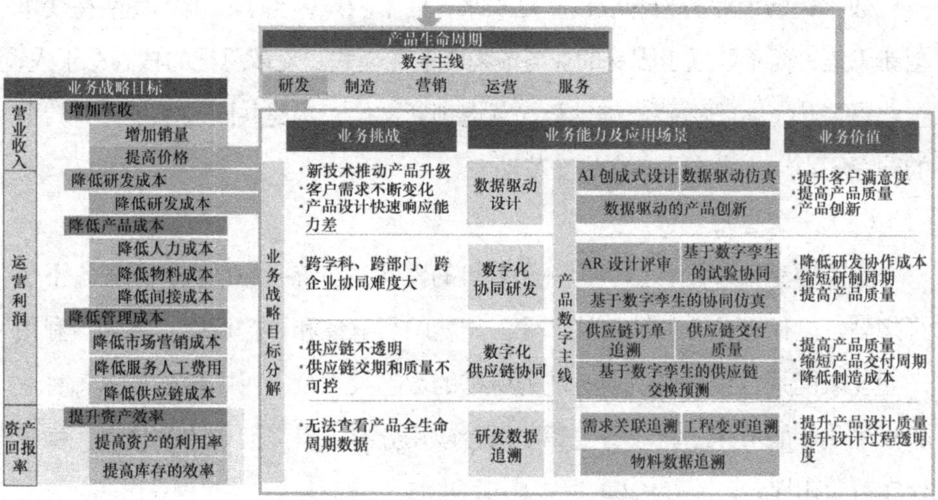

图 4-9　业务目标的分解过程示例

在此基础上，还需要进一步分析内在的业务逻辑。在这个示例中，我们发现要实现数据驱动的设计，就需要打破传统的服务部门和设计部门之间存在的组织壁垒和信息孤岛，打通设计和服务之间的数据链路，从而提出了产品数字主线这个核心业务能力。有了这个核心业务能力以及相关的业务要素，就可以构建相应的业务模型。例如，将来自物理产品的运行参数、使用数据等与产品的设计参数及设计模型等聚合起来，形成产品数据模型，供后续业务分析调用，或为构建产品数字孪生所用。

数字化转型会涉及企业的所有核心业务环节，更需要有顶层的业务架构来帮助企业梳理业务逻辑，重构业务过程，实现从业务战略到 IT 战略的平稳过渡。企业在规划数字化转型业务架构的过程中，需要从以下几个方面考虑。

（1）业务战略

业务战略关注的重点就是要整合资源，创造价值，形成企业的核心竞争力，提升用户满意度。企业在制定数字化转型战略时，需要有明确的业务战略和目标，这样才能在规划业务架构时有的放矢，不至于跑偏。

（2）变革思维

数字化转型业务架构应该立足未来，而不能只顾当下；要始终坚持变革创新思维，而不能囿于固有的业务流程和业务模式。变革思维的核心在于人，企业需要从上至下突破思维定势，营造创新文化，构建共同的愿景，将转型的外在压力转化为企业内在的变革动力。

（3）平台思维

企业要把数字化转型视为一个有机的整体，在统一的平台体系架构下进行规划，以保证业务的敏捷性、业务架构的可靠性和可扩展性。例如，利用工业互联网平台聚合实现业务能力所需的数字技术；采用中台架构思想将业务模块化、服务化，将业务逻辑和前台应用分离，提高架构的敏捷性、稳定性和可重用性。

数字化转型参考业务架构

真正支持企业数字化转型落地的业务架构一定是非常复杂的，它需要充分考虑企业的业务现状、业务系统和技术能力，再结合企业的业务战略和目标，分析其业务能力和技术能力差距，从而制定科学、合理的转型路径。这里给出的业务架构需要去除行业特性和差异，找到其中的共性，所以需要不断地提炼和简化，尽可能地为来自各行各业的朋友带来一些有价值、可参考的东西。尽管如此，笔者还是只能立足于比较熟悉的离散制造业。因此，后续的讲述和案例分析都会以离散制造业为主。

基于前面的介绍与分析，数字化转型业务架构将采用数字中台思想，将业务系统和设备资源下沉为企业后台，利用工业互联网平台的连接、聚合、分析能力来构建统一的数字中台架构，打造企业核心的业务能力和服务中心，而前台则是构建于工业互联网平台之上的轻量化工业 App，如图 4-10 所示。

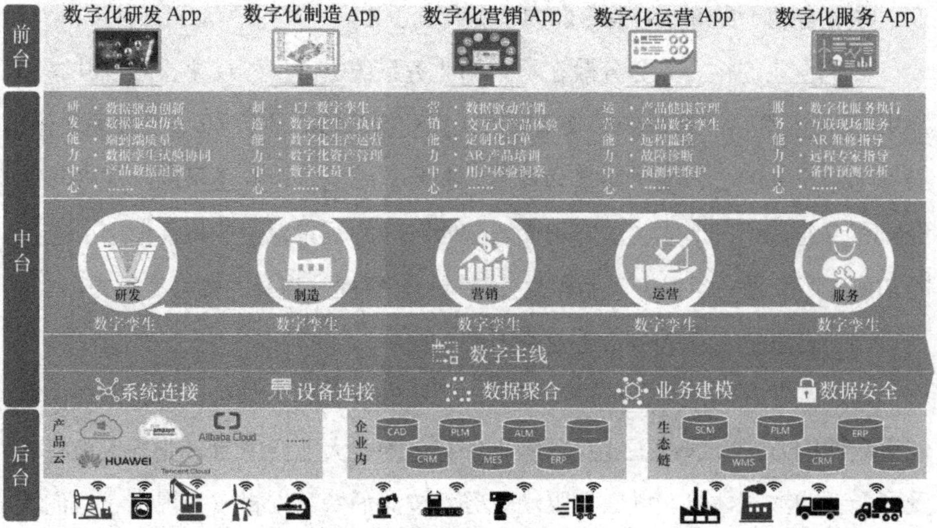

图 4-10 数字化转型业务架构

这种业务架构的优势主要体现在以下几个方面。

（1）利用分层架构将业务与系统解耦，提高业务敏捷性。

企业在传统 IT 项目的实施过程中往往习惯于将业务与特定的 IT 系统绑定，通过 IT 系统提供的能力来支撑业务的运作，这本也无可厚非。由于这类 IT 系统都以数据源系统为主，庞大且难于扩展，随着应用的深入，反而限制了业务的扩展和创新。所以，按照高德纳的步速分层思想，将这些数据源系统下沉到后台，利用工业互联网平台的广泛连接能力来聚合业务数据，将业务与系统解耦，以提高业务的敏捷性和可扩展性。

（2）统一平台架构，降低复杂度，实现可持续发展。

中台架构的最大问题在于缺少商业化的落地平台，以适应企业自身特有的业务体系。对于一般的工业企业而言，这几乎是不可能完成的任务。而工业互联网平台的出现，为工业企业中台提供了落地的解决方案。不同于传统的业务系统，工业互联网平台的核心价值就在于打通纵向集成和横向集成，实现 IT/OT 融合和全价值链互联互通。开放性和可扩展性是其天然的优势，因为它需要集众家之长，融合物联网、大数据、增强现实、人工智能等数字技术，从而降低企业采用新技术的成本和复杂度，实现可持续发展。

（3）有助于提炼核心业务能力，提升竞争力。

传统企业的核心业务分散在不同的业务系统中，呈碎片化，难以共享和重用。工业互联网平台的统一架构有助于企业提炼核心业务能力，形成模块化、服务化的业务中心，便于共享和重用。在此基础上，企业还可以沉淀多年的经验和专业知识，形成共享知识库。随着时间的积累，企业将逐渐形成宝贵的知识资产，进一步促进产品和业务创新，最终提升自身的核心竞争力。

（4）轻量化工业 App 推进业务创新。

随着工业互联网平台的推广应用，工业 App 将成为趋势，它将颠覆企业使用数据的方式。通过工业互联网平台打造的强大业务中台，业务人员将享受到全新的数据体验。以数据驱动业务，按需消费数据将成为现实。他们就像用电一样打开开关就可以获取自己想要的数据。这种体验将极大地激发业务人员的想象力和创造力，催生出创新的企业文化。

后台：资源层

后台作为资源层主要有三大部分组成，即企业内部、企业外生态链和智能互联产品。

企业内部主要包括各种数据源系统，如 PLM、ERP、MES、SCM 等，和各种生产制造资源，如产线、设备、工具、AGV 等。生产制造设备可以通过数据源系统进入工业互联网平台，也可以直接通过工业互联网平台连接进入。这里需要澄清一点：在这种架构下，并不是所有用户都通过工业 App 访问数据源系统；对于那些系统的重度用户，如 CAD 设计师、BOM 管理人员等依然需要通过 PLM 系统提供的界面进行操作。当然，也不排除有能力的企业可以基于工业互联网平台重构这些能力，开发出一系列的工业 App 来。

企业外生态链主要是指产品生产和流通过程中所涉及的设计供应商、制造供应商、原材料供应商、分销商、运营商以及最终用户等通过与上下游成员的连接而组成的生态网络。对于类似空客这样的企业而言，生态网络已经成为体现其竞争力的重要一环，将直接影响其产品质量和上市周期。因此，生态链中的企业也将作为重要资源纳入其统一的运营和管控。在平台架构中，同样需要考虑生态链中相关企业的系统和设备资源的接入。

企业交付的智能互联产品可以通过产品端的数据采集模块将数据传递到工业云平台，或者部署在云端的工业互联网平台。这里的工业云平台作为产品实时数据的提供方，也将作为数据源系统下沉到后台。有关工业云平台的定位可能会有些争议，因为近几年以微软、亚马逊为代表的公有云供应商，包括我国的阿里巴巴、腾讯等，借助其大数据、云计算的核心能力开始进入制造业领域，提供工业互联网解决方案。要明确一点：在这里，我们只是把工业云平台定位为产品实时数据提供者，而不是工业互联网平台。

中台：数字主线和数字孪生

转型业务架构中台由三部分组成，即数字主线、数字孪生和业务能力中心，其核心是构建数字主线和数字孪生。数字主线将是企业内的业务数据中枢，是构建数字孪生和业务能力中心的基础。

（1）数字主线

数字主线立足于业务应用，构建全量业务模型，聚合来自异构系统和异构设备的各类数据。原则上，这里仅仅是构建业务模型，并不存储数据，业务模型在调用过程中通过接口实时从数据源系统获取数据。当然，如果考虑性能问题，可以利用大数据中心或数据湖实现海量数据的统一存储、管理和访问，我们会在 IT 架构中详细讨论。然后，基于业务逻辑建立数据模型之间的关联，从而形成完整的数字链路，即数字主线，为构建业务能力中心、数字孪生或者前端应用提供实时高效的数据服务。当然，工业互联网平台需要提供数据安全机制，在数据共享的基础上保证数据安全可控，最好提供基于业务模型的权限控制策略。

数字主线是企业在数字化转型前期建设的基础和重点，按照前面所说的“大处着眼，小处着手”的实施策略，以特定应用场景驱动，逐步建设，最终形成完整的数字链路。

（2）数字孪生

数字孪生的应用门槛较高，有两个必要前提，即扎实的数据基础和专业的仿真分析模型。数据必须是实时、动态的，不仅是来自智能产品的实时参数和周边环境参数等，还包括来自各种业务系统的数据和三维模型。而用于数字孪生的仿真分析模型是通过提炼和沉淀设备的机理模型及专业知识，结合机器学习技术,在充足的样本数据集的基础上进行反复训练而得到的。另外，还需要具有实际价值的业务场景，而不光是效果酷炫，吸引眼球。无论是数据，还是分析模型，对于刚启动数字化转型的工业企业而言都是很难达到的，所以不建议在前期就实施数字孪生，应该先打好基础再说。

（3）业务能力中心

这是将企业核心的业务能力、业务流程、数据分析以及专业知识和经验等，经过提炼或沉淀后以模块化、服务化的形式，支持前台 App 的敏捷开发和创新。业务能力中心主要是基于数字主线或者数字孪生，面向特定业务环节和业务逻辑进行封装，构建专业的、通用的业务能力，形成企业的核心知识资产，以便共享和重用。例如，面向设计环节，整合各种数据追溯的能力，如工程更改在制造、服务阶段的贯彻情况，产品质量问题的全过程追溯等，并以服务形式封装到研发能力中心，供设计师通过各种工业 App 快速调用，提高设计效率。企业还可以将训练好的工业数据分析模型部署到业务能力中心，用于支持前端各种数据分析和决策优化；或者提炼专业知识和经验后以数据服务形式封装到能力中心，方便业务人员查阅和重用。

数字主线是基础，而业务能力中心则是企业的核心资产，其建设策略可与数字主线保持同步，以应用驱动，正所谓“积薄而为厚，聚少而为多”。

前台：工业 App 层

前台是企业厚积薄发的极致体现，只有“厚”中台才能使前台工业 App 喷薄而出，综合体现企业的核心竞争力。中台的数字主线和业务能力中心决定了前台工业 App 的轻量化、敏捷化程度，以及业务创新能力。

工业 App 的形式也应该是多样的，可以是网页、微信小程序或手机 App 等，支持桌面电脑、移动终端和穿戴式设备，使不同场景的员工都可以随时随地访问企业数据、开展工作。例如，车间工人和外场维修人员可通过移动终端或 AR 眼镜获取操作手册及相关数据，以解放双手，提高工作效率。AR/VR 技术在工业领域的应用将成为趋势，通过实现物理产品与数字数据的完美结合，提供直观、交互式的用户体验，大大提高员工的工作效率。

4.2.3　数字化转型 IT 架构

本节主要从 IT 角度分析未来数字化转型的应用技术架构，讨论如何使平台既能够支撑业务架构中的核心业务能力，又能满足稳定性、可靠性和可扩展性的要求。

技术架构与业务架构应该是相辅相成、相互支撑的，是通过应用系统及其运行组件，以及相互之间的关系来实现业务架构。基于工业互联网平台的数字化转型参考技术架构如图 4-11 所示。这个技术架构继承了业务架构的前中后台分层思想，重点突出了工业企业中台的核心组件，以及这些组件之间的逻辑关系和大致的数据流。

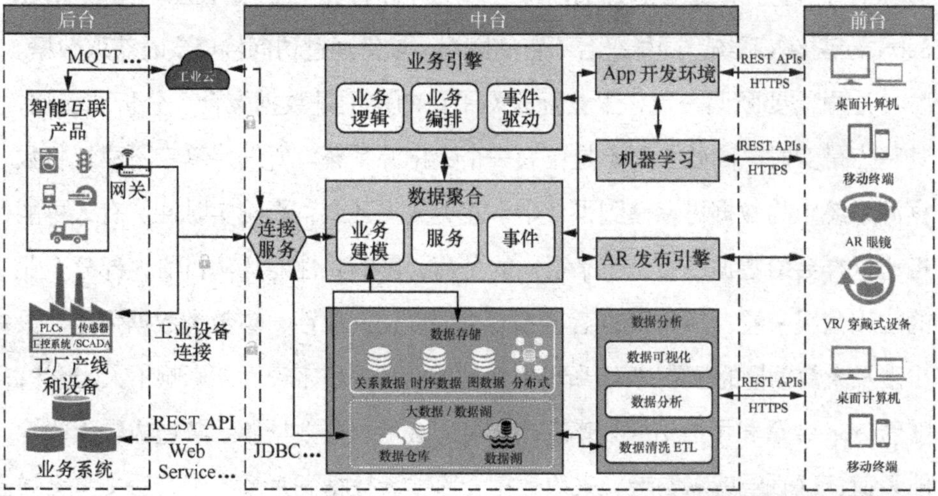

图 4－11　数字化转型技术架构

后台技术架构

在技术架构中，我们根据连接方式重新对后台资源进行了划分，主要有智能互联产品、工厂产线和设备、各种业务系统。

智能互联产品主要可以通过两种方式接入平台。一种是通过诸如 MQTT 等物联网协议进入工业云平台，再通过工业互联网平台与工业云对接获取数据；另一种是通过在设备端部署工业互联网平台的边缘服务，再通过物联网关传递到平台中。对于第一种方式，产品实时数据主要存储在工业云平台中，原则上工业互联网平台不存储数据，通过服务接口实时获取。第二种方式需要在工业互联网平台中存储数据。

工厂中的各种产线、设备其实也有两种方式接入平台。一种是企业有类似 SCADA 的工控系统，则直接通过访问工控系统的服务接口获取数据，实现方式与业务系统相似，同样工业互联网平台中也不存储数据；另一种是企业没有工控系统，则需要通过工业设备连接方式采集数据，并转换成统一数据协议（如 OPC UA）接入工业互联网平台，且需要存储数据。

对于业务系统，则通过系统提供的各种接口，如 REST API、Web Service 等接入系统，同样平台不存储数据，按需通过访问接口实时获取数据。

这里需要强调一点，工业互联网平台的定位是数据聚合、分析和应用，其特点是实时、高效，而不是作为一个数据源系统。所以，笔者不建议将数据源系统中的数据再存储到平台中，避免数据冗余，影响实时性。有人可能担心这样会给数据源系统带来很大的负荷，影响其性能。从目前大部分企业的应用情况来看，其开发的工业 App 主要以访问属性、参数类数据为主，很少涉及大数据量的频繁访问，所以对健壮的业务系统来说性能影响不大。当然，随着 App 数量和用户访问频率剧增，可能会给这些数据源系统造成较大的性能负荷，这时候就需要考虑采用数据仓库或者数据湖来解决了，后文将会详细介绍。

中台技术架构

中台有两部分组成，即业务部分和数据部分。如前所述，对于工业企业而言，其核心是构建业务中台。当然，数据中台也很重要。但是否必要，尤其是对于刚开始数字化转型的企业，则需要视具体情况而定。

（1）连接服务

连接服务是将接入平台的各种设备和系统资源以统一的服务形式发布到工业互联网平台内，以方便调用。对同类型系统或设备的连接方式可以将其参数化、模块化，以方便快速重用。例如，对于有异地多工厂的企业，如果每家工厂都部署了 MES 系统，那么通过模块化重用方式，仅需修改服务器地址等参数就可以快速实现与多工厂 MES 的连接。基于轻代码的原则，连接服务的创建、注册和发布等过程都应该是后台自动的，只需输入必要的服务信息以及对接的系统等。如果企业采用数据仓库或者数据湖作为统一的数据中心，则无须再连接业务系统，直接通过 JDBC 等方式连接数据仓库或数据湖，并将接口发布为服务即可。

（2）数据聚合

数据聚合就是以业务对象或应用为导向，通过业务模型将来自各设备或系统的数据聚合起来，构成了工业互联网平台中数据分析和应用的基础，即元数据。业务模型注重的是数据关联，将不同的数据源和数据应用关联起来，而非数据存储和采集方式。所以，业务模型解决了工业数据面临的核心问题，即数据治理问题，使进入平台的数据通过元数据模型按照一定的业务规则、业务逻辑建立数据之间的内在联系。这些业务模型可直接用于统计分析和机器学习等，如图 4-12 所示。在这里，工业互联网平台其实承载了部分数据中台的能力，为工业企业解决最头疼的数据治理问题。这也正是笔者不建议在转型初期构建专业的数据中台的原因。

（3）数据存储

由前文分析可知，工业互联网平台主要存储两类数据，一类是业务模型及模型之间的关联关系，另一类是采集自各类设备或智能互联产品的时序数据。这两类数据都不同于传统的关系型数据，对应的数据库及存储、查询方式也截然不同。

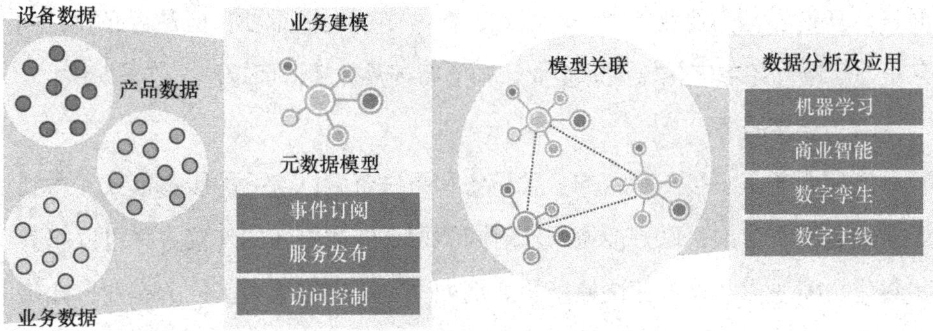

图 4-12　通过数据建模建立数据关联

社交网络、物联网等的快速发展，织就了一张张以人或智能设备为节点的庞大且复杂的网络。这张网络很难用关系型数据库来处理，效率极低。因此，以图数据库为代表的 NoSQL（Not Only SQL，不限于 SQL）数据库渐渐受到了关注。NoSQL 数据库是一类范围非常广泛的持久化解决方案，它们不遵循关系数据库模型，也不使用 SQL 作为查询语言，其数据存储不需要固定的表格模式。图数据库就是应用最广泛的一种 NoSQL 数据库，用于存储和查询上述的图数据模型，典型应用包括最短路径和关联度分析。

如前所述，产品数字主线就是工业企业中大量业务模型组合形成的一个复杂且庞大的网络，而业务模型本身并不存储数据，只是数据链接和相关属性以及模型之间的关联关系。图数据库是存储和查询业务模型关联的最佳选择，是工业互联网平台不可或缺的数据库，也才能保证前端用户在任何地方都可以快速追溯到任一业务环节的相关数据。

为了满足设备监测和控制的实时性要求，工业设备的数据采集和响应速度一般在毫秒级，采集数据按照时间序列持续形成一系列数据集，这就是时间序列数据，其特点是高速、高频、大容量。时序数据可用于分析过去的变化趋势，发现运行规律，还可用于机器学习，实现故障预警和预测性维护。

假设一台设备有 100 个双精度参数点，每 100 毫秒采集一次，那么每秒就会产生约 8KB 数据，一天产生的数据量达 700MB 左右。如果一个工厂有 100 台这样的设备，每天产生约 70GB 的数据，那么用关系型数据库是很难实现这种高频大容量数据的读写操作的。而时序数据库通过专为快速读写设计的时标型数据结构、高频缓存等技术，可以实现海量数据的实时读写操作。注意，时序数据库和实时数据库并不是一回事。其实在工业领域，实时数据库早在几十年前就已存在，如电力、石化行业的分布式控制系统（Distributed Control System，DCS）就是基于实时数据库实现了数据采集、故障检测和设备控制等功能。然而，实时数据库的价格昂贵，技术架构老化，难以与大数据、云计算平台融合，需要昂贵的硬件设备来支撑海量数据。进入物联网和云计算时代后，新兴的时序数据库开始登上舞台，它在实时数据库的基础上采用了全新的技术架构，通过分布式、云平台等灵活部署的架构使其数据存储能力得到极大提升。另外，除了数据点和时间戳之外，通过增加数据标签等描述信息，提供多维度的聚合查询，弥补了实时数据库查询能力单一的缺陷。因此，时序数据库是工业互联网平台另一不可或缺的数据库。

（4）大数据应用

随着智能制造、工业 4.0 的兴起，大数据逐渐成为工业领域的一个热点，是否应该建立大数据平台也成为很多企业高层关注的问题。其实，建不建大数据平台应该取决于企业的数据量、数据处理和分析能力、投资预算等。

大数据应用主要有两种方式，即数据仓库和数据湖。数据仓库之父比尔·恩门（Bill Inmon）定义数据仓库是一个面向主题的、集成的、相对稳定的、反映历史变化的数据集合，用于支持管理决策[①]。简而言之，数据仓库是构建面向分析应用的集成化数据环境，为企业提供决策支持。它本身并不产生任何数据，也不消费任何数据，而是将来自不同数据库的源数据通过 ETL 工具（Extract：抽取；Transfer：转化；Load：装载）处理后聚合形成多维度数据模型供分析和应用。它的特点是进入数据仓库前需要经过数据清洗形成结构化数据，可直接用于统计分析，不过以 BI 为主。然而，对于离散制造业而言，最难的就是数据治理。因此，数据仓库在离散制造业应用不多。数据

① Bill Inmon, Building the Data Warehouse, 4th Edition, 2002, P31.

湖是利用分布式、云计算等技术将来自各业务系统和设备的原始数据原封不动地保存过来而形成的数据集合，且支持海量异构数据存储，可用于实时分析和机器学习。Hadoop 是目前最流行的数据湖平台。两者最大的区别在于：数据仓库是高度结构化的，数据必须经过清洗转换后才可以加载到数据仓库中，可以直接用于分析；而数据湖正好相反，它首先保证的是大容量异构数据的存储，先不做任何处理地加载所有数据，包括结构/非结构、实时/非实时的，然后根据分析需要再清洗处理。因此，大型工业企业更倾向于采用公有云或者私有云部署的数据湖平台作为企业大数据中心。

有些企业把工业互联网平台和大数据平台当成二选一的问题，这是完全不对的。如前所述，两者的定位完全不同。工业互联网平台专注于工业领域，是工业企业数字化转型不可或缺的技术平台，为工业企业提供了专业的技术能力，如工业设备连接、数字主线、数字孪生、机器学习、工业 App 等。而大数据平台主要解决企业内海量数据存储和高性能数据访问处理的问题，缺乏上述工业技术能力，无法从业务层面实现业务的深度洞察，更多的是从数据层面进行数据治理和数据分析应用。两者是相辅相成的关系，不是互斥关系。工业企业应该首选工业互联网平台，以大数据平台为辅；互联网、金融等行业的企业则首选大数据平台。

另外，对于工业互联网平台而言，有没有数据湖只是数据存储和采集方式不同而已。把数据湖当成一个数据源系统，只要提供类似 JDBC 的连接方式就可以，并不影响工业互联网平台的整体架构和应用模式。

（5）业务引擎

业务引擎的核心就是通过业务编排实现业务流程重构，再通过各种服务事件来驱动业务运作，实现业务与技术的解耦，以数据驱动业务。这也正是利用工业互联网平台推进业务创新的强大之处。

业务编排就是基于业务模型，按照一定的业务逻辑或规则进行业务组合，实现业务重构的过程，其结果可以是新的业务流程或者业务能力。业务人员不再受业务系统和组织架构的约束，可专注于业务过程的设计和创新。通过配置化的方式重构业务过程，定义业务规则和触发机制，快速构建端到端的业务流程，并支持敏捷化、独立部署和运行。业务编排也可以面向特定的业务应用，根据相应的业务逻辑聚合不同的业务模型，定义新的业务规则，从而聚合形成新的业务能力，沉淀到业务能力中心以便共享和重用。

业务引擎就是将发布的业务流程通过事件订阅和事件协作机制来监听业务模型的实时状态数据，当满足流程定义的触发机制时就驱动流程的执行。而业务引擎需要保障服务调用、事务处理、任务管理和用户权限等的正常运作。业务执行过程由事件即数据驱动，可将企业内分散的业务碎片聚合起来，大大提升业务协作效率。以订单为例，从客户下单到订单设计、生产，再到产品交付给客户投入运行，中间需要经历 5 ～ 6 个系统，每个系统都独立维护各自的数据，制造商缺乏有效的手段来驱动订单的全过程执行，用户无法可视化获得订单执行状态，服务过程中无法追溯设计和生产的数据等。通过配置化方式编排订单执行业务过程，把用户订单与订单设计、生产、交付和服务运营过程衔接起来，并通过事件驱动订单执行，实现订单业务的全局可视化，如图 4-13 所示。基于此，还可以实现订单数据的全过程追溯。例如，在维修过程中，可根据产品序列号追溯订单信息，以及相应的设计模型和图纸；或者通过用户信息获取所有历史订单以及产品使用状态等。同时，在服务过程中，还可以利用不同的服务事件驱动，挖掘新的销售机会，向用户提供个性化服务。例如，基于历史用量的耗材销售，基于产品使用性能趋势的新产品销售，等等。

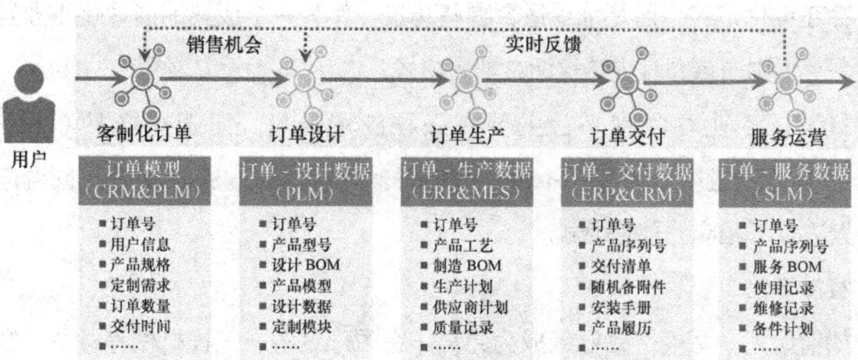

图 4-13 订单业务编排示例

（6）AR 发布引擎

随着工业数据量的剧增，传统图文方式的数据体验越来越难以满足业务需求。而 AR 技术作为一种全新的、直观的、交互式数字化体验，必将成为工业领域非常重要的数据体验手段。因此，作为数字企业基石的工业互联网平台，势必要兼容 AR 技术，能够将数字主线上的产品模型或者数字孪生模型通过 AR 引擎动态发布为 AR 应用，以便前端用户可以实时、直观地享受各种虚实融合的体验；还可以通过前述的业务编排和事件驱动机制，当三维模型发生变更后驱动 AR 引擎动态发布最新模型，以及时更新 AR 体验。

（7）机器学习和 App 开发环境

同样，机器学习和工业 App 是基于业务模型以及数字主线的两大应用，能为前端用户提供更好的数据应用体验。前面已有介绍，这里不再赘述。

前台技术架构

中台最大的价值就是让前台尽量简单、轻量化。所以在这种情况下，前台无需任何复杂的技术架构，也无需各种复杂的产品培训，只需有各种终端设备（如计算机、移动终端、AR/VR 眼镜等）和网络环境，就可以随时随地开展工作，畅享各种工业 App 和 AR 应用带来的便利。

4.2.4 典型应用场景

工业互联网平台主要有两种部署模式，即本地私有化部署和云部署。两者不存在谁优谁劣，而是谁更适合哪些场景。作为一个成熟的商业化工业互联网平台，则应该同时支持这两种部署模式。

目前，工业互联网平台主要有三种应用场景，即智能产品（Smart Product）、智能工厂（Smart Factory）和智能系统（Smart System）。不同的应用场景决定了相应的部署模式。

智能产品

如前所述，智能产品已经成为趋势。在医疗设备、工程机械等行业，智能互联已经开始成为产品标配。这类企业的产品一般比较昂贵，使用寿命较长，服务收入是其营收的重要组成部分。他们的核心战略是以用户为中心，实现产品和服务模式的创新，利用差异化产品和服务提升用户体验和满意度，从而赢得市场份额。这个创新的动力来源于数据，即来自于产品的各种实时数据，以及用户的使用情况和使用反馈。而工业互联网平台就是实现这些数据在产品、用户与企业之间传递的纽带。为了拉近与遍布全球的产品和用户之间的距离，将工业互联网平台部署在公有云上是顺理成章的事。典型的工业互联网平台在智能产品应用场景的部署架构如图 4-14 所示。

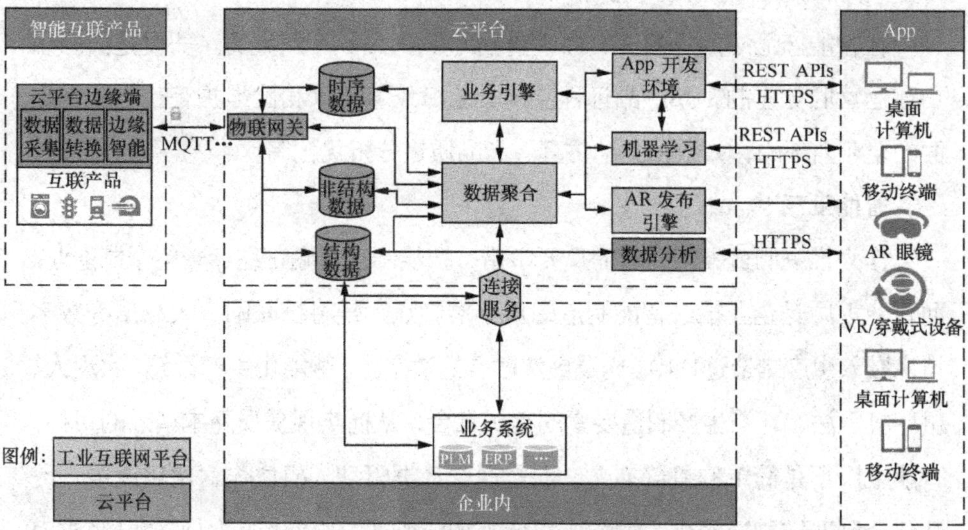

图 4-14　智能互联产品部署架构

在智能产品应用场景下，工业互联网平台其实有两种部署模式。一种是把云平台当作高性能服务器，其安装部署、数据采集、数据存储等方式都保持不变，只不过把服务器从企业内部机房搬到了云上而已，我们把这种模式称为"On Cloud"。这种模式基本没有发挥云平台在大数据、高可用等方面的优势，因此我们不建议采用。另一种就是如图 4-14 所示的"For Cloud"模式，将工业互联网平台与云平台深度整合，利用云平台的物联网关（IoT Hub）解决方案实现设备到云端的双向通信通道，采集的产品数据直接进入云平台的数据库。工业互联网平台需要与云平台的物联网关进行深度集成，通过物联网关获取产品实时数据，驱动后续的数据分析和业务运作等。这种部署架构的优势在于充分利用了云平台的高性能、大数据、动态可扩展的能力，而且云平台的物联网关在保证数据采集稳定、安全的前提下，其成本相对较低。另外，为了充分挖掘产品和用户数据，实现产品和服务创新，还需要打通与企业内研发、制造和服务等业务环节的数据链路，即与企业各业务系统的对接。这也有两种实现方式：一种是采用工业互联网平台的连接服务；另一种是在云平台建数据湖，利用云平台的数据采集方式进入数据湖，这时工业互联网平台只需从数据湖获取数据就可以了。

在智能产品应用场景下，面向前端的工业 App 有两大类。一类是面向用户和运营服务方的，如产品远程监控、故障预警和预测性维护等；另一类是面向企业内部的，如数据驱动仿真、产品质量分析优化等。

智能工厂

作为推进制造强国战略的重要举措，智能制造热潮正在席卷整个制造业。而智能工厂是企业推进智能制造的重要落脚点，是将物联网、大数据等数字技术融入生产制造过程中，构建虚实融合的数字化、智能化生产系统，实现人、机、料、法、环等生产制造要素的有机融合，从而实现提质降本增效的目标。智能工厂不是简单的机器换人，而是通过数据驱动人机协作，优化决策，提升整个制造链的透明化、智能化程度。如前所述，工业互联网平台已经成为制造业修炼内功，加速向数字化、智能化工厂转型的关键。

智能工厂对实时性和响应速度的要求较高，本地化部署是较为典型的部署方式，其部署架构与图 4–11 的技术架构类似。对于大型集团企业，可能会面临异地工厂和集团层面的两层管控问题。工厂级关注的是车间和产线生产运营过程的透明化和智能化，在产线或设备出现故障前能够及时做出响应，实时性要求较高。集团层面则希望通过洞察各工厂的效率、产能、成本等运营绩效找到提升空间，进一步优化资源配置，提高生产效率，降低生产成本，其关注的是多工厂数据的综合分析和决策优化。在这种场景下，建议采用两层部署架构，如图 4–15 所示。

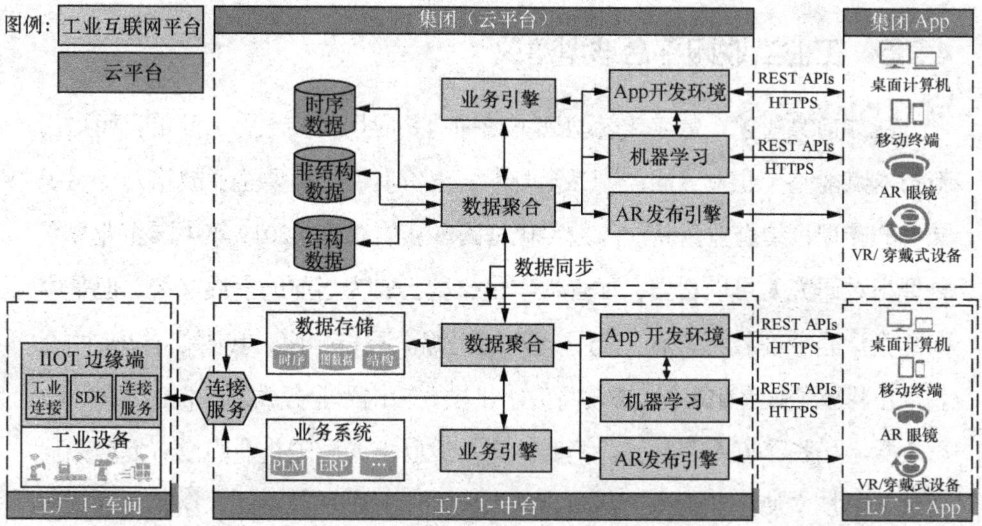

图 4–15　集团企业智能工厂部署架构

具体而言，即每个工厂部署一套工业互联网平台，以满足各工厂个性化生产运营和管控要求；在云端部署一套集团级的平台，通过与各工厂平台的对接，基于各工厂生产运营数据进行绩效评估和趋势预测分析，以支持决策优化。这种部署架构在集团统一绩效指标和管控要求的基础上，既保证了各工厂的相对独立性和灵活性，也使集团层面能实时洞察各业务板块的运营情况，以优化业务组合和资源配置，提升集团整体运作能力和核心竞争力。

智能系统

除了上述两种应用场景以外，还有一种场景是利用工业互联网平台连接异构系统和业务建模的能力，打造面向全寿期、全价值链的闭环数字主线，以构建各种创新业务应用。伴随企业信息化建设而形成的烟囱式信息孤岛问题已经开始严重影响企业的数字化进程，这也正是近一年来中台在工业领域引起巨大反响的原因。很多大型企业已经把中台或数字主线列入其数字化建设规划，成为其未来两三年重点打造的关键能力。在这种场景中，平台部署架构相对比较灵活，不再受智能产品或者工厂设备的制约，既可以是本地私有化部署，也可以是云端部署，主要取决于企业对平台的定位（如对内为主还是对外为主等）和未来发展战略（如业务系统去本地化等）。

4.2.5 工业互联网平台选型建议

正如前文所述，数字化转型远不是拥抱并应用新技术那么简单，而是用新技术赋能整个企业，涵盖产品全寿期、全价值链，需要企业战略乃至组织文化的转型，给企业重新注入数字化基因。从埃森哲《2019 年中国企业数字转型指数研究》可以看出，尽管数字化转型已成为当前的发展趋势，但是中国的大型企业在转型之路上仍显得步履蹒跚。报告指出，我国仅有 9% 的企业真正释放了数字化潜能，成功将数字化投入转化为业务成果。相比 2018 年，这个数字增长了五个百分点。同时，有八成以上的中国企业尚没有摸清如何通过数字技术使企业变得更高效，从而实现业务增长。因此，企业在进行数字化转型投资决策时，需要保持谨慎的态度，选择合适的工业互联网平台将成为投资成败的关键一环。

目前，国内外市场上已经有上千家工业互联网平台，每家各有所专、各有所长，没有太大的可比性。而且，工业互联网平台尚处于发展初期，整个市场还存在很大的变数。随着技术发展和应用的深入，各家平台的更新迭代速度会很快。所以，笔者不想在这里提供各家平台的比较分析，以免误导读者。

在选型过程中，笔者建议从以下几个维度考量。

（1）平台化生态

工业互联网是一个庞大的生态体系，涵盖了从智能硬件、数据采集、数据分析、人工智能、云计算等领域，没有一个工业互联网平台能够独立提供所有这些产品或能力。因此，一个开放的、可扩展的平台化生态是工业互联网平台区别于传统工业软件的最大不同。一方面，通过平台融合物联网、大数据、人工智能、增强现实等数字技术为我所用；另一方面，基于开放、合作、共赢的生态，围绕平台打造一个完整的工业互联网产业链，焕发平台强大的生命力，从而持续为企业提供创新的产品和服务。

（2）供应商优势领域

如前所述，目前市场上的工业互联网平台主要有三大类别，即“工业派”“ICT 派”和“互联网派”。不同类别的优势领域也各不相同。例如，“工业派”的 PTC、西门子和树根互联等在工业领域深耕多年，有大量行业积淀，更了解工业企业的业务和数据，能更好地协助企业实现转型过程的平稳过渡。但是，它们在大数据、云平台等领域的能力相对较弱，需要与第三方平台进行强强联合。而“互联网派”正好相反，它们的优势在于大数据和云平台，供应链、物流以及智能产品是其应用最大的领域，而工业积淀相对较弱。

因此，企业在选型过程中需要结合自身的产品和行业特点，选择有优势领域的平台。

（3）行业影响力

行业影响力包括市场分析报告、成功案例和品牌口碑等。目前比较有影响力的有关工业互联网平台的市场分析机构主要是高德纳、Forrester 和 IDC，他们每年都会根据各平台的市场表现给出综合评估。虽然维度稍有不同，但产品战略、核心能力和用户基数是他们共同关注的焦点，具有很大的参考价值。

成功案例尤其是同行业的标杆企业将对企业转型有很大的借鉴和参考意义。当然，深入了解其项目目标、建设内容、实施周期和实施成果等，可以进一步确认供应商对行业的理解程度和专业解决方案，以及对本企业转型项目的可借鉴性。

至于品牌口碑，不一定适合作为选型标准。不过，如果能从客户中获得一些直接的反馈，那么对选型还是有一定参考价值的。

（4）快速 POC 验证

概念性验证（Proof of Concept，POC）是验证一个平台能力最直接的方法。不同于以往的业务系统（如 PLM、ERP 等），工业互联网平台追求的是敏捷、高效、少代码。而且，大部分平台都提供通用的工业 App，如设备监控和管理等。因此，在难分伯仲的情况下，选择一个关键业务场景，让平台供应商提供快速的 POC 验证，借此来验证企业关注的核心能力及实现方式，如机器学习或者设备连接等。

（5）实施交付能力

数字化转型作为一个长期的企业战略，选择一个平台就相当于选择一个长期的战略合作伙伴。因此，在平台选型时，是否具有行业背景、实施经验和持续交付能力的实施团队也至关重要。

第5章

CHAPTER 5

数字化研发转型

制造企业的数字化是从产品的数字化开始的，而产品的全价值链数字化又是从研发开始的。作为制造企业核心竞争力的源泉，以及微笑曲线最高附加值的一环，研发一直是企业数字化转型体系架构中最重要的一个环节（见图 5-1）。

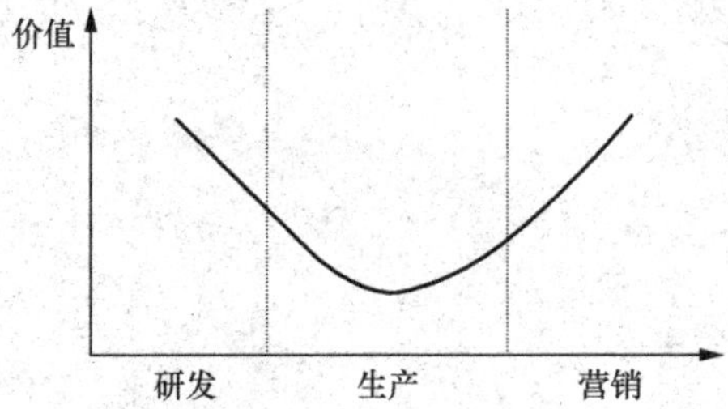

图 5-1 微笑曲线

当前，新一代信息技术与制造业的深度融合将促进产品形态及产品研发模式的深刻变革。原先单纯由机械和电子部件组成的产品现在已进化为各种复杂的系统。以汽车为例，汽车首先包含引擎、轮胎、电池等物理部件，然后叠加了很多智能部件，如无人驾驶系统、自动感应雨刷、自动胎压监测、防抱死智能系统等，这些智能部件由传感器、微处理器、数据存储装置、控制装置及成千上亿行代码组成。同时，汽车还有内置的用户界面，进而通过互联网与其他产品连接，甚至同售后服务系统、交通信号系统、保险系统、天气系统等构成一个复杂的系统之系统。

显然，以上产品演进和变化将会给企业的研发模式、研发流程带来新的方向和挑战。

5.1 产品研发趋势

智能互联产品将开启一个全新的企业竞争时代。产业价值链的重心由生产制造端转向研发设计与营销服务，新技术的发展将促进制造业的产品研发模式产生深刻的变革。

（1）面向智能互联产品的研发

产品的智能化特性不断增加，智能部件不断增多，未来的智能互联产品不但性能更强、可靠性更高、利用率更高，而且能提供跨界乃至超越传统产品的性能和功能。全新的智能互联产品甚至未来的产品系统将颠覆现有的企业价值链和研发流程，使传统的以机械设计为主的研发转变为真正跨学科的系统工程。这里的学科不仅包括传统意义上的结构、电子、软件等专业，还包括产品物联、数据传输与安全、数据分析、用户操作界面与体验等因为产品智能互联化而出现的新学科。

智能互联产品中越来越多的软件定义需要制造企业在内部建立软件公司的能力，跨行业学习和创新，用系统工程的思路统筹硬件开发与软件开发不同的速度及迭代效率，保证协作和效率以缩短产品上市周期。

研发会更多地与采购、IT、制造、服务等紧密地合作和迭代，而传统的组织结构对 DevOps（研发－运营）的支持有限，让 DFX①最终停留在无数轮的沟通和扯皮中。同时，随着智能互联产品架构的改变、海量数据的出现，未来最好还能有新的角色负责从数据中汲取全部价值，发挥智能互联产品更多的潜力。

（2）以用户为中心的研发价值取向

当今市场已经从以产品为导向的模式逐步转变为以用户为导向的模式。快速响应用户需求、研发高质量智能产品、提供差异化和个性化服务，成为企业的品牌保证、核心竞争力和新的利润增长点。这就促使企业产品必须适应用户个性化和多元化的消费需求。用户对产品不再是被动地选择，“多品种、小批量、个性化”的产品需求必将是制造业的重要发展趋势。

不同的用户分层、不同的地域、不同的应用目标都对产品多样性提出了要求，企业必须具备敏捷的产品研发能力，以多样化、个性化的产品来满足多样化和个性化的用户需求；通过面向产品族的设计能力、模块化设计能力、

① Design for X，X 指质量、服务、制造等。

并行工程、质量功能配置能力及产品配置设计能力的有效整合来实现和提升大规模定制与敏捷产品的开发水平。

同时，企业通过智能互联产品搭载的软件而非硬件来满足用户对产品多样性的需求是非常关键的设计新原则。通过改变软件的控制设置，可实现快速和低成本的产品迭代及改变产品性能。未来，企业将加大对软件个性化定制的支持比重，以降低多样化对硬件带来的成本、时间和质量压力。

（3）产品快速持续改进

实现产品的持续改进是获得持续性竞争优势的关键要素。持续改进不是问题出现后被动地采取措施以解决问题，而是主动有目的地改进活动，从追求卓越的角度出发，为企业拓展更大的升值空间。

智能互联产品的发展使用户与制造商之间的联系不再是一次性的，而是未来很长时间内一直联系在一起。利用智能互联的产品连接后回来的数据，持续不停地改进和迭代产品研发，如升级软件版本等，会有利于更好地提高用户满意度；也能让制造商研发部门更加了解用户如何使用产品，并提出后续的迭代开发计划，优化研发设计以生产更高质量、更低成本的产品。而且，产品的持续改进计划不再基于经验和假设，而是基于实际情况以确保未来的产品更符合用户的需求。

（4）新技术推动的研发创新

新技术的涌现正在颠覆以往传统的研发模式。企业在未来的 IT 浪潮中积极引入不断出现的新技术，如 MBSE、创成式设计、3D 打印、机器学习、物联网、云计算、AR/VR 等，围绕自己的智能互联产品研发战略，不断构建自己的竞争优势壁垒，将是未来研发创新的必要途径。

（5）产品研发知识工程体系化

企业可以全面梳理研发知识，将知识与数字化相结合，沉淀形成符合自身特色的工作包和知识工程体系。同时，未来企业也可以将知识与研发流程相融合，利用知识来指导设计，利用设计来沉淀知识体系。

未来结合机器学习技术，不仅可以将知识共享化，还可以将知识智慧化，按主题、分类、领域、阶段推送与分析，真正做到将围绕知识的技术、人才、流程融为一体。

（6）合规、绿色、可持续迭代

智能互联产品不仅可以将产品互联互通，而且与人的信息交互会更加频繁。但是，在产品研发阶段，我们要加强对产品合规的要求，保证产品研发可以赢得不断增加的合规要求，以免由于不合规引起的品牌负面影响、产品滞销/召回、收入损失以及上市延迟。我们需要在引入物料时就考虑物料的合规性，以保证产品的合规性。

与此同时，绿色与可持续发展是中国制造未来的长远发展道路，是社会、经济、资源与环境协调发展的道路。面对智能互联产品的复杂性，从产品研发的角度，我们在产品架构确立、物料引入、可靠性验证等多个维度上都需要考虑绿色与可持续，以减少对环境的污染和伤害。例如，针对很多智能互联产品中的电池，除了保证功能、性能与安全之外，还要从产品设计的角度保证容易拆卸、更换、回收等。

5.2 产品研发面临挑战

从业务的视角出发，由于产品智能互联化的演进，企业在产品研发领域将不得不面临以下挑战。

（1）不断增加的复杂性

智能互联产品的发展给产品研发带来了极高的复杂性，企业需要搭建一套全新的技术堆栈，不仅包含物理部件，还包含软件、互联通信系统、产品云、安全以及其他海量数据连接技术，如外部数据获取接口及其他业务系统连接接口。

这种不断增加的复杂性会给原来传统的产品开发流程带来巨大的挑战。例如，如何保证软件的敏捷迭代开发速度以及与硬件的匹配，如何确保传感器的可靠性、数据的传输与存储机制，如何分析智能互联产品产生的海量数据，等等。这需要企业彻底重新思考产品的设计与开发。

- 在最基本的层面，产品研发面临从以机械为主转变为真正跨学科的系统工程的挑战。

- 由于越来越多的智能部件出现在产品中，企业要面临更加全球化的产品研发协作挑战。

- 由于用户定制化需求的加剧，产品从规划到开发的系列化、平台化将变得更加重要。

- 智能互联产品还意味着远程的运营（监控、升级、调整等），所以网络安全、远程升级等持续设计改进都是新的挑战。

- 这样的产品复杂性还意味着新的数字化用户界面可能是通过 App 形式搭载在平板电脑或智能设备上。因此，构建功能强大的用户界面又是一项关键挑战。

- 产品复杂性带来的还有对研发成本、质量的挑战。由于产品复杂性的提升，设计验证与仿真手段及工具等都需要提升。产品测试早已成为产品开发的重要组成部分，而这与产品开发的成本、质量息息相关。

（2）外部竞争压力

如前文所述，智能互联产品的出现不仅会影响企业的商业模式，还会改变企业的竞争格局，很多行业边界之外的竞争者会通过互联网切入的方式出现在竞争蓝图中，如小米、蔚来汽车等。

新一轮科技革命和产业变革的潮涌，使全球制造企业面临着更加激烈的外部竞争。制造企业竞争的本质是面对产品的竞争，围绕产品的成本、质量以及面向不确定性环境的决策速度都是最核心的体现。从研发领域来说，竞争压力主要表现在以下方面。

- 随着竞争的加剧，全球化正在加剧，但是产品的上市周期却在持续缩短。例如，一台新车的上市周期已经从 36 个月缩短到了 18 个月。这就意味着业务对研发效能的期望越来越高，如何管理好全球化的研发团队，持续提高研发效率，是所有制造企业面临的挑战之一。

• 随着竞争的加剧，用户对同类产品有更高的期望，从传统产品研发转向以用户价值为核心，真正让研发可以“听到”产品的声音、用户的声音，只有这样才有可能突破式创新，获得用户的青睐和赢得市场竞争。

• 随着竞争的加剧，改善服务会对品牌影响力的提升以及获得市场稳定份额大有裨益。DFX 将是在研发领域需要进一步提升的协作模式。

（3）其他挑战

当然，除了不断提高的复杂性以及日益激烈的竞争态势，企业未来的产品研发还面临以下挑战。

• 劳动力老龄化，技能差距在扩大。

第一，由于制造业对人才的吸引力相对于互联网、金融等行业较弱，而企业里原来老一辈的劳动力在老龄化，在这个断代的过程中出现了技能差距的扩大，这在发达国家尤其明显。第二，智能互联产品的发展对人才的技能要求也发生了变化，不再是以结构设计、电子电气设计为主，未来可能更多需要软件工程、人工智能、通信与安全等专业相关的人才加入。第三，我国研发领域的劳动力成本优势正在逐步减弱，在上海、深圳这些城市招一位软件工程师的费用可以在印度招两个同等水平的人，这也给企业用人带来了极大的挑战。

• 日益严格的全球合规要求。

由于智能互联产品的发展，企业会与全球化的供应链展开研发协同与合作，而全球的法律法规却越来越严，如何在保障全球化的同时满足日益严格的合规要求，也是制造企业面临的极大挑战。例如，欧盟颁布了《通用数据保护条例》（GDPR），要求加强个人数据统一保护。这对智能互联产品的数据采集、存储、网络传输等都提出了新挑战。

• 低质量带来的成本提升。

过去由于材料、工艺等手段与技术的落后，经常会造成为了产品发布时间而采用一些将就的方案，而这最终会造成产品的召回等事故，从长远来看实则影响整体成本。企业需要正视这些问题，积极寻求研发突破与研发创新，将以长期效率为核心的知识工程和长期研发创新作为自己的研发核心竞争力。

5.3 数字化研发

5.3.1 数字化研发的概念

数字化研发是相对于传统研发而言的，它是融入了新兴技术，以全研发过程数字化为手段，以智能互联产品研发为核心，以提升产品竞争力、缩短上市周期、提升研发效率、节省研发成本甚至未来企业模式转型为目标的全流程活动集。

之所以提出数字化研发的概念，主要是由于以下原因。

（1）我国是制造大国，却还不是制造强国。大，是因为我们的改革开放以及劳动力人口红利所带来的低成本；不强，是因为我们绝大多数制造商只是世界的代工厂和组装厂，而对决定核心竞争力的产品研发的资金投入、重视程度等都不够。很多企业有着世界最领先的生产线，却没有产品规划部或新技术研发部门，甚至连 R&D 中的 R（Research：研究）和 D（Development：开发）都没有分清。

（2）笔者无数次看到众多专家学者在各种会议上宣传工业 4.0、智能制造，而制造商的研发部门还在出着 2D 图纸，最后发到工艺以及工厂的都是打印出来的纸质图纸。再智能的机器人能读懂纸质图纸吗？再厉害的智能工厂可以根据纸质图纸柔性化组织生产吗？

（3）在改革开放的进程中，大多数制造企业依靠“引进来、走出去”的策略以及中国人的勤勉在产品研发领域砥砺奋进，取得了不少成绩。但是，我们在面向未来的智能互联产品领域的技术研究、面向不同市场的需求响应与产品规划、复杂智能互联装备的跨学科协同与仿真等领域和国际领先生产商相比还是有一定的差距。

（4）30 年来，我国绝大多数制造企业在研发领域也构建了 CAD、CAE、PDM 等工具和系统，同时培育了一批 CAD、CAE 领域的专家。但是，应对智能互联产品的发展，如何构建软件的研发团队、学习软件的迭代速度、结合软件和硬件系统的仿真等都是我国制造业在新时代面临的多学科的挑战。同时，如何基于研发领域的大数据，真正让 DFX 不再是纸上谈兵，也是我国制造业在未来数字化时代需要解决的问题。

5.3.2　数字化研发的内涵

如前文所述，“智能”和“互联”将赋予产品一系列新的功能和能力，同时也需要一套全新的技术架构，包含硬件、软件、通信、云、安全、外部产品及系统接口等。以汽车为例，传统汽车转变成智能互联汽车，会增加很多新的智能部件以及新的人机交互界面。智能部件也会产生很多实时产品运营数据，需要权限的通信、传输、存储等方式。这也意味着产品数字化研发的本质是从技术规划到技术开发、从产品规划到产品开发全部要以智能互联产品为核心来统筹和开展，同时融入新的学科、新的技术甚至新的部门，全领域以数字化形式贯穿和组织。企业从需求入手，采用数字化的方法（数字主线）构建智能互联产品完整的数字化表示（如前文所述的数字孪生），强化基于数字孪生的仿真和试验过程，还可以融入未来互联产品的反馈敏捷迭代创新。如果用一句话来概括数字化研发的本质，那就是基于数字主线和数字孪生驱动的产品研发。

产品研发是创新型工作。然而，研究表明，研发领域的人们并不是将大部分工作时间花在创新上；在产品研发过程中，一个工程师平均有 15% 的时间花在产品或流程相关信息的检索上。根据一份 LNS 公司提供的调查报告，300 名受访者中有 39% 的人认为，信息孤岛是影响他们工作效率的主要因素之一。如何将智能互联产品全生命周期、全价值链数据信息利用数字主线技术互联互通构建产品数字孪生，按照上下文、按照角色“找到”相应的人，按照极致的用户体验为他们提供快速工作和决策的依据，从而提升协同效率，降低产品研发成本，缩短上市周期，这便是数字化研发的内涵。

5.3.3 数字化研发与传统研发的区别

对于数字化研发的概念，读者一定会疑惑其到底和传统研发有什么区别。随着新一代信息技术在研发领域的应用，基于数字主线和数字孪生的数据驱动型产品研发新体系、新模式会比以往任何时候都数字化。虽然 20 多年来，大多数制造商在研发领域引入了 CAD、CAE、CAM、PDM 等工具和系统，但这些都只是应对以结构部件为主的传统产品开发模式，无法应对智能互联产品所产生的数据。同时，除了开发，传统的技术规划、产品规划、产品开发中很多创新问题的解决都要依靠人的经验，并没有有效利用新技术，例如，更好地基于数字孪生的多学科仿真。所以，笔者总结基于数字主线和数字孪生的数字化研发与传统研发之间的区别如下。

（1）规划方式：产品规划与技术规划不再采用传统的调研与咨询方式，而是将市场需求、竞品信息以及用户对智能互联产品的反馈融合在一起，利用人工智能等新技术挖掘未来产品与新技术竞争力，生成产品型谱与技术图谱。

（2）驱动方式：由研发工程师个人经验与知识驱动转变为由产品孪生体数据驱动。

（3）架构方式：由传统以物理部件（结构、硬件）为主的架构转变为集软件、通信、数据传输、存储、分析、安全、应用 UI 为一体的智能互联产品架构。

（4）数据管理：由以设计阶段数据为主扩展到产品全生命周期、全价值链数据。利用 IoT 可以将智能互联产品中数据收集回来，形成新的洞察和指导新的产品迭代。数字主线技术可以互联互通形成完整的产品端到端数据流，并以数字孪生的形式在不同的阶段以不同的视图发挥价值。

（5）创新方式：由以需求拉动的被动式创新转变为基于数字孪生体、数据挖掘的主动型创新。智能互联产品可以对用户的体验和行为画像，而这些画像后的大数据（我们称之为“客户的声音”）将成为未来产品迭代创新的新动力。

（6）设计方式：由基于虚拟环境的设计转变为物理与虚拟融合协同的设计。原先数据驱动的设计主要作用于虚拟环境，而随着数字孪生带来的虚实不断融合，我们可以有效融合物理空间，从而基于它们的互相作用产生新的设计方式。

（7）协同方式：由离线交互转变为基于产品孪生数据的实时交互。

（8）验证方式：由小批量产品试制转变为高逼真度虚拟验证为主。我们可以更多地借助数字化技术，利用数字孪生体进行验证与仿真。

5.3.4　数字化研发的误区

产品研发是企业核心竞争力的保证，也是创新和竞争最激烈的领域。由于缺乏整体的认识以及清晰的思考，很多企业在推进数字化研发的过程中往往会走入以下误区。

（1）与企业战略脱节，仅考虑产品实现。

企业的产品研发是企业核心竞争力的保障，但研发也仅仅是重要的一环。在研发之上，我们还需要考虑企业在竞争时代的战略，以战略为先导，思考智能互联产品能带来什么，如何重塑行业竞争与行业边界。只有这样，我们才能清晰地看到未来的产品规划以及要研发投入的新技术等。

（2）仅重视产品开发，忽略了新产品规划、新技术规划与开发。

产品研发其实是由研究与开发两个部分组成的，很多时候我们只重视开发，而忘记了研究。产品与技术规划是引导企业中长期产品与技术发展的方向。企业要通过规划发现新产品和新技术的机会，增强自身核心竞争力。

（3）没有从智能互联产品架构上统筹考虑。

产品思维和产品架构还停留在传统的以结构为主的产品研发上，没有统筹考虑智能互联产品架构带来的组织结构变化、技术变化、开发方式变化、仿真与试验手段变化、安全变化、数据变化、应用体验变化及人才需求变化等。

（4）以使用研发工具和系统作为创新的标志。

很多企业以为自己采用了 CAD/CAE 工具、PDM 系统、项目管理系统，就算是完成了数字化研发的建设。这种看法是不正确的。一方面，所有 IT 工具、技术和系统只是实现数字化研发的手段之一，不是全部；另一方面，在传统构建数字化研发 IT 支撑环境的过程中，由于面向智能互联产品的思考和体系化不足，我们其实又构建了一个个研发领域的数据孤岛。因此，制造企业一定要以数据驱动的数字化研发体系为目标，以 IT 工具及系统为支撑，构建企业数字化研发战略体系。

（5）以传统 MBD/MBE 体系的完成作为数字化研发。

MBD 和 MBE 体系对于传统以二维工程图为主的开发方式转向以三维模型为中心的开发方式有着巨大的贡献，对数字化样机以及以三维模型为核心的协同开发有很好的支撑。但是，大家基于前文的描述能了解到，智能互联产品的发展一定是以智能部件为方向的，MBD 对软件领域甚至人机交互部分的支撑有限。所以，我们要认识 MBD/MBE 的价值，但是不要单纯地认为 MBD/MBE 就是数字化研发。

（6）忽略产品创新的重要性。

无论身处何时何地，我们都不可以丢失初心，不能忘记创新才是产品研发的第一精神。只有不停地在产品研发创新上投入时间、金钱，我们才可以打造适应时代的、用户拍手叫好并愿意为之买单的产品，才能构建自身竞争力的城堡。同时，我们还要警惕产品创新过分地超前。这也是前文所述的技术规划和产品规划的重要性。

（7）忽略产品品质的重要性。

随着我国经济的发展，用户对产品的要求越来越高，他们不再热衷于购买高性价比的产品，而是更愿意购买精致的高质量的产品。在研发产品时，由于资金条件、供应链体系、技术等各种限制，很多制造商凭借出色的造型设计和工业设计赢得了用户的喜欢。但是，粗糙的质量保证会让产品的品牌价值大打折扣，导致用户对产品的热情逐渐消失，一段时间后产品便无人问津。

所以，为了使产品更加深入人心，制造商在研发产品时必须在品质上永远保持精益求精的精神。

5.4 数字化研发体系框架

5.4.1 数字化研发体系的提出

为支撑产品研发过程，国外工业体系对产品设计模式做了大量研究，其中系统工程最典型。自 1960 年系统工程方法体系创立以来，美国一直走在世界前列。近年来，美国又在体系工程方面取得了巨大进展。2008 年 8 月，美国国防部发布了《体系工程指南》(*System Engineering Guide for Systems of Systems*)；2010 年 12 月，发布了《体系工程指南：导论》(*System Engineering Guide for Systems of Systems*：*Essentials*)，并设计开发了“联合能力集成和开发系统”(Joint Capability Integration and Development System)，在原本强大的复杂产品研发能力的基础上进一步提升了竞争力。[①]

欧洲在复杂产品研发的体系研究和建设方面也有可以参考的地方。欧盟以空客为领导，发起了一系列覆盖产品研发过程的虚拟企业跨领域协同研发体系建设。

智能互联产品越来越多地出现在消费以及工业市场的每个角落，成为大势所趋。这种趋势正在打破传统的行业边界，驱动企业构建更加复杂的产品及产品生态。更多新的角色出现在产品研发团队中，如 IoT 架构师、创新经理等。数字化研发体系可以帮助企业开发智能互联的产品，以在竞争市场中差异化其产品及服务，提高用户满意度，赢得新的市场及用户并提高盈利。同时，数字化研发体系支持企业应对智能互联产品本身的复杂性对企业研发协同带来的挑战，借助数字主线以及数字映射技术让企业更清晰地管理

① 参考田锋的著作《精益研发 2.0：面向中国制造 2025 的工业研发》。

产品复杂性，用真实的产品数据驱动以用户需求为中心的产品研发，快速地将产品投入市场，并带动或融入智能互联产品生态。迈克尔·波特（Michael Porter）与吉姆·海佩尔曼（Jim Heppelmann）认为，“智能互联产品要求我们从根本上重新审视设计。在最基础的层级，产品开发从主要的机械工程转向真正的跨学科系统工程”。

数字化研发转型意味着寻求新的突破性的方式打通企业研发瓶颈。企业可以通过数字主线与数字孪生技术，以及纵向与横向的集成，实现 IT 与 OT 的融合，打通产品全生命周期信息孤岛，并结合数字孪生实现数字与物理世界融合。数字化研发转型不仅帮助流程优化，实现多学科、多部门协同，还将与数字化营销、制造、服务、运营形成统一的整体，避免再次出现信息孤岛，实现真正的 DFX。

5.4.2 数字化研发体系

数字化研发体系是以智能互联产品研发为目标，应用工业互联网平台，落地数字主线和数字孪生技术，结合系统工程的研发理念、思想，综合集成组织、流程、模型、方法、工具、技术和平台的完整的蓝图，如图 5-2 所示。在此体系蓝图下，企业要统一规划，分步建设，逐步完成数字化研发体系建设。

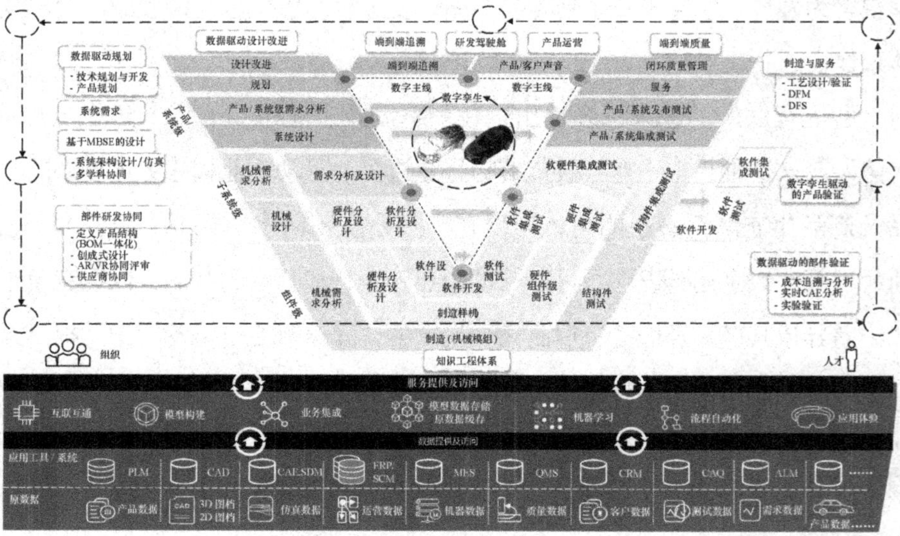

图 5-2 数字化研发体系

数字化研发体系具有以下特点。

（1）目标清晰：以智能互联产品战略为核心，构建企业研发领域的核心竞争力和创新力。

（2）系统工程：以系统工程思路为核心，以多学科、多专业、多技术为特点，利用数字孪生技术构建创新设计体系、系统设计、仿真体系、质量体系。

（3）全价值链：将顶层产品规划，甚至科学的技术规划及技术开发过程与产品全生命周期过程统一考虑，利用数字主线技术构建端到端全价值链数据互联互通。

（4）正向设计：不再是基于逆向工程的跟踪模仿，而是基于正向设计的自主创新。

（5）实时仿真：基于数字孪生构建产品的实时仿真体系，引入软件部分、系统架构部分，构建综合仿真体系。

（6）知识工程：将知识与研发活动相结合，使知识在研发过程中得到有效应用，通过数字主线将其推送到角色和上下文。

（7）质量管控：让质量管理深入产品研发过程中，通过质量数字主线，将质量体系与研发活动深入融合，解决研发与质量两张皮的状况。

我们会按照数字化研发体系的过程在 5.5 节详细叙述，并通过案例进行解读和说明。

5.4.3　数字化研发技术框架

从业务交付的角度了解整个数字化研发的蓝图之后，我们再从技术的角度来看其整体框架，如图 5-3 所示。从技术的视角来看，整个体系可以分成三层。最底层是各种业务系统及基础架构设施；中间层是工业互联网平台，我们在平台上利用数字主线构建产品全生命周期的数据流，通过模型的方式聚合在一起；最上面一层是围绕整个研发体系的按场景和按角色提供的 App，所有 App 通过数字主线和数字孪生在整个研发过程中与底层系统的数据交互。

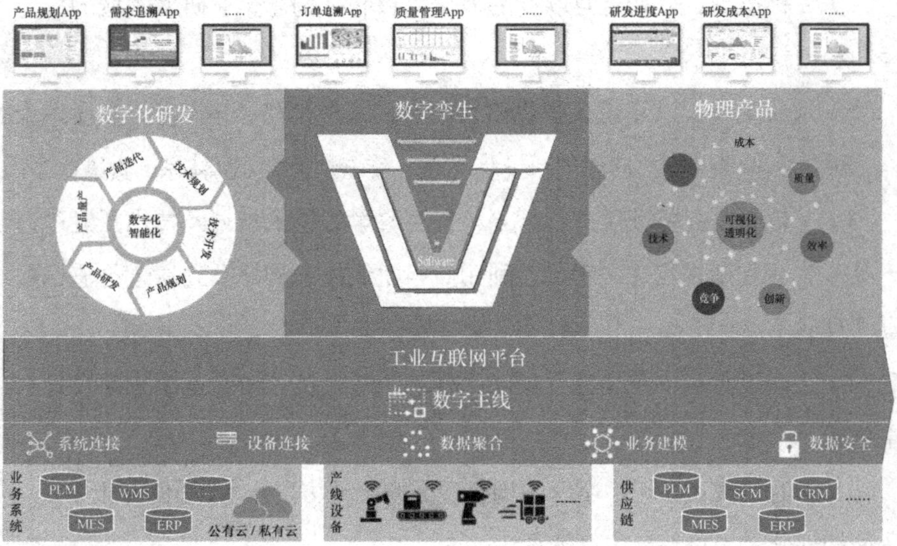

图 5-3　数字化研发体系技术框架

5.5　数字化研发应用场景及案例分析

5.5.1　数据驱动的规划

技术规划与技术开发

在企业的研发体系里，我们通常会更多地关注产品开发过程，而忽略了技术的规划与开发过程。其实，在 IPD 的体系中，技术规划与开发过程也非常重要。产品的开发可以快速完成从需求到产品实现，帮助企业在近期获得市场份额和提升竞争力。而技术的规划与开发则是着眼于未来，帮助企业在前沿技术领域获得赢得未来的专利和成果。

技术规划和技术开发的核心是两大流程：技术规划流程（Technology Planning Process）和技术开发流程（Technology Development Process），框架如图 5-4 所示。

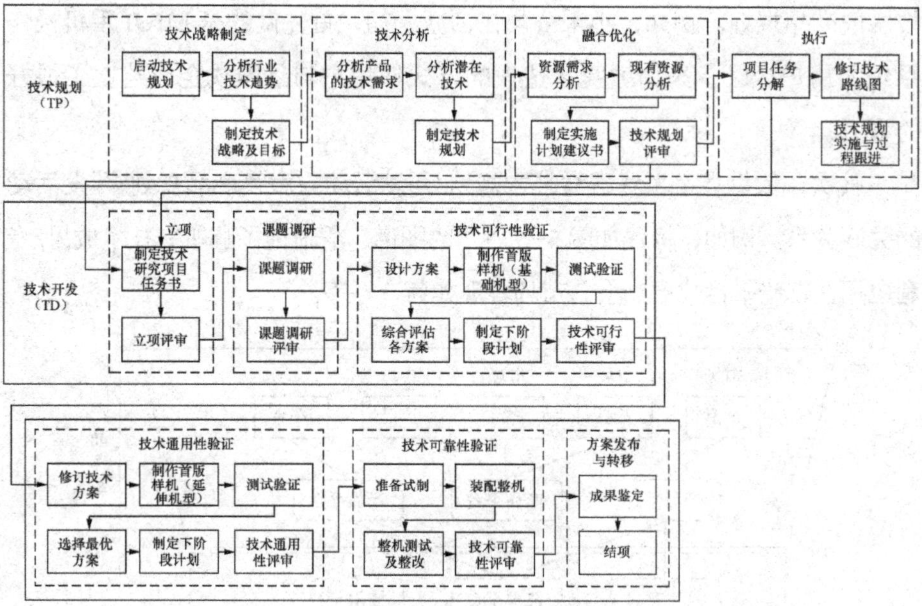

图 5-4　技术规划与技术开发流程框架

在传统方式下，企业技术规划流程的技术路线图形成大多依靠人对行业技术趋势的判断，依靠逆向工程获得对竞品的理解与分析，依靠第三方咨询公司给出市场趋势的分析和建议。同时，技术路线图与后续的产品规划、产品型谱的关系、用户的反馈、投诉与建议等都离散在各个系统，甚至绝大多数还是纸质的。

在新的数字化开发体系下，首先，技术规划和技术开发过程要全部数字化。

（1）搭建自己的竞品分析系统，将竞品数据统筹管理。例如，我国某大型汽车主机厂就采用 PLM 系统定制化搭建了一套竞品分析系统，基于逆向工程的对标和物料都可以很好地进行管理。

（2）购买或通过大数据技术获得市场趋势数据，这样既高效又摆脱了人的局限性。

（3）构建用户社区或社群，在第一时间获取用户的反馈，用于未来的技术或产品规划。例如，小米公司在创立之初，首先做的是 MIUI 手机操作系统的用户社区，采用敏捷化迭代的方式使用户与品牌或企业建立了很好的联系。

其次，依靠数字主线建立技术规划/开发活动与后续产品规划/开发活动的关联关系。例如，构建如图 5-5 所示的图谱，清晰地了解所有技术成果/专利应用在哪些平台或产品上，市场表现如何，等等。

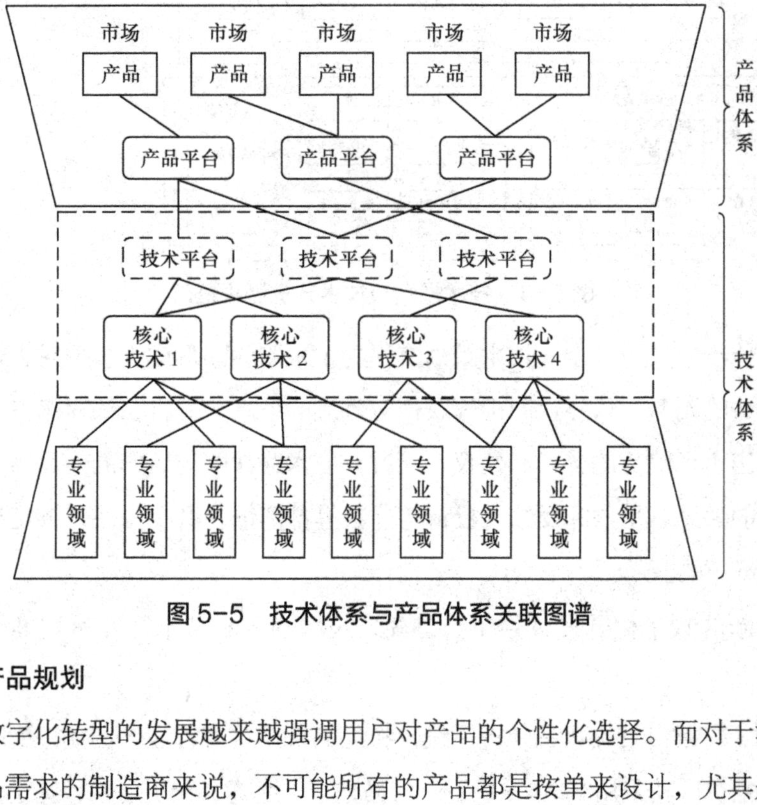

图 5-5　技术体系与产品体系关联图谱

产品规划

数字化转型的发展越来越强调用户对产品的个性化选择。而对于满足用户产品需求的制造商来说，不可能所有的产品都是按单来设计，尤其是个人消费类产品，如手机、计算机、穿戴式设备等。产品开发之前的产品规划过程就是解决这个问题，企业在这个阶段会将市场细分，进行投资组合分析，同时规划产品平台，用尽可能少的平台满足尽可能多的市场个性化需求。它们之间的关系如图 5-6 所示。

图 5-6　产品规划和产品开发之间的关系

然而，传统的产品规划过程经常面临以下问题。

（1）经常由于公司使命、愿景、目标不明确，没有形成较清晰的产品战略和细分市场产品线业务计划。

（2）市场分析与产品规划顺序颠倒，产品系列主要在对市场或竞争对手的被动响应和试错中形成。

（3）没有足够的组织资源支撑，缺乏跨部门团队和信息（如技术路线图、用户社区反馈等）支撑。

（4）只有零散的方法和工具，没有系统规划流程，导致只有结果性计划，而没有规划过程。

在数字化研发体系中，我们建议要有机地将企业战略与平台体系、技术体系构成关联，而这些业务领域的互联互通需要通过数字主线的技术来实现。例如，我们可以基于工业互联网平台开发一个 App，将产品的型谱完整地展示出来，产品系列的型号、配置、平衡计分卡、风险、成本一目了然地呈现在眼前。同时，通过数字主线技术可以将相关的问题、风险、任务、交付、日历等都推送在同一个 App 中，还可以直接就某个系列或型号进行沟通和在线交流。

产品规划和产品平台的有效实施可以大大加速产品的创新及上市周期，而且通过不同的配置来满足不同用户的个性化需求，扩大市场份额。大众汽车通过合理的产品规划和平台的持续应用，每年节省研发和技术投入成本约 300 万美元。其中最著名的是 MQB 和 MLB 平台，MQB 平台产生了奥迪 A1、A3 等车型，MLB 平台则产生了奥迪 A4、A5、A6、A7、A8 以及保时捷 Macan 等车型。由此可见，企业平台化提供的模块化大大节省了成本，平台提供的选项和配置大大提升了用户个性化需求满足度。而且，产品规划的平台化系列产品覆盖了小型车、A 级轿车、B 级轿车等各细分市场，有效增加了市场份额。

5.5.2 需求定义及分解

相关统计表明，42% ～ 64% 的产品缺陷源自需求定义不清及需求变更等。超过 20% 的产品开发成本是由因需求定义不准确而造成的返工产生的。产品发布后的修补需求引起问题花费的成本最高可以达到开发成本的 200 倍。以汽车行业为例，今天的整车技术规范涵盖产品性能、功能安全、用户体验、政府法规、制造要求等，所以需求工程将成为一家整车厂的核心竞争力。

现在的制造企业大多数还在采用 Word、Excel、PDF 管理需求，无法将需求准确地传递到设计。例如，需求中定义的某个零件的加工尺寸公差要求只能以纸质图纸的形式传递。如果需求变更，就会引起后端不断返工，导致上市延迟。

为了应对上述挑战，企业可以选择相应的需求管理平台管理产品开发全过程的需求，包括功能、性能、接口和与安全性有关的需求，建立需求之间的层次关系，同时建立需求结构与功能结构、逻辑结构、产品工程结构、仿真结构、制造结构及服务信息结构直接的关联关系（见图 5-7），从而实现更加精细的管理粒度与更强的需求追踪能力，促进用户需求的快速响应、贯彻和落实。

这类系统需要能够灵活地编辑与管理需求，支持需求的版本管理、基线管理，支持多种途径的需求导入及导出，支持丰富的包括文字、图片、OLE 以及标准的 ReqIF 等格式；能够对导入需求进行灵活的配置与映射管理，对前后导入的需求进行差异对比，支持与其他需求管理工具的集成以便于上下游协同。

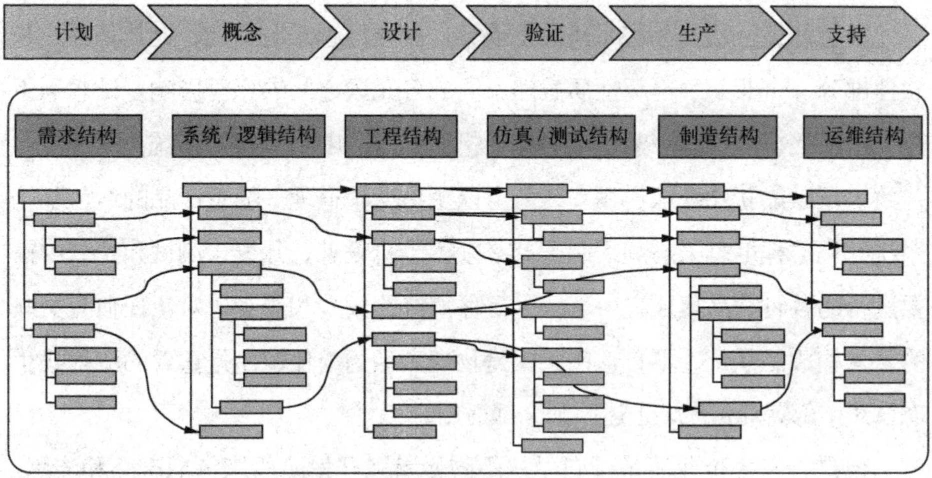

图 5-7　需求与下游结构的追溯关系

但是，这些结构往往都在不同的系统中以不同的形式进行管理。例如，产品工程结构（EBOM）大多在 PLM 系统以 BOM 结构树 +3D 的形式进行管理。如果要形成图 5-7 的追溯，不可能通过系统之间的两两集成来完成。这时，工业互联网平台就可以发挥价值了。我们可以利用工业互联网平台开发一个关系追溯 App，左边一个结构，右边一个结构，只需要选择两个系统中的对象便可以建立它们之间的追溯关系。而且，我们可以看到原系统中的数据描述，如 3D、状态、版本、供应商等信息。完成这样的追溯连接后，便从平台层完成了对象之间的互联互通，从而构成了以需求为源头的数字主线。工业互联网平台会根据需要通过数字主线的服务化方式将信息推送给需要的角色与用户。

这样的 App 可以大大提高需求的追溯能力，节省因为需求变更而引起的返工响应时间，提高质量，降低成本。我国某汽车主机厂已经利用数字主线技术构建了需求结构与 BOM 结构甚至后端 OTA 在线软件刷写之间的追溯关系，确保每辆车上刷写的软件代码都可以被追溯和查询，从而大大增强了自身通过智能互联产品的软件迭代来满足用户需求的能力。

5.5.3 基于 MBSE 的设计

随着智能互联产品和系统的发展，产品变得越来越复杂，尤其是系统和软件部分。企业必须理解性质截然不同的各元素之间的相互影响。试想一下今天组成飞机、汽车、家用电器和手机的机械、电子和软件系统，制造商如何致力于以最新功能取悦用户，就可以明白这个道理。随着产品的组件和子系统的集成程度越来越高，制造商必须善于将设计、开发、测试和生产中需要进行的各种活动集成在一起，以确保最终的成功和盈利。对于任何有关联的元素构成的系统，不管这些元素是物理产品的组件，还是重要的流程或生态系统中部署的资产，上述原则全都适用。

但是，许多企业还是倾向于从不同元素和开发阶段来考虑产品和流程。以汽车行业为例，如果仔细研究当今业界领先的 OEM 厂商和供应商的开发活动，我们可以发现汽车产品开发是一项既复杂又繁重的工作。典型的汽车产品生命周期中需要用到许多学科知识并结合大量专业技能，这里面必然涉及多学科、多领域、多任务的集成开发。目前，汽车产品系统工程使用的结构由两大部分组成：需求与部件。我们通常将需求和物理部件作为理解产品、连接用户需求和开发流程结果的主框架。这种方式在需求与部件之间缺乏通用的框架，使产品的开发人员无法对需求进行有效理解，进而影响生产出满足需求的部件。具体而言，在产品的开发过程中，对开发“什么”以及“如何”实现开发目标没有明确的定义，也就无法清晰有效地对信息进行传递。

系统工程就是为了实现这个目标，实现多学科、多领域、多任务的集成开发，解决急剧增加的产品复杂性所导致的成本增长、利润降低的问题。

系统工程

按照国际系统工程协会（INCOSE）的定义，系统工程（System Engineering，SE）是实现成功的复杂产品或系统的一种跨专业的方法和手段。其聚焦在产品开发早期阶段定义用户需求、功能和系统验证，并完整地考虑性能、成本、计划、测试、制造、培训与支持、运营等全过程业务及技术需求，提供相应的解决方法。

然而在制造企业，如果我们想在整个产品生命周期内制定一个系统工程方法，就必须解决以下问题：

（1）创建一个系统工程环境；

（2）通过数字孪生，结合 SysML 的架构模型、MBD 的 3D 模型及运营数据，将企业产品全生命周期数据联系起来；

（3）可以在产品开发的早期，将产品作为一个整体系统来对各方面进行预测试和预验证。

基于模型的系统工程

基于模型的系统工程（Model Based System Engineering，MBSE）是系统工程的一套实现体系和手段，将系统从以文档为核心的工程化实践模式，转变为对结构、行为、物理和仿真等技术设计过程进行模型化表达、一体化集成和支持全生命周期各个阶段的逐步演变，并支持前期市场调查、设计校验和系统验证。通过需求模型、功能模型、逻辑模型以及物理结构模型构成完整的产品全生命周期数字孪生，而物理产品则是在物理空间存在的产品实体。

其中，需求模型提供的是我们需要开发产品的背景原因，负责采集用户需求和企业目标；功能模型帮助工程师理解开发的是什么，提供的则是关于我们采用解决方案要实现的目标视图，让开发人员了解最终产品如何工作来实现这些目标；逻辑模型可定义如何完成目标和我们实现这些功能的方式，负责采集各种有潜力的问题解决方法并进行研究和比较；物理结构模型代表的是将进行制造或销售以及提供给最终用户的虚拟产品。

参照国际系统工程协会的解释与定义，MBSE 的实现包含图 5-8 所示的四要素，分别是建模语言（SysML）、建模工具（上述四种模型建立的工具）、建模流程和架构框架。利用 MBSE 将模型作为全生命周期数据及信息的载体，从需求出发，支撑系统设计、模拟、生产制造与验证以及服务。可视化的系统模型改进了整个分散的开发团队及供应商团队中的沟通与协作，让整个研发过程数字化及系统化。

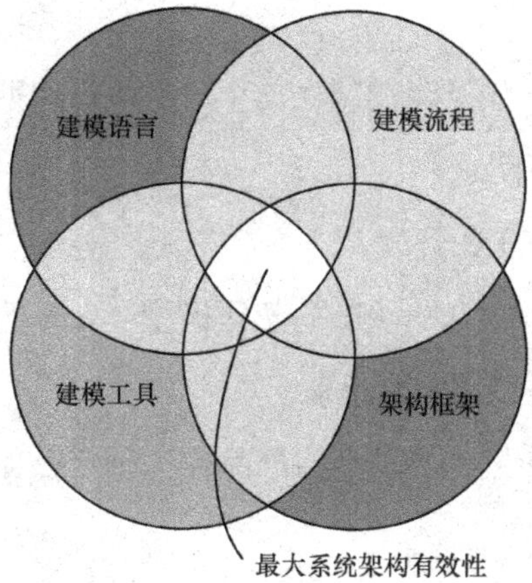

图 5-8　MBSE 实现四要素

结合系统建模、模型验证、模型仿真以及企业最佳业务实践，统筹管理产品研发中机械、电子、电气、软件等跨学科的协同，优化研发流程，通过多科学的设计及仿真方法完成复杂产品系统及子系统开发，从而将传统的以文档为主的产品研发协同模式转变成以模型为主的跨学科、跨专业的智能互联产品研发协同模式，如图 5-9 所示。

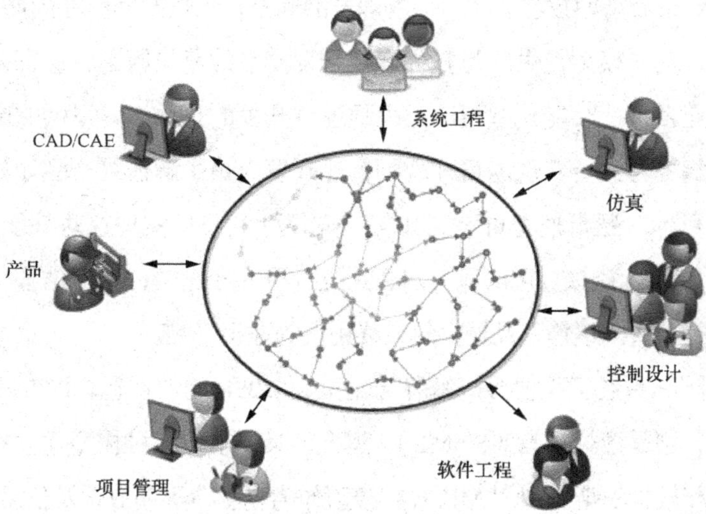

图 5-9　基于模型的智能互联产品研发协同

企业通过 MBSE 的落地可以构建以下核心研发能力。

（1）基于 MBSE 的需求工程（前文已描述）。

（2）基于模型的系统设计能力。

① 建设基于国际标准的 SysML 语言进行系统建模设计和管理的能力，支持多专业与多地域的系统设计协同模式，支持软件 UML 及多种语言的建模，并支持系统设计与软件架构设计的协同，以支撑软件密集型产品的研发。

② 建设基于 OMG 组织标准的模型重用规范进行系统模型的重用能力，并通过便捷的 drag-drop 的方式进行重用和发布；基于 Web 的架构能够方便地进行多用户并行协作，同时可对已重用的模型进行统计。

③ 建设基于 MBSE 的产品平台规划与配置能力，基于系统模型进行产品的变形设计，可对系统平台的通用模块和可变模块进行设置，定义参数并设置逻辑规则，同时能够基于变量自动生成模型；实现基于平台产品数据的可视化工程选配，从而实现端到端的产品平台规划与配置能力。

（3）系统设计/仿真一体化能力。

① 建立系统级仿真能力，能够基于系统模型进行多维度、可视化的仿真，并可将仿真结果在系统相应仿真对象模块中进行存储；支持与第三方仿真工具的集成，从而在设计制造开始之前能够对系统进行快速验证，规避风险并节省研发成本。

② 建立测试验证管理能力，对系统的测试相关信息进行统一管理，使测试相关信息及状态能够与需求准确衔接，实现对需求的精准闭环验证；可以对测试用例、结果等信息进行集合管理，并建立系统需求与测试用例的关联，进行基于需求的闭环验证，同时对测试的结果进行统计和分析。

案例

e.Go 是位于德国亚琛的电动汽车制造商，成立于 2014 年，是一家具有创新性的公司。他们使用 MBSE 解决方案构建了完整的端到端的产品研发协同，包括流程与计划管控、需求工程；使用 SysML 语言构建了完整车辆和环境的架构模型（见图 5-10）、系统级模型设计与验证、详细系统设计、软件工程等场景，有效地解决了跨专业、跨学科协同的难题和系统工程思想的落地执行；同时还通过更早的系统级别仿真减少了物理样机的建设，并节省了时间和成本，减少了返工。[①]

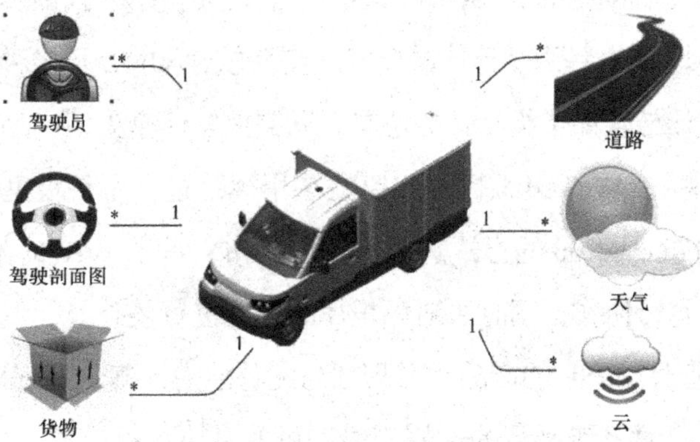

图 5-10　e.Go 系统架构设计

5.5.4　数据驱动的部件研发协同

创成式设计

创成式设计是一种利用 AI 和高性能计算技术在设计约束和目标确定的情况下同时生成及测试多个设计选项的设计方法，也是一种从一系列系统设计要求中自主生成最佳设计的方法。通过创成式设计，工程师可以交互式地指定其设计的功能要求和目标，包括首选材料和制造工艺，创成引擎将自动生成可立即制造的设计。其背后是 CAD 融合了人工智能和云计算所提供的强大的高性能计算技术，从而可以提供备选方案供作为设计的草案和最终解决方案。这意味着设计工程师可以超越个人经验和体验的极限，一方面是产品更具有创新性、灵活性和适应性；另一方面可以结合 3D 打印大大提高可制造性，降低材料成本并缩短上市周期。

（1）创成式设计与传统拓扑优化的区别与联系。

“拓扑优化”和“创成式设计”已经成为制造业和工程界的流行语，但市场中存在一种常见的误解，即两者是同一种技术。由于这些术语经常互换使用，可能会造成混淆和模棱两可的情况。

① 资料来源：PTC 官网。

拓扑优化是建立创成式设计的基础技术，这种技术已经存在了几十年。它基于诸如约束和负载之类的功能目标，融合到单一解决方案上。基于这些相同的原则，创成式设计考虑了许多可能的解决方案，以根据设计要求（包括功能和非工程要求）获得最佳解决方案。

创成式设计利用拓扑优化来探索解决方案的所有可能的排列，不断迭代并从过程中学习。这是下一代 CAD 设计的一种方式，它正在改变工程师对设计的思考方式。

（2）AI 如何影响创成式设计。

AI 是利用技术和数学来创建感知、学习和行动的系统，以增强或取代人类能力。人工智能的概念化对于理解创成式产品设计至关重要。创成式设计的整体影响是通过以下方式增强设计专业知识和能力。

① 同时优化多个目标的设计，为设计人员提供多种新颖的设计选择，使企业能够大幅缩短工程周期。

② 创建对人类不直观或通常需要深入的专业知识进行优化的约束驱动设计（基本上使经验不足的设计师能够创建与更有经验的专家不相上下的设计结果），有效应对新老工程师技能集差距的问题。

③ AI 技术为企业提供了大量突破性的应用场景。在产品研发阶段，AI 技术赋能工程团队。通过创成式设计与实时仿真技术，CAD 软件可以在设计早期为工程师提供更有价值的反馈；结合新的材料、制造手段等选项，计算机可以同时针对多个目标，自动迭代出更多的关键零部件设计方案，为工程师提供多种设计选择；借助实时方式仿真技术，任何设计需求的调整或设计的变更，工程师都可以快速分析并得到最优的设计结果。

④ 创成式设计、拓扑优化与增材制造技术结合，可以帮助工程师创建经过优化的复杂几何形状，突破目前设计创新的限制以及加工手段的约束。

（3）创成式设计如何推动工业企业数字化转型。

通过创成式设计，制造商可以主动解决技能差距以提高员工生产力。入门级机械工程师可以通过创成式设计创建零件，而不需要高级工程师多年来在该领域积累的广泛的制造工艺知识。

创成式设计还可以使工程师探索传统和先进的制造技术，以获得差异化的产品，不仅为生产力带来价值，还能获得竞争优势。更重要的是，它改善了供应链流程：想象一下，以前的工艺需要考虑 25 个方面的问题，现在只需要考虑一个方面的问题，这是怎样的改变？通过创成式设计，工程师可以利用先进的制造技术，并有机会应用增材制造（3D 打印）技术。

案例

北极星公司于 1954 年在美国明尼苏达州成立，是雪地摩托车的创始者，经过将近 70 年的发展，现在专注于设计制造和推广创新高质量、高性能运动车辆。北极星公司的研发人员使用了由 PTC 提供的领先的 AI 驱动的创成式设计解决方案。其关键零部件的设计首先确认约束与设计需求，以及零部件的空间区域，并结合同一 CAD 平台的实时分析、运动仿真等功能，最终得到三种针对不同加工方式的最优设计方案，分别针对增材制造、铸造、机加工（见图 5-11）。[①]

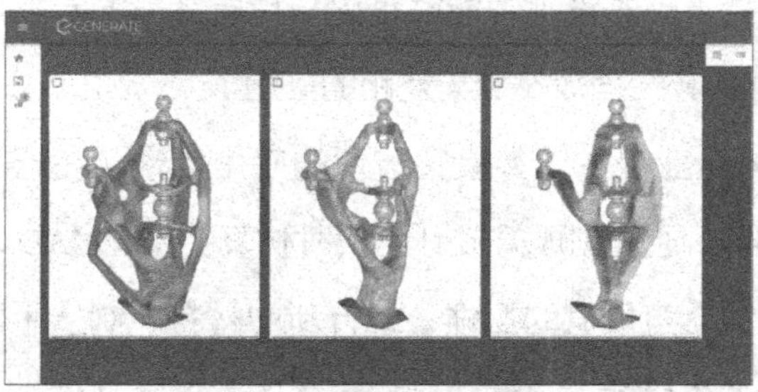

图 5-11　北极星关键零部件创成式设计

AR 设计评审

设计评审是贯穿整个产品开发过程的最重要且最频繁的活动。传统的做法是我们需要借助 PLM 系统及第三方工具来组织数据，同时通过线下会议来进行。我们又担心在与不同的团队（如客户、销售、供应商等）分享最新设计数据或创意时的 IP 保护问题，因此不得不通过很多流程来控制。

① 参考 PTC 官网文章《Polaris CAD Demos》。

全新的基于 AR 的数字化设计评审将彻底消除这些顾虑，设计工程师不需要访问庞大复杂的 PLM 系统，只需要一个简单的 App 就可以在移动端轻松与异地、不同部门的研发人员一起评审设计结果。而且，通过 AR 方式，3D 模型及相关设计信息可以跃然在物理空间中，我们可以更好地理解及体验产品设计，同时理解未来变更所带来的影响。在此过程中，所有评审人员可以查看 3D 产品并与其互动，甚至查看此开发阶段的需求、测试等相关信息，以便更好地做出决策。

当然，利用 AR 评审也可以在产品开发前期节省大量油泥模型或物理样机的建造成本与时间。例如，在汽车的造型设计阶段，工程师会根据总布置图进行创意设计、评审方案选择和油泥模型制作。而油泥模型大多数是缩小比例的，未来借助 AR 评审就可以 1:1 进行模型评审，无须制作油泥模型，并且综合考虑美学、工艺、结构等因素，快速做出决策。

同时，AR 设计评审也是帮助工程师沟通的一个平台。在这个平台上，分布于世界各地的同事就可以看到其他人的设计参数或功能在 1:1 放大的产品上的体现，并且能够“面对面”地讨论项目，从而提高工作效率。

案例

北极星公司在设计雪地摩托车时也是用 AR 设计评审，他们会结合物理空间的特点来评审自己的产品。AR 设计评审可以快速地向设计团队提供反馈，并且提前进行制造准备，确保他们按时完成工作。[①]

增材制造

增材制造（Additive Manufacturing，AM）是采用材料逐渐累加的方法制造实体零件的技术。相对于传统的材料去除、切削加工技术，AM 是一种“自下而上”的制造方法。近 20 年来，AM 技术取得了快速的发展，快速原型制造（Rapid Prototyping）、三维打印（3D Printing）、实体自由制造（Solid Free-

① Smart, Connected Product Design Helps Bosch Rexroth Optimize Hydraulic Devices.

form Fabrication）之类各异的叫法分别从不同侧面表达了这种技术的特点。

在把设计文件发送到 3D 打印机之前，其实需要对 CAD 模型进行很多工作，一般包含模型准备、晶格创建、仿真优化及最终的打印文件准备和测试阶段。经过几十年的发展，目前金属打印、塑料打印、陶瓷玻璃打印的技术已经成熟。尤其是金属打印将对未来的产品研发过程产生深远影响，它可以大大增强制造企业满足用户个性化需求的能力；对于高复杂度产品，无需模具就可以成行，也不需要机械加工，直接从设计文件打印出任何形状的物体。这样既节省了大量工序步骤、协同步骤所带来的时间与成本，也减少了废料和浪费，符合我们提倡的绿色、可持续发展。

举例

宝马已大规模将 3D 打印技术纳入其汽车概念，并宣布投资 1000 万欧元在德国建立一个新的 3D 打印实验室。现代汽车集团旗下的现代摩比斯（Hyundai Mobis）开设了 3D 打印实验室——设计模型工作室（Design Model Workshop），具备 3D 打印定制汽车零部件的能力。除了汽车行业，还有医疗模型、牙齿模型、假体、运动装备、电气元件等都是未来增材制造的方向。

数据驱动的部件验证

在制造企业的产品研发阶段，产品 3D 建模和工程仿真通常发生在不同的环境、不同的团队。一般是设计工程师将设计结果提交给仿真团队，仿真团队根据自己的仿真任务安排进行仿真。在得到满意的结果之前，一般会经过创建模型、运行仿真、修改模型、再次运行仿真等一系列操作。如果可以在产品 3D 设计环境就进行仿真，让仿真与设计建模结合，设计工程师就可以运用前所未有的视角深入了解产品开发过程中做出的成千上万个设计决策。这不仅可以降低整体时间和成本，还能助力设计人员实现创新，因为他们可以立即知道自己的建模选择会带来何种结果。

当然，这里会有两个问题：第一，仿真分析需要非常专业的经验，有没有工具可以代替人的经验？第二，仿真软件会大量占用机器的性能，如何保障？

案例

PTC 公司著名的 3D 设计软件 Creo 与 ANSYS 合作，在 Creo 中嵌入了 ANSYS 仿真能力，设计工程师可以用它快速地获取仿真建议并迭代更新自己的设计结果。同时，该解决方案使用由本地并行 GPU 处理提供支持的革命性求解器技术，不占用 CPU。换句话说，系统利用显卡的处理能力来执行运算，因此计算机的运行速度不会受到影响。可以说，这是 3D 设计里程碑式的转变。

总部位于瑞士的全球领先的建筑机械设计制造商利勃海尔（Liebherr）就在其吊车产品线利用上述实时仿真模块，在建模环境下实时获取仿真洞察，同时快速知悉改变设计可以将产品引向更好的结果还是更坏的结果。

总结

AI 驱动的创成式设计根据深度学习算法自动生成满足多种加工方式的设计结果，这些设计结果通过实时仿真工具快速优化迭代。在此过程中，设计工程师通过 AR 评审的方式实现与供应商或者团队之间的设计交互，最终通过增材制造快速打印出结果。这些新技术的融入大大减少了由于设计工程师的技能差异带来的影响，缩短了产品研发周期，并节省了人员等多方面的成本。可以说，AI 驱动的创成式设计是未来数字化研发的主要方向。

5.5.5　数字孪生驱动的产品验证

如前文所述，数字孪生使制造企业将产品变成一个动态的平台，持续地感受用户需求，在合适的时间和场景采取合适的行动，为用户提供更好的产品和服务，推动企业核心流程及用户体验的颠覆性升级。它利用数字主线提供产品全生命周期数据，通过统一的开放的模型来持续双向互动，仿真优化出最好的结果。

产品数字孪生将包含产品的 3D 模型、功能模型、需求模型以及逻辑模型，还有物联网实时数据，它是物理世界产品在数字世界的动态复制品，它精确地记录了产品的各种物理参数，并以可视化的方式提供出来。所以，数字孪生可以通过一系列的验证手段来检验设计的精准程度，通过一系列可重复、可变参数、可加速的仿真实验来验证产品在不同环境下的性能和表现。这就是数字孪生驱动的产品验证，这些验证包括系统架构模型的验证、可靠性或其他特性的验证，以及多专业、多学科的仿真验证（强度、应力、疲劳、振动、模态、噪声、散热等）。

案例

水泵在工业中应用非常普遍，由于运行中水流条件的改变，压力突然变大，会导致水泵叶片、轴承等损坏，从而过早报废。为了应对这种挑战，ANSYS 公司和 PTC 公司合作建立了水泵的数字孪生。当物理水泵模拟这个故障时，工业互联网平台会展示实时的传感器报警。同时，这些数据被实时传递到 ANSYS 中进行流体仿真，通过仿真来预测故障和诊断，从而迭代改进设计。[①]

5.5.6 制造与服务

传统的新产品开发均采用串行的开发流程，即市场/销售部门收到用户的需求后立项进行开发设计，继而制造并推向市场，出现问题由售后服务部门进行处理。在这种模式下，我们会发现新产品的推出速度经常不尽如人意，新产品迟迟不能上市，或者上市后也会出现很多问题。

因此，在新产品开发过程中引入并行工程的思想势在必行。DFX 就是并行工程思想的体现，其面向产品生命周期各环节的设计，要求在产品设计时不仅考虑产品的功能和性能，还要尽早考虑销售、制造、服务等方面的要素，从而有效缩短研制周期，提升产品质量。

根据企业战略和核心研发目标的要求，DFX 可具体为面向制造的设计（Design for Manufacturing，DFM）、面向质量的设计（Design for Quality，DFQ）、面向成本的设计（Design for Cost，DFC）及面向服务的设计（Design

① 参考 ANSYS 官网文章《为泵创建数字孪生体》。

for Service，DFS）等。

通过建设基于模块化的智能产品 DFX 管理平台，可以实现以下业务目标。

（1）深化并行工程思想，实现总体优化。也就是研发全过程将设计和后续关键业务环节紧密联系、总体优化，实现设计和关键环节的最优。

（2）产品设计紧密结合产品制造、产品质量、成本的需要，具有良好的可制造性、质量、经济性。

面向制造的设计

DFM 是指产品设计需要满足产品制造的要求，具有良好的可制造性，使产品以最低的成本、最短的时间、最高的质量制造出来。根据产品制造工艺的不同，面向制造的设计可以分为面向装配的设计、面向注塑加工的设计、面向冲压的设计和面向压铸的设计等。

DFM 是并行工程的核心技术，因为设计与制造是产品生命周期中最重要的两个环节，并行工程在开始设计时就要考虑产品的可制造性和可装配性等因素。所以，DFM 又是并行工程中最重要的支持工具，它的关键是设计信息的工艺性分析、制造合理性评价和改进设计的建议。

众所周知，设计阶段决定了一个产品 80% 的制造成本，而且大约 1/3 的人力在从事与产品装配有关的活动，装配工作量占整个制造工作量的 20% ～ 70%。据不完全统计，产品装配所需工时占产品生产研制总工时的 30% ～ 50%，超过 40% 的生产费用用于产品装配。装配的工作效率和质量对产品制造周期和最终质量都有极大的影响。同样，许多质量特性也是在设计时就固定下来，因此在设计过程中考虑制造因素是很重要的，而且这些都应该让设计人员知道。所以，为了实施 DFM，必须将 DFM 贯穿于整个产品开发过程中，在设计阶段就考虑成本和工艺复杂性；如果是软件，就要考虑软件架构、开发的复杂性等。

全三维模型的发展将设计和制造连接起来，通过三维来装配指导成了工艺设计的重要组成部分。在没有物理样机的条件下，需要在数字环境中模拟产品的可装配性、可拆卸性等，同时对装配路径、装配精度、装配性能进行规划、仿真和优化，以减少未来实际装配过程中的试装次数。但是，由于智能互联产品的发展，产生了很多智能部件，给未来的装配、软件刷写等带来了更大的挑战。

案例

通过建立装配数字孪生模型，引入了装配现场实测数据，包括装配工装数据，可基于实测模型实时高保真地模拟装配现场及装配过程，并根据实际执行情况、装配效果和检验结果实时准确地给出装配建议和优化的装配方法，为实现复杂产品科学装配和装配质量预测提供了有效途径。数字孪生驱动的智能装配技术将实现产品现场装配过程的虚拟信息世界和实际物理世界之间的交互与共融，构建复杂产品装配过程的信息物理融合系统；同时还可以基于机器学习（装配精度历史数据），从设计端就开始模拟分析装配精度的提高方法和策略。

面向服务的设计

如前文所述，智能互联产品时代制造企业非常重视的环节之一就是售后服务。产品的售后服务其实主要是指产品维修，而产品维修主要涉及的是产品拆卸、重装、软件升级、备件更换等工作。所以，产品故障确定的容易程度、产品的可靠性、产品的可拆卸性和可重装性、产品软件可升级性是产品维修主要考虑的因素。考虑到零部件的可靠性，一方面要尽量使容易发生故障的零部件处于容易拆卸和重装的状态；另一方面要尽可能使容易发生故障的零部件处于容易拆卸的位置，从而有利于减少维修时间和成本，同时要保证智能产品的互联性、软件可远程更新等。改进产品可维修性的主要原则有提高产品可靠性、模块化设计、拆卸零件时尽可能不要移动其他零件、尽可能减少使用的维修工具种类、采用标准件、尽可能使用远程服务来解决软件更新等。

案例

世界领先的医疗设备厂商 Elekta 在设计核磁共振设备时，为了保证未来产品可以远程升级，定义了产品的网络接口、传输信道等，从而使设备可以实现远程连接与监控、远程停机、远程升级软件版本并远程重启设备。这种面向服务过程和维修过程的设计考虑大大节省了实际维修过程中的派单，超过 30% 的设备问题都可以远程得到解决，用户的满意度显著提高。同时，研发团队还给设备的关键核心部件和关键耗材开发了预警算法，既可以实时监控提醒，也可以通过算法预测未来 7 天的故障概率和耗材大概还能维持多久。

5.5.7　端到端质量

企业数字化转型的方向之一就是用户个性化定制，质量管理自然成为数字化转型的重要组成部分。与传统的质量管理相比，质量管理数字化的必要性和紧迫性尤为明显。如果要改善用户体验，提升业务运营效率和降低因质量带来的风险，就必须提升端到端质量的管理能力。大多数制造企业的质量管理部门都定义了质量管理体系，然后通过后续的质量检查手段来保证质量的达成。其实质量应该是渗透到每一位企业员工灵魂里面的东西，它不是检查出来的，而是设计出来的。

质量管理不是仅仅信息化而已。如果质量管理系统不能与质量携手合作，不能理解质量是驱动端到端质量活动的执行来完成，那么信息化就只是一个检验结果记录的系统。

随着智能互联产品的发展，用户的投诉抱怨等信息也是质量数据的组成部分。根据这些投诉抱怨采取相应的纠正预防措施，改进下一代产品设计，也是必要的。

虽然不合格品检验、纠正预防措施、供应商质量管理仍然是质量管理人员的核心工作技能，但是人工智能、工业互联网平台、云计算等技术的发展可以将制造企业和供应商关联得更加紧密。利用这些新技术更快地洞察质量管理将是未来对企业质量管理的新要求。

综上所述，依据质量体系的规范，在后续的研发活动、制造活动甚至服务活动中确实保证质量活动的执行，这就是数字主线在端到端质量上的价值。数字主线可以让端到端质量实现线上化、数字化，同时引入全员参与，并且将全系统互联互通在一起来支撑这个过程。数字主线可以将戴维・嘉文（David Garvin）提出的与产品质量相关的性能、特性、可靠性、符合性、耐久性、可服务性、审美、感知 8 个维度连在一起，打破组织壁垒和系统孤岛，使用统一的数据驱动质量风险与决策。

案例

Airbus 就基于工业互联网平台构建了一条质量信息端到端的数字主线。这条数字主线将用户的投诉、抱怨和反馈、产品规划阶段定义的目标、系统需求以及产品开发阶段的 DFMEA、设计关键控制特征、设计验证计划、生产开发阶段的 PFMEA、控制计划完全串联起来。这样一来，质量相关的活动都不用到底层各个业务系统中去寻找信息和完成操作，直接在数字主线上基于端到端质量的 App 即可完成所有质量活动。

5.5.8 产品实时运营

Street Scooter 直接贴合了其客户——德国邮政有关互联服务的需求。关于互联性，他们用了一种全新的方法来帮助企业拥有在整个服务生命周期中车辆管理的途径。为了实现这样的目标，他们通过工业互联网平台尽可能多地采集数据来改进产品研发，如 SOC、续航范围以及一切能够实时收集的信息。

基于工业互联网平台，他们可以用敏捷的方式开发众多的产品运营 App，如车辆监控、运行数据分析、报告、车队管理，甚至驾驶习惯数据（如急踩油门、急踩刹车）分析等。这些数据又可以回到研发环境里成为下一次产品敏捷迭代的输入。例如，根据用户每天早上 8:00 开车的习惯，下个版本可以有一个在冬夏季自动提前 10 分钟打开空调的功能询问用户是否使用。

5.5.9 研发驾驶舱

如前文所述，制造企业的产品研发流程非常复杂，涉及多部门、多专业、多区域、多供应商之间的协同。除了协同效率，从研发运营管控的角度如何将底层分散在各个系统中的信息利用数字主线和数字孪生技术推送到研发运营的管理者面前，帮助他们了解现在实施的项目进展信息、变更信息、成本信息、采购信息、合规信息及重大待决策事项等就显得非常重要了。

在传统方式下，企业一般采用项目管理部门通过 Excel 报表或其他项目管理系统来进行信息汇总，这样的方式很难覆盖端到端全生命周期的相关信息。同时，数据信息也有一定的滞后性。利用数字主线的端到端互联互通技术，就可以快速钻取底层业务系统中的相关数据。利用工业互联网平台前台可复用空间和服务，甚至数字孪生的 3D 展示能力，就可以非常方便地为企业领导层展示研发运营相关的绩效。

利用工业互联网平台生产研发运营管控驾驶舱的好处在于可以更加实时地展示风险、进度、问题，帮助研发管理人员看得清、看得准。同时，利用工业互联网平台上的相关技术构建基于数据的预测模型，可以帮助研发管理人员看得远，并辅助做出决策，及时改进。

案例

我国某著名的工程机械巨头就使用相关技术构建了自己的研发运营驾驶舱，可以通过开发的仪表盘快速在线展示研发体系考核指标，对整体研发体系效率、质量、成果等进行可视化管理；构建了全局级的产品全生命周期研发体系画像，逐级往下传递，以帮助管理人员快速决策。通过这样的 App，管理人员可以了解数字孪生推送的数字化样机试制进度等，甚至可以跨部门了解到新品销售额与研发配置选项之间的关联关系，进行实时研发分析，助力研发成为企业核心竞争力。

5.5.10　端到端追溯

产品研发是一个非常复杂的多学科、多部门协同的工作。围绕产品的全生命周期，我们可以构建产品的数字孪生，它是一个物理产品在虚拟世界的动态复制体。数字主线是贯穿于企业各个职能部门和产品生命周期的信息流，涵盖了产品构思、设计、供应链、制造、售后服务等各个环节，甚至包括外部的供应商、合作伙伴和用户产生的数据，使其能对产品运行提供全景的动态信息，赋能数字孪生的开发和更新。数字主线可端到端地在流程与系统间穿针引线，助力企业在其生态系统中构建一个互联的产品信息网络，打破企业内部藩篱，加强与外部供应商的协作，整合产品全生命周期的数据资源，为数字孪生的应用创造条件。

数字主线可以拥抱上下游连接的价值，可以让所有对象和数据在全局模式下以业务为导向进行追溯，创建了一个有活力且自由流动的信息流。

研发数据是产品信息的唯一真实来源，就如同一条河的源头。数字主线如同一条河流，构建了跨产品全生命周期的数据流，使在正确的时间、正确的地点交付正确的信息成为可能。在以产品为核心的全价值链企业运营中，数据追溯无疑是最重要的用例与场景。

通过数字主线及数字映射，企业可以更加动态、及时地了解和管理产品全生命周期中的变更状态及其影响。研发人员也可以了解和管理需求状态及其对下游的影响，同时还可以了解相关供应商研发或制造的进度、质量等。如此，相关人员可以实时洞察产品研制进度和生产运营状态，确保研发团队以及采购、供应商、制造、销售、市场等各个团队了解最新的产品数据并及时做出决策。

实现全面连通之后，我们就具备了所有信息流的上下游追溯能力。无论是前端的需求、物料发生变化，还是供应商进度发生变化，后端的工艺、质量、服务等都可以及时地响应并做出调整，因而大大降低了因为前端变化信息流通不及时导致的返工增加。

需求端到端追溯

如 5.5.2 节所描述，我们可以用全新的方式构建需求及下游各结构之间的关联关系，从而完整地建立基于数字主线的端到端需求追溯能力，这里不再赘述。

工程变更追溯

工程变更是指企业在产品从规划到退出市场并停止一切支持活动的全部过程中更改有关产品和技术文件活动的总称。工程变更流程涉及的部门涵盖了供应商、采购、研发、工艺、生产制造、质量控制乃至客户端，这是一个比较复杂的流程，其重要性不言而喻。无法管理设计变更将会失去对整个产品研发流程的管控，也对上下游部门或供应链带来巨大的损失。能否有效地实施变更，关系到企业能否快速响应市场需求，加快推出用户满意的产品，改进产品的薄弱环节，提高产品质量及企业在产品研发方面的实力，从而提升企业的核心竞争力。

引起工程变更的原因一般有用户需求的改变、功能规格或性能的提升、增加功能、供应商物料问题、提高产品可制造性及改善外观等。目前，制造企业工程变更主要存在以下问题。

（1）变更的发起与执行流程及数据跨了多个系统。例如，变更的发起在 PLM 系统，但是对应的工艺改进在工艺设计系统，来料检验在 ERP 系统，项目进度、成本的更新又在其他系统。

（2）变更流程难监控，很多时候难以进行变更问题的回溯、追踪和返回。例如，通知相关变更责任人，查看产品问题进展及问题来源，等等。

（3）变更数据难以共享和实时洞察。建立变更对象及新旧数据的关联机制并可以实时洞察，将大大减少变更错误。

产品数字主线使企业能够在激烈竞争的环境中更加从容地应对工程变更带来的成本、进度、质量的影响。企业制定工程变更计划及流程，当用户需求、相关法规的变化等因素引起工程变更时，在 PLM 系统中自动规划工程变更。已经建立的数字主线可以连接 ERP、MES 等系统提供的数据关联性来更加准确地评估变更的影响，以向管理人员及工程人员提供参考，制定合理的措施降低负面影响，控制变更成本。

案例

美国著名的雪地摩托车设计制造商北极星公司正在利用数字主线技术追溯变更流程。他们使用 PLM 的变更管理模块发起变更，利用数字主线提供的技术帮助清晰地了解产品变更流程、状态、周期、频率等。同时，他们还基于工业互联网平台开发了工程变更管理驾驶舱，帮助相关管理人员用更准确、统一的视角来查看和管理变更，如变更所属部门、变更原因、变更执行状态、变更执行所花费时间以及变更详细信息等。未来，企业甚至可以调用工业互联网平台的机器学习技术分析变更原因引起的相关因素，从而有效地从数据中获取调整建议。[①]

供应商数据追溯

随着全球化制造分工越来越精细化和专业化，大型制造企业正在从产品制造商转变为产品集成商和服务商，以提高交付能力，降低成本，并集中精力于产品和服务的创新。这就使企业在产品的研制过程中与供应商更加紧密地协作。制造商与供应商可以在产品全生命周期各阶段紧密合作，其协同方式如图 5-12 所示。

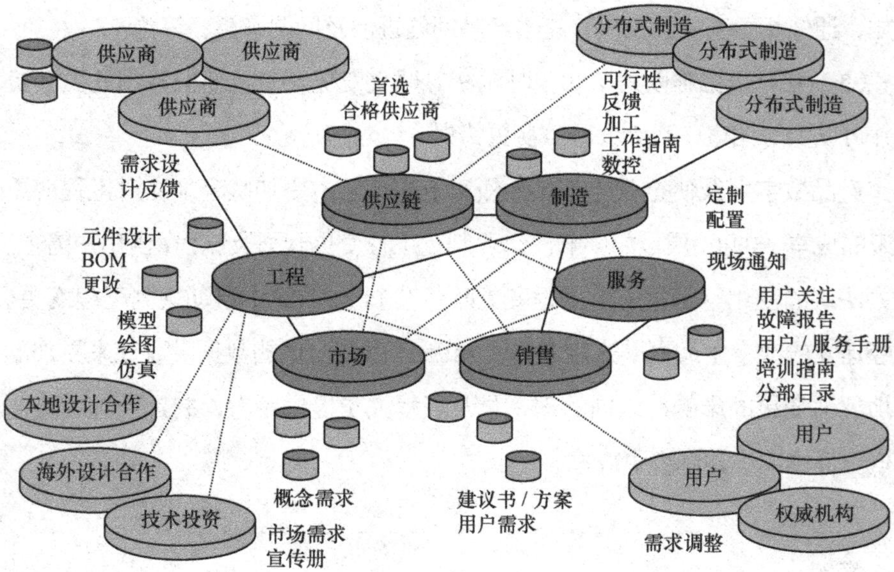

图 5-12　制造企业供应商协同体系

① 参考 PTC 官网文章《Polaris 借助数字化转型在竞争中脱颖而出》。

如图 5–12 所示的供应商协同体系由于物理位置、系统、网络等各种原因，无法准确地追溯到供应商的进度、质量等所有状态。而工业互联网平台可以将所有供应商组成一张协同网络，所有相关人员通过防火墙及公有云等技术在保障数据安全的情况下，可以运用平台的 App 对供应商的设计信息、制造信息、物料信息、相关的质量及进度等进行统一管控，有效提升供应商的统一可视化管控性。

按照协同所发生的业务流程及类别，供应商的数据追溯可以发生在以下场景。

（1）物料信息追溯

当发生质量问题时，可以追溯到物料的供应商，以及整个物料的合规信息、来料及入库检验信息等，有利于分清责任与索赔，及时改正错误。

（2）协同研发信息追溯

例如，供应商研发进度的实时预警，供应商研发变更评审，变更频次的数据分析、关联因子分析，供应商研发成本的数据分析，不同供应商的设计对比。

（3）协同制造信息追溯

当生产质量出现问题时，可以通过批号追溯到这个产品的具体生产时间、哪条产线、哪些员工，有利于改进工艺或进行处罚教育，提升供应商管理水平。当生产质量出现问题时，数据追溯有利于直接召回有问题的产品批次，而不需要召回所有产品。OEM 研发信息通过 AR 方式下发，供应商可以提前进行工艺及生产准备。类似的场景还包括供应商制造进度实时预警、供应商制造工艺质量的数据分析、供应商制造操作工艺手册推送及检查。

5.5.11　数据驱动的设计改进

智能互联产品及样机中布置的关键传感器可以收集实时的运行数据，不仅让产品研发团队真实地了解其用户是如何使用产品的，而且可以帮助研发团队进行更科学的仿真优化，改进下一代产品研发。

案例

惠而浦（Whirlpool）是一家总部位于美国密歇根州的电器制造商，在世界各地拥有共计65家生产基地、研发中心、设计中心，旗下拥有惠而浦、Maytag、KitchenAid、Indesit、Hotpoint、Brastemp等品牌。惠而浦的产品设计师在工作中非常期望能够了解用户如何使用他们所购买的产品，是否有足够好的使用体验，是否有抱怨甚至投诉。这些问题将驱动他们研发下一代更好的产品。物联网提供了技术手段，通过连接并得到对产品的数据，他们可以清晰地、数据化地得到实际反馈，如洗衣机的使用频率、使用时间、用户使用习惯、故障信息等，并通过数字孪生使用实际数据进行验证和分析。这样不仅避免了下一代产品出现同样的性能问题，改进产品设计，而且针对不同用户的需求使定制化产品战略得到实现。[①]

5.6 数字化研发转型落地建议

（1）战略先行

在智能互联产品时代，传统企业的产品研发管理需要适应和改变。新技术引入、平台与系统等IT手段支撑很重要，简洁、行之有效、以用户为中心、快速迭代、流程简化的产品开发方式很重要，研发工程师之间的充分沟通与学习也很重要。但是在此之前，最重要的是战略先行。

企业要以智能互联产品为核心，定义新时代的企业战略，不断提升自己的竞争优势，扩大竞争边界。而且，企业要更加重视智能部件部分，搭载更多核心功能，关注用户体验，更加开放，加大对数据的利用率和价值最大化，甚至基于此改变自己的商业模式或扩大业务范围。只有将这些战略细化、定义，企业才能清晰地知道自己的技术路线图和产品路线图，才能在产品研发领域以战略为先导，以流程为基础，以新技术、工具、系统、平台为支撑，凭借

① 参考PCT官网文章《Whirlpool公司通过数字化转型提升客户体验》。

核心技术、人才来获得新时代的更大机遇。

（2）流程支撑，研与发并重

未来的竞争是新技术的竞争，也是人才的竞争。企业在产品研发领域必须两条腿走路，做到技术研发与产品研发并重，才能获得长久的发展。我们要真正地从制造大国走向制造强国，制造企业就必须加大技术创新，加大基础学科的投入，加大科学家、数学家、物理学家等人才的投入，从而产生更多的专利和技术研究成果，有效提升技术成果的产业转化率。

同时，基于 5.5 节的介绍，企业要针对智能互联产品的发展，积极引入 IPD、MBSE 等研发流程，以流程为支撑有序展开企业的战略落地。

（3）组织及人才体系

智能互联产品是传统制造企业与软件开发能力结合的产物，这种结合要求企业在整条价值链上具备新的组织、新的技能、新的工作方式和文化。通用电气前任 CEO 伊梅尔特就曾断言，每一家工业公司必须成为软件公司。软件将成为工业生产中不可或缺的部分。此外，制造企业的发展已经向智能互联时代进发，如不断改进的智能产品设计、远程产品升级和产品即服务的商业模式。

随着智能互联产品的崛起，传统组织结构将被打破。从研发领域来说，数字化研发要求研发部门必须与 IT、制造、服务支持部门建立更加紧密的联系，部门之间的界限将变得模糊。例如，IT 不再是硬件和服务器、系统的支持或维护角色，需要与研发部门共同紧密合作，探讨未来智能互联产品传感器的选型、产品的连接方式、数据的传输方式、数据的存储是使用公有云还是私有云、如何应对安全问题，等等。服务与支持部门也需要与研发部门探讨如何开发更丰富的远程服务功能，如软件的远程升级和刷机等。甚至有些企业如福特汽车已经有了统一的数据管理组织，设置了 CDO 一职，不仅将数据管理上升到战略意义，而且让企业更好地应对数据容量、复杂性、安全性的变化，更好地收集、整合以及分析数据，从数据中获得最大价值[①]。

① 参考迈克尔·波特、詹姆斯·贺普曼的著作《物联网时代的企业竞争战略（下）》。

从人才的角度看，我们需要引入更多软件专业相关的人才、App 开发工程师、UI/UX 工程师、数据科学家等。企业人才技能需求从结构设计转向软件工程师是必然的方向。同时，各部门要以更开放的心态来协同。

（4）定制技术路径

从 5.5 节可以了解到在数字化研发体系构建过程中，制造商会引入不同的新技术，如工业互联网、创成式设计、3D 打印、AR、云计算及数据分析等。但是，由于每家企业的业务成熟度和技术成熟度都不同，所以每家企业应根据自己的情况定制自己的技术路线图，在合适的时间引入相应的技术，并评估好 ROI。

（5）形成知识工程体系，建研发数据湖

智能互联产品会在产品运行过程中不停地产生状态、使用情况相关的数据。同时，企业内部的研发、质量、项目等数据，加上外部系统如天气系统、供应商等数据，一起可以形成数据湖。围绕这些数据，企业可以快速获得洞察。

而在构建数字化研发体系的过程中，企业不仅要以响应的形式存储数据并形成数据湖，还要将研发方法与路线、需求与测试用例、问题与解决方案等梳理成知识工程体系，着力于梳理产品研发能力和研发品质的提升。知识工程一方面向下深挖研发过程中的知识，将所有研发领域的数字化信息进行分类、整理、建模；另一方面通过数字主线的形式，以各种体验方式推送到场景与角色中，将知识自动化融入研发。

5.7 总结

随着工业互联网、大数据、增材制造、增强现实等新兴技术不断地涌现，并逐步走向成熟应用，传统研发体系与流程就显得有些僵化和缺乏灵活性，无法对技术的更新换代和用户需求做出快速响应，而且很难适应企业未来智能制造体系建设与发展的需求。同时，产品复杂度的增加、市场需求变化的加快、开放的竞争带来产品同质化的提升也对产品研发提出了前所未有的挑战。企业寄希望于实现产品和服务的差异化来应对这些挑战，最大化企业利润，提高运营效率，领先于市场推出新产品获得更高溢价，实现产品或业务模式的创新。

所以，企业要想进行数字化转型，必须从产品创新根源上做起，将串行研发流程转变为根据用户需求持续改进的闭环数字化研发体系，真正实现以用户为中心的数字化研发模式，感知用户需求并灵活做出调整，同时融入相关的新兴使能技术，以解决离散的企业问题。

（1）以用户为中心，支持个性化定制。用户全程参与产品研制，实时洞悉研制进度。

（2）通过数字主线实现产品各阶段、各环节的融会贯通，快速实现跨阶段信息实时追溯和问题闭环。

（3）以数据为驱动，实现产品数据和业务数据的深度融合，构建端到端的数字孪生，驱动业务应用，实现业务模式的创新。

（4）提供创新的产品和服务，提升用户体验，实现商业模式的创新。

第6章

CHAPTER 6

数字化制造转型

6.1 制造业发展趋势

数字技术正在消除传统的行业边界，打破原有的业态平衡和竞争格局。传统的制造企业正在经受近 10 年来最严峻的挑战，包括新入局者、产品的持续创新以及市场和用户需求的快速变化等。很多企业已经意识到，利用诸如物联网、人工智能等新技术为自身转型升级赋能，将是突破重围的唯一途径。

很多制造企业纷纷加大数字化投入，向数字化、智能化转型升级，从而在新的竞争态势中赢得先机。麦肯锡在 2018 年全球数字化制造调研报告中指出，受访的制造企业中有 92% 的企业认为，与同行业竞争对手相比，其数字化保持领先或同等水平，如图 6-1 所示。

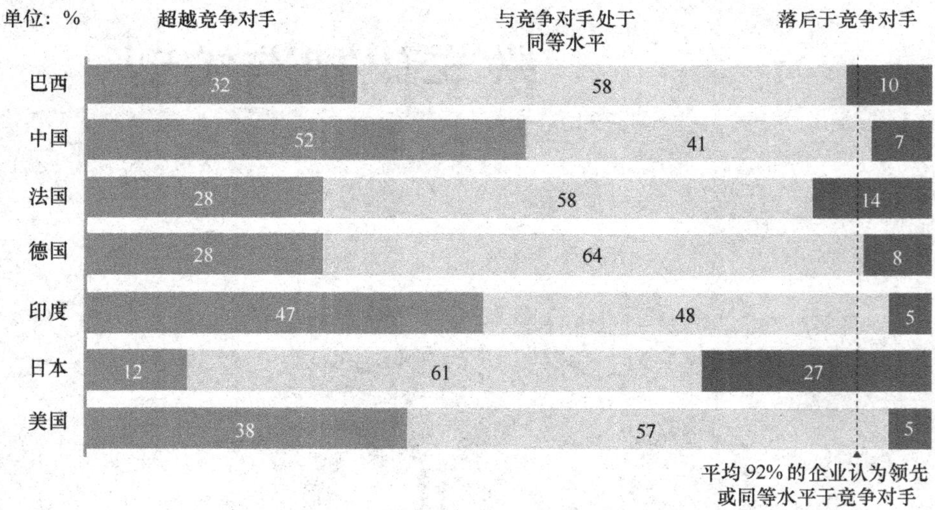

图 6-1 数字化制造已成为制造企业重点投资的方向①

由此可见，大部分制造企业已经开始或者将要开始数字化制造的建设，部分领先企业逐渐进入了数字化制造的深水区。在数字化制造建设初期，对于企业来说至关重要的是充分了解数字技术的发展趋势，以便在最佳时间将这些技术整合到企业的生产运营中。因此，笔者结合国内外最新技术的发展

① 资料来源：麦肯锡 2018 年全球数字化制造调研报告。

趋势以及应用情况总结了制造业的七大发展趋势，以供企业在数字化制造转型过程中参考和借鉴。

6.1.1　面向用户的个性化定制

随着社交网络和数字设备的发展，消费者越来越倾向于获得个性化定制的产品和服务。德勤的一项研究表明[①]，在某些产品类别中，超过 50% 的消费者表示有兴趣购买个性化定制的产品或服务。而且，大多数消费者愿意为定制产品或服务支付更高的价格，他们甚至希望提高定制过程的参与度。

个性化定制有两种不同的实现途径。一种是规模化定制（Mass Customization），即以接近大规模生产的效率生产满足个人用户需求的产品或服务。汽车行业早已向用户提供规模化定制服务，在有限选项的基础上允许用户进行个性化配置，如发动机、轮毂、座椅、内饰等。宝马是推行个性化定制服务的先锋，于 2016 年首次在我国推出了 7 系个性化定制服务。在传统可选配置的基础上，用户可以完全根据自己的偏好自定义任何一种车身颜色（包括双色车身）和专属设计的徽章（如可装饰头枕、仪表台饰板等），使每一辆定制车型都能体现自己的独特个性和品位。宝马的底气来自于其强大的数字化业务整合打通了从市场营销到内部研发制造，再到外部供应链的数据链路。[②]

另一种是完全个性化定制，即完全根据用户的需求量身定制产品或服务。随着柔性制造、3D 打印和人工智能技术的发展，完全个性化定制成为可能。阿迪达斯利用 Futurecraft 3D 技术创造了高性能运动鞋的未来。Futurecraft 3D 是一种独特的 3D 打印的跑步鞋中底，只需运动员在跑步机上短暂跑步，就可以通过脚部扫描技术获取脚部轮廓和压力点数据，结合现有的数据中心匹配和创建精确的个性化中底模型，再采用 TPU 材料经 3D 打印形成柔韧、轻巧的中底，从而为运动员提供最佳的个性化跑步体验。[③]

---

① Deloitte，Made-to-order: The rise of mass personalization，2015.

② 资料来源：宝马官网。

③ 资料来源：阿迪达斯官网。

对于制造企业而言，个性化定制往往与企业大批量、规模化生产模式是背道而驰的，将大大降低其生产效率并提高生产成本。企业由大规模生产向个性化定制的转变，意味着企业需要更加敏捷、柔性的产线，更加高效地跨部门协作，以及更加及时透明的供应链，等等。同时，这给企业带来的好处是提高产品利润率，降低库存成本，而且通过差异化的产品或服务提升用户体验和忠诚度。大规模的个性化定制还可以使企业有机会获得有价值的用户数据，从中分析消费者行为、预测用户需求，进而优化销售策略、推动产品创新。

为了提供个性化定制产品或服务，企业不能只是简单地改变营销模式，而是需要转变整体运营模式，实现营销、研发、制造、供应链等业务的有机整合，打通数据链路，提升业务的敏捷性和响应能力。企业需要应用一系列的数字技术，如 3D 打印、数据分析等，以便能更好地了解和预测消费者需求，提供更符合消费者需求的、真正的个性化产品和服务。

6.1.2 增材制造

增材制造是采用材料逐渐累加的方法制造实体零件的技术。相对于传统的材料去除、切削加工技术，增材制造是一种自下而上的制造方法，最初主要用于功能性或验证性产品模型的制作。随着增材工艺、材料和打印设备的发展，如今增材制造已越来越多地应用于市场化产品的批量生产。普华永道在 2018 年底发布的增材制造白皮书中指出，我们正在进入增材制造快速增长的时代。它预测到 2030 年，增材制造技术和产品的市场规模将达到 226 亿欧元；其中，航空航天（23%）、医疗技术（23%）和汽车（15%）是年增长潜力最大的三个行业。目前已经有 18% 的制造企业应用增材制造技术，这个比例预计在未来五年中将增长到 30% 以上。

过去几年中，新材料的出现推动了增材制造行业的快速发展。如今，混凝土、金属和纳米颗粒墨水等材料已极大地拓展了增材制造的创新应用。同时，随着更大、更快、更复杂的打印机的面世，增材制造不再受产品尺寸、打印时间和精度的约束，因而有了更多的可能。以色列使用患者的生物材料打印出了第一个 3D 打印的人类心脏。缅因大学高级结构与复合材料中心完成了最大的 3D 打印船，这是一艘重达 2.26 吨、长 7.62 米的巡洋舰，是有史以来最大的 3D 打印实体。SpaceX 龙飞船（Crew Dragon）的引擎完全采用金属 3D 打印，是有史以来最安全的载人航天器，已完成 16 次往返国际空间站的任务。

由此可见，作为智能制造的关键技术要素，增材制造正在发展成为产品开发和制造的可行替代方案。从长远来看，增材制造技术将使工程师在设计方面拥有更大的自由度。在早期设计阶段，工程师可以通过打印设计原型进行快速设计验证，加快设计迭代速度；在制造过程中，增材制造的物料和生产准备过程变得简单且快速，不再像传统制造技术需要大量加工设备和工具加工成零件后再组装而成。令人意想不到的是，增材制造还为企业带来了另一项优势，即快速个性化定制，而传统的制造技术则需要调整产线、工装和模具等才能实现。

因此，企业在未来的制造战略中需要考量如何将增材制造技术集成应用到业务模型中，推动企业实现纵向和横向价值链的数字化整合，从而优化产品设计、降低制造成本、简化产品维修服务过程。

6.1.3　数字供应网络

在全球化制造的趋势下，供应链在企业制造和服务过程中起着关键作用。随着数字化时代的到来，市场和用户需求的变化越来越快，传统的供应链模式已经无法满足企业的敏捷性要求。传统的供应链在本质上都是线性的，依次分布着设计、计划、采购、制造和交付等流程环节，形成一个串行的链条，如图 6-2 所示。该链中的信息是线性传播的，环环相扣，任一环节出现滞后都可能影响后续环节。而由于信息传递的限制，这些环节中的企业却无法获知链路中发生的问题，从而限制了它们及时做出响应或调整。

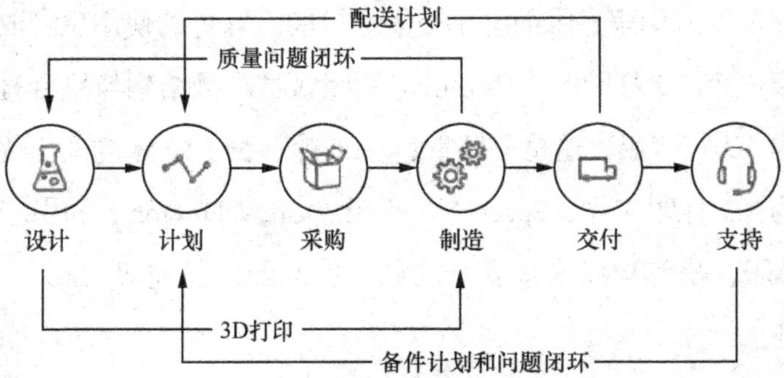

图 6-2　传统供应链[①]

然而，在数字化时代，企业已经不能孤立地构建供应链，而要构建一个强大的、动态的供应生态网络。在这个网络中，所有企业都是对等、开放和互联的，通过实时动态的数据来驱动供应网络内企业之间的协作。任何一个节点出现问题时，相关节点的企业都能得到通知并及时做出响应和决策，因而克服了传统供应链行动滞后的问题。这种新型的供应网络被称为数字供应网络（Digital Supply Network，DSN），如图 6-3 所示。

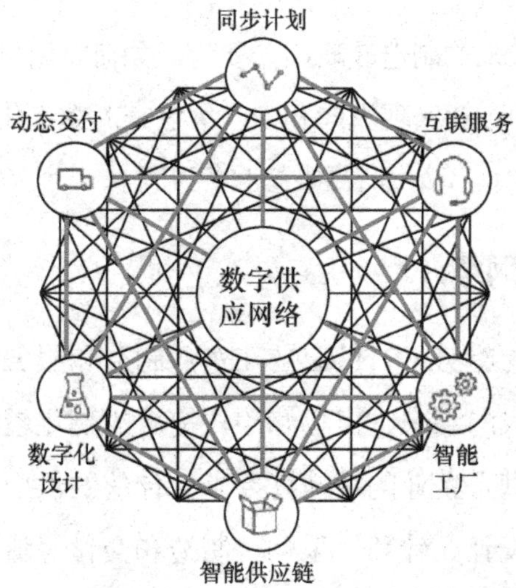

图 6-3　数字供应网络[②]

① 资料来源：德勤分析。

② 资料来源：德勤分析。

德勤在 2020 年制造业展望中指出，数字供应网络已成为一种新的趋势，能有效扩展企业的数字化能力。数字化领先的制造企业正在倾力打造强大的数字供应网络，通过快速整合供应网络中的数字能力，提高生产能力，实现产品和服务的创新，从而实现其战略目标。此外，数字供应网络的互联性还可以帮助企业加快决策过程，更好地适应不断变化的市场需求，降低风险，提高盈利能力。企业可以发展或参与到不同的数字供应网络中，以支持企业战略的各个方面，满足不同产品或业务发展的需要。

云计算、物联网、大数据、认知技术及人工智能等的发展使数字供应网络成为可能。通过引入这些技术，企业可以在虚拟空间中构建数字映射，形成以数据驱动的动态、互联网络。利用大数据技术，企业可以全面分析整个供应链，以优化决策和资源配置，挖掘新的业务机会，从而调整投资策略。

6.1.4　人机协作

随着人力成本上涨和技术工人缺口持续增大，以及相关政策的扶持和推动，近几年我国制造业掀起了一波机器换人、无人工厂的热潮。而热潮平息后，企业开始意识到人还是生产制造过程中的关键要素，尤其是在复杂装备行业，很多环节是无法用机器替代人的。人的创新能力、紧急情况的应变处理能力、基于专业知识和经验的预判能力等都是机器不具备的。

随着人工智能技术的发展，人机协作开始成为新的趋势。《哈佛商业评论》的一项研究表明，人机协作能显著提升企业的生产效率。通过人机协作可以实现人类和机器人的优势互补，即在利用人的控制、协作和创新能力的基础上，充分发挥机器的速度、力量和精准性。于是，可与人在共享空间里协同工作的协作机器人成了机器人领域研发与投资的热点。自丹麦的 Universal Robots 公司于 2008 年发布全球第一款协作式机器人 UR5 之后，协作机器人便迅速在全球机器人市场崭露头角。随后，全球工业机器人四大巨头无一例外地推出了自己的协作机器人产品。

与传统工业机器人不同的是，协作机器人采用轻质材料和圆滑轮廓设计，并在基座和关节上安装传感器，来测量和控制其运动速度及力量，确保与人接触时不会造成伤害。另外，协作机器人易于编程的特点使同一台协作机器人可以快速应用到不同的岗位上，只需简单编程便可以执行各种任务，因而具有很好的易用性和扩展性。在个性化需求不断增长的趋势下，协作机器人成为中小企业实现柔性化生产的首选，受到很多企业的青睐。2018 年全球工业机器人市场遇冷，而协作机器人在我国的销量依然保持 50% 以上的增长势头，其热度由此可见一斑。另据 Markets And Markets 预测，协作机器人市场规模将从 2018 年的 7.1 亿美元增长到 2025 年的 123.03 亿美元，平均年复合增长率为 50.31%①。

目前，为了保证人员安全，协作机器人的运行速度较慢，且自重较轻，刚性和精度不足，负载一般在 10 公斤以下，因此尚无法适用于大负荷、高精度的应用场景，主要应用于中小型企业。IDC 联合中国信通院发布的《人工智能时代的机器人 3.0 新生态》指出，全球机器人的发展已经步入机器人 3.0 时代。机器人 3.0 以互联互通、虚实一体、软件定义、人机融合为核心特征。不难看出，未来的工业机器人都将是协作机器人，将为企业带来更广阔的应用空间。

国际机器人联合会（International Federation of Robotics，IFR）定义了四种人机协作的方式，如图 6-4 所示。

（1）人机共存

人与机器人可以并排工作，但是没有共享的工作空间。在这种方式下，机器人与人在各自的工作空间中独立开展工作，人机之间基本没有协作。

（2）顺序协作

人和机器人在部分或全部的共享工作空间中相互协作，依次完成任务，但不能同时在同一零件或产品上工作。机器人通常替代员工执行烦琐或不符

---

① Markets and Markets, Collaborative Robot Market by Payload Capacity,Industry, Application, and Geography – Global Forecast to 2025, 2018.

合人体工程学的任务，如举起重物、执行重复性任务等。

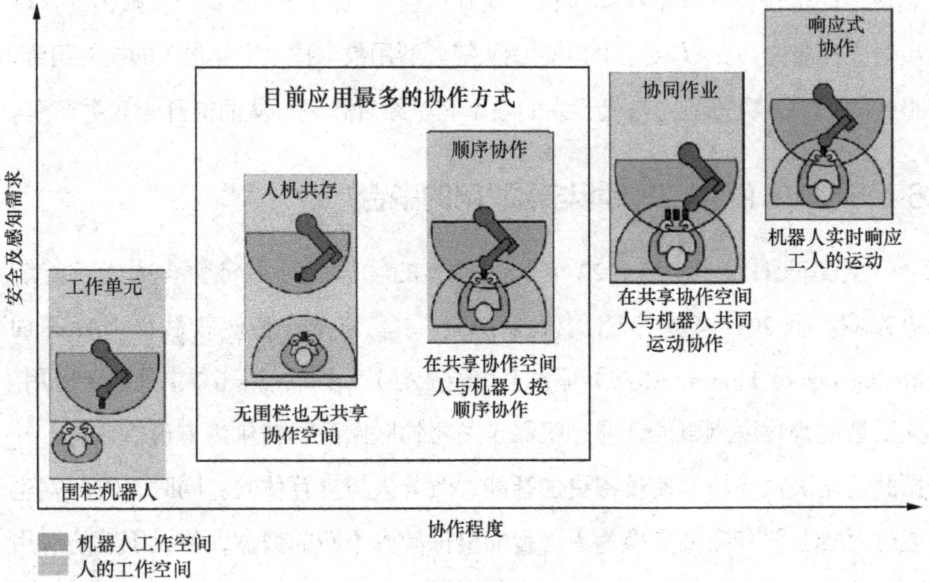

图 6-4　人机协作方式[①]

（3）协同作业

人和机器人在同一零件或产品上协同完成不同部分的工作，两者在运动中保持协作。在这种协作方式下，人与机器人的协作空间更大，交互更频繁，但以提前设计的规定动作为主。

（4）响应式协作

机器人实时响应运动中的人员的请求，协同开展工作。例如，根据工人出示零件的角度，机器人改变夹具角度以进行动态匹配。这种应用在技术上具有很大的挑战性。由于机器人需要实时感知工人的运动，而这种运动是无法提前预测的，因此需要为机器人配备强大的传感器和人工智能算法，以提高协作机器人的精准度和快速响应能力。

当前，人机协作尚处于起步阶段，协作机器人的应用以人机共存和顺序协作为主。随着人工智能等技术与机器人的深度融合，协同作业和响应式协

① 资料来源：国际机器人联合协会。

作将成为未来的主流应用。在这种趋势下，必将出现新的工作类型，同时企业现有的工作模式和组织体系也将受到严重影响。企业需要提前做出准备以应对这种变化，如人机结合的灵活团队等。利用数字技术优化员工的技能组合，将人的认知、决策能力与机器人的效率有机结合起来，从而提升企业生产率。

6.1.5 AIoT：人工智能与物联网的融合

据高德纳预测，到 2022 年超过 80 % 的物联网项目将包含人工智能解决方案，而 2017 年这个比例仅为 10%。顾名思义，智能物联网（Artificial Intelligence of Things，AIoT）是人工智能（AI）和物联网（IoT）的融合应用。人工智能为物联网赋能，通过机器学习将物联网数据转化为有价值信息，并据此优化决策流程，使设备更加智能，改善人机交互体验。同时，物联网也通过万物互联和数据交换为人工智能提供源源不断的数据，使人工智能有用武之地。三者之间的关系如图 6-5 所示。

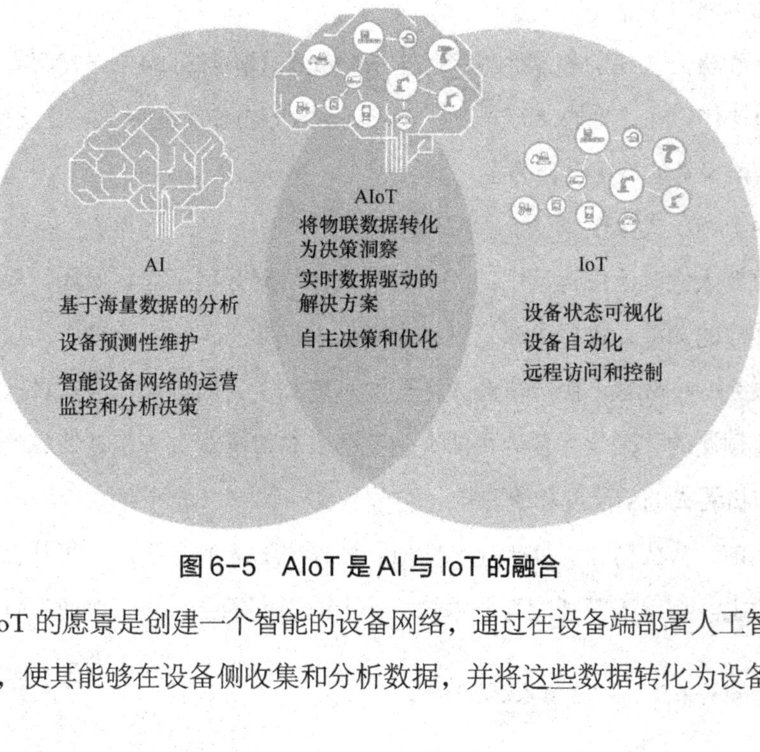

图 6-5　AIoT 是 AI 与 IoT 的融合

AIoT 的愿景是创建一个智能的设备网络，通过在设备端部署人工智能解决方案，使其能够在设备侧收集和分析数据，并将这些数据转化为设备本地的见解和行动，从而提升设备的智能化程度和快速响应能力。同时，通过在边缘端进行原始数据处理，可以显著减少发送到企业数据中心的数据量，从而减轻带宽使用和分析负担。

AIoT 将使响应式人机协作以及设备与设备之间的协作成为可能。想象一下，在未来的工厂中，机器人和 AGV 配送车等自动在车间中穿梭，它们能感知周围的环境和相互之间的存在，通过相互之间的协作共同完成生产装配任务，在问题发生前能及时做出响应，确保人员和现场安全。

AIoT 的发展和应用主要取决于两个关键技术，即 AIoT 芯片和机器学习。AIoT 芯片是指既支持跨设备应用，又能满足人工智能算力要求的专用芯片，其特点是高运算能力、低功耗、可编程。AIoT 芯片需要从物联网的应用场景出发，设计定制化的芯片架构，才能在大幅提升性能的同时降低功耗和成本，将直接影响 AIoT 的大规模应用。而机器学习作为人工智能的一个子集，能够主动使用各种性能参数和运行状态数据来创建更智能的数据分析和预测模型，是人工智能在制造业的最重要应用。机器学习的优势是从大量的数据中找到问题的相关性，从而发现设备的故障模式，提前预测设备故障。随着设备的持续运行和数据量的持续积累，机器学习能够不断优化分析预测模型，从而使设备变得越来越智能。

6.1.6　5G+ 工业互联网

作为新一代移动通信技术，5G 具有高可靠、高带宽、低延时等特性。图 6-6 总结了国际电信联盟（International Telecommunication Union，ITU）规定的 5G 关键性能指标。与 4G 相比，5G 在带宽、速率、延时等方面都有近 10 ～ 100 倍的提升。然而，与前几代技术最大的差异在于：5G 技术不仅是为了提升移动网络的带宽和速率，而且为众多工业垂直领域提供了先进的广域无线连接能力。因此，5G 支持三种基本的通信类型，即增强型移动宽带（eMBB）、海量机器类通信（mMTC）和高可靠低延时通信（uRLLC），以适用于不同的应用场景。

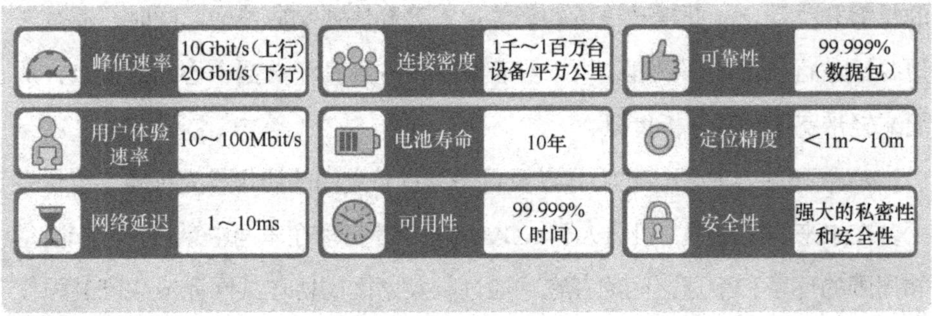

图 6-6　5G 关键性能指标[①]

eMBB 可提供高速率、大带宽以及增强的覆盖范围，适用于以人为中心的各种网络应用场景。mMTC 旨在提供广域网络覆盖和室内深层渗透能力，以满足海量智能设备的通信需求，主要面向各种设备传感和数据采集应用场景，如智慧城市、车联网等。而 uRLLC 提供高可靠、低延时（毫秒级）和高可用能力，主要面向工业垂直领域的特殊应用，如生产设备的高性能实时连接等。同时，为了满足不同应用场景的性能或功能要求，5G 引入了网络切片的概念，即在同一个基础物理网络架构上切分出不同的逻辑上独立的虚拟网络，以支持不同的应用场景。例如，在同一个工厂环境中，AR/VR 应用需要非常高的数据速率和带宽，以便实时从 AR/VR 服务器下载三维模型或三维场景到移动终端，可以为其单独建立一个 eMBB 类型的网络切片。而移动机器人和 AGV 需要高可靠、低延时的 uRLLC 类型的网络切片。另外，5G 切片技术还可以帮助企业对外实现供应链的泛在连接、多工厂互联等，对内实现分区域资源隔离、分层级监控、功能定制等，以支持不同的生产组织模式，保证数据访问安全，提升管控效率。

由此可见，5G 技术凭借其高可靠、高带宽、低延时，以及强大的私密性和安全性等能力，能为工业企业构建一个广域全覆盖的移动无线网络，为工业领域中各种不同的应用场景提供统一的从现场到云端的无线连接解决方案。

① 5G ACIA, 5G for Connected Industries and Automation (White Paper – Second Edition), 2019.

将 5G 技术与工业互联网平台融合，既能满足生产现场的设备互联、AR/VR、自动化运营、人工智能等各种应用需求，也能满足在云端的多工厂监控运营、大数据分析、决策优化等应用的需求，是企业建设智能制造体系的关键使能技术。典型的 5G+ 工业互联网工厂的应用场景如图 6-7 所示。在未来工厂中，移动机器人、AGV、移动终端等移动设备将通过 5G 接入到边缘侧工业互联网平台，以满足其实时智能协作的要求。

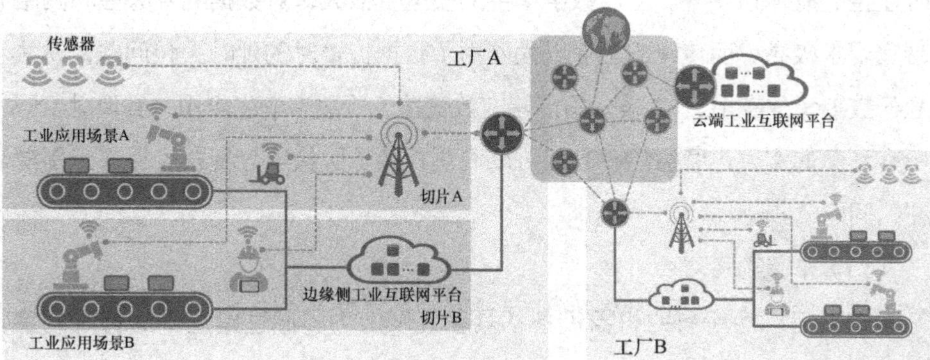

图 6-7　5G+ 工业互联网工厂典型应用场景

5G 的工业应用潜力巨大，全球工业巨头和电信运营商纷纷投巨资研究 5G 技术的商业化应用。2018 年，5G 产业自动化联盟（5G ACIA）在德国电气和电子制造商协会（ZVEI）的基础上正式成立，成员单位包括 ABB、博世、华为等在内的 40 多家企业，旨在推动 5G 在工业生产领域的落地，确保 5G 从运用之初即具备相应的产业能力。

5G 与工业互联网平台的结合将为制造企业带来一系列创新应用，包括以下几个方面。

（1）设备云控制

几十年来，工厂自动化一直依赖于 PLC（可编程逻辑控制器），而 PLC 模块需要安装在其控制的设备上或者设备附近，然后通过硬连线接入工业以太网中，以确保在极端情况下进行精确、可靠的控制。大部分操作都需要在现场完成，这给操控、编程带来了极大的不便。利用 5G 技术的高带宽、低延时等特性，未来可以在云端对 PLC 进行虚拟化，从而使机器能够以无线方式实时控制，大大提高操控效率，降低部署成本。

（2）工厂数字孪生

工厂数字孪生需要将生产过程中的关键生产要素，如产线、设备、厂房等建立数字化模型，并通过实时采集这些生产要素的数据来驱动工厂数字模型，与物理工厂之间建立双向、动态的映射，从而实现对生产运营过程的实时监控、故障预测等。工厂数字孪生的模型量很大，对数据的实时性和网络带宽要求极高。而传统的工业以太网由于数据传输时的延时丢包问题，无法胜任数字孪生应用。5G 技术将能够有效支撑工厂数字孪生应用，实现对工厂所有环节的实时运营监控，甚至可以利用视频、图像等分析技术提前识别潜在的问题或威胁。

（3）车间物联网

未来工厂中所有的机器设备都具备互联能力。通过建立车间物联网实现人、机、物之间的深度交互和协作，将是实现工厂智能化的核心一环。这也意味着未来工厂中会产生比现在多得多的海量数据。通过工业以太网或 Wi-Fi 传输规模如此庞大的实时数据，将是灾难性的。5G 支持数以万计端点的高密度连接能力，从而真正实现了大规模设备连接，同时也能保证人机、机器对机器（M2M）之间协作的低延时和高可靠。

虽然 5G 技术的工业应用尚处于早期阶段，但随着 2020 年 5G 正式商用，其工业应用必将进入快速发展期。企业在制定数字化战略时应充分考虑将 5G 技术与工业互联网进行融合，从而开启人机深度交互、万物广泛互联的新时代，进一步加快企业转型升级的步伐。

6.2 制造业面临挑战

当前，我国制造业正面临着巨大的转型压力。一方面，劳动力成本攀升、原材料价格上涨、同质化竞争严重、用户个性化需求日益增长等因素迫使制造企业从生产低附加值产品转向生产高技术含量的创新产品，以提升产品利润空间。另一方面，以美国为主的国家通过减税推动制造业回流，以及因中美贸易摩擦而导致的企业出口成本增加等，都在迫使我国制造企业转型升级，抢占全球价值链高端地位。

具体而言，制造企业主要面临以下挑战。

（1）生产成本上升

据国家统计局数据，近年来我国劳动力成本快速上升，2018 年制造业职工平均工资比 10 年前增长了 195%，约为美国的 20%。2008—2018 年我国制造业平均工资的增长曲线如图 6-8 所示。虽然我国的劳动力成本仍远低于欧美发达国家，但是逐年上升的劳动力成本正使更多的制造业订单流向东南亚、南美等用工成本更低的地区，我国制造业劳动力成本的竞争优势正在逐渐减弱，我国的劳动密集型制造企业在全球市场面临更严峻的挑战。这意味着制造企业必须利用数字技术提升工作效率，优化供应链等，以提升竞争力。

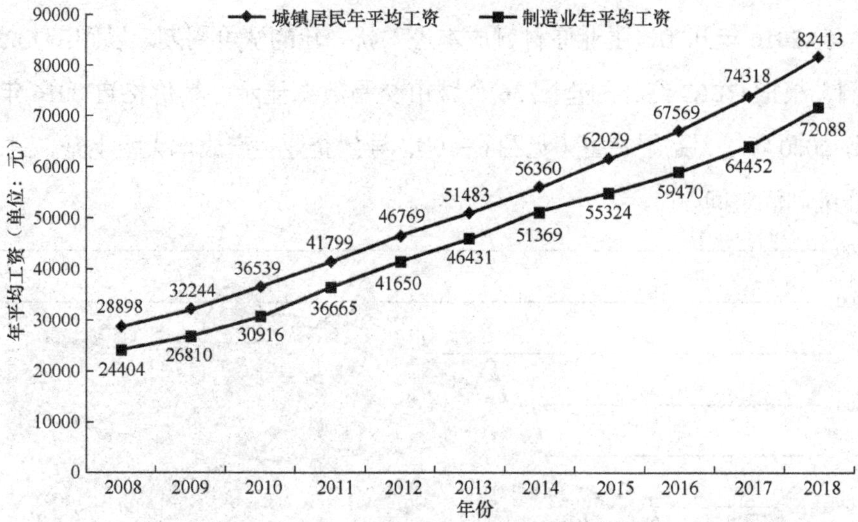

图 6-8　2008—2018 年我国制造业平均工资增长曲线[①]

同时，我国正在步入老龄化社会。据国家统计局数据，我国 16 ～ 59 岁劳动年龄人口占总人口的百分比自 2011 年开始呈逐年下降的趋势，如图 6-9

① 数据来源：国家统计局。

所示。从 2011 年到 2019 年，我国劳动力人口减少了 4432 万。预计到 2030 年以后，我国劳动力人口将会出现大幅下降的过程，平均以每年 760 万人的速度减少。这意味着我国制造企业面临的“用工荒”问题在短期内将难以有效缓解。另外，自 2018 年开始，我国就业人口总数也呈下降趋势，其中制造业就业人数的下降尤为明显，说明劳动力正在流出制造业。

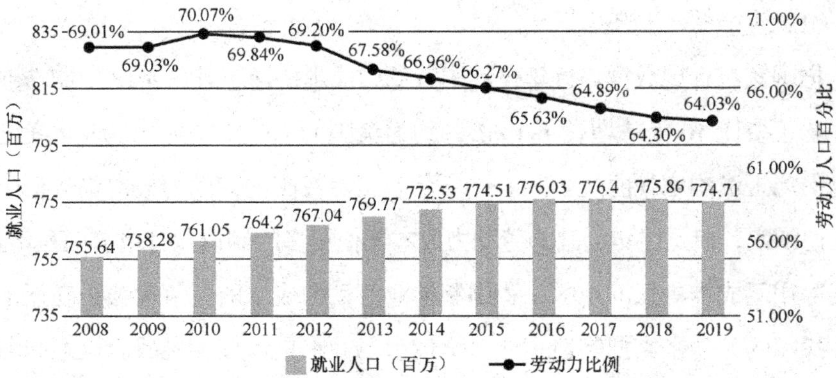

图 6-9　2008—2019 年我国就业人口总数和劳动力比例变化趋势②

自 2016 年开始，工业原材料成本进入新一轮的涨价周期。以圆钢 Q235 为例，根据 CEIC 统计的全国 36 个城市交易数据显示，其价格自 2016 年 1 月到 2020 年 1 月翻了一番（见图 6-10），导致企业生产成本大幅上升，进一步压缩利润空间。

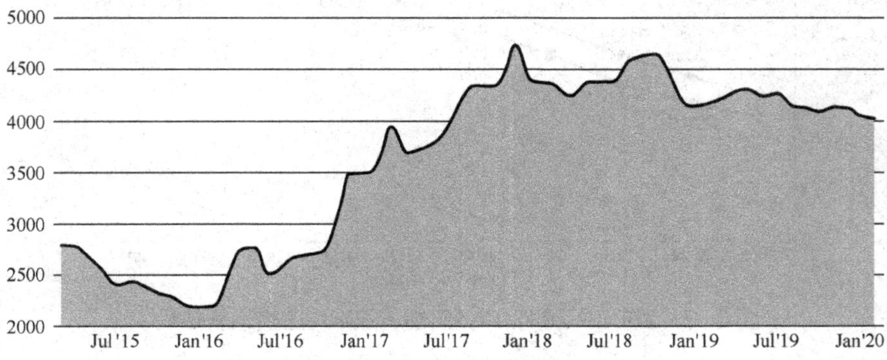

图 6-10　圆钢 Q235 价格走势②

① 数据来源：国家统计局。

② 数据来源：中国统计数据库（CEIC）。

（2）产品附加值低

从 2006 年开始，我国的研发经费就开始迅猛上涨。2008 年，我国研发经费总量超越日本，成为仅次于美国的第二大科技研发国家；2014 年，我国研发经费总量超过欧盟所有国家的投入总和，如图 6–11 所示。

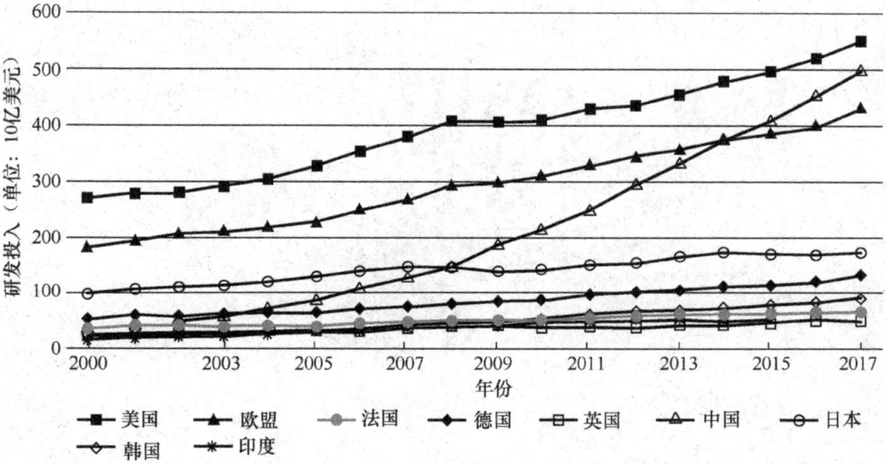

图 6–11　2000—2017 年多国研发经费投入趋势[①]

同时，2009 年我国超过美国成为全球第一制造大国。2018 年，我国制造业新增产值 40027 亿美元，分别是美国的 184%、日本的 397%、德国的 481%[②]。而且，我国制造业增速也远高于美国、日本、德国。然而，从全局看，我国制造业技术水平和创新能力还比较低，以劳动密集型产业为主，处于全球产业分工价值链的低端，在新产品开发与设计等方面缺乏经验。这从企业研发经费投入占比可见一斑。据国家统计局数据，2018 年，我国研发经费为 19677.9 亿元，占 GDP 的比例达到了 2.19%，与欧美发达国家 3% ～ 5% 的水平还有一定的差距。2016 年，我国研发经费 GDP 占比在全球的排名略低于经合组织国家平均值，处于中等发达国家水平，如图 6–12 所示。研发投入不足直接导致产品附加值低、同质化竞争严重。价格成为企业差异化竞争的手

① 数据来源：国家科学和工程统计中心（NCSES）。

② 数据来源：国家统计局。

段，将加剧企业间的恶性竞争，导致产能过剩。

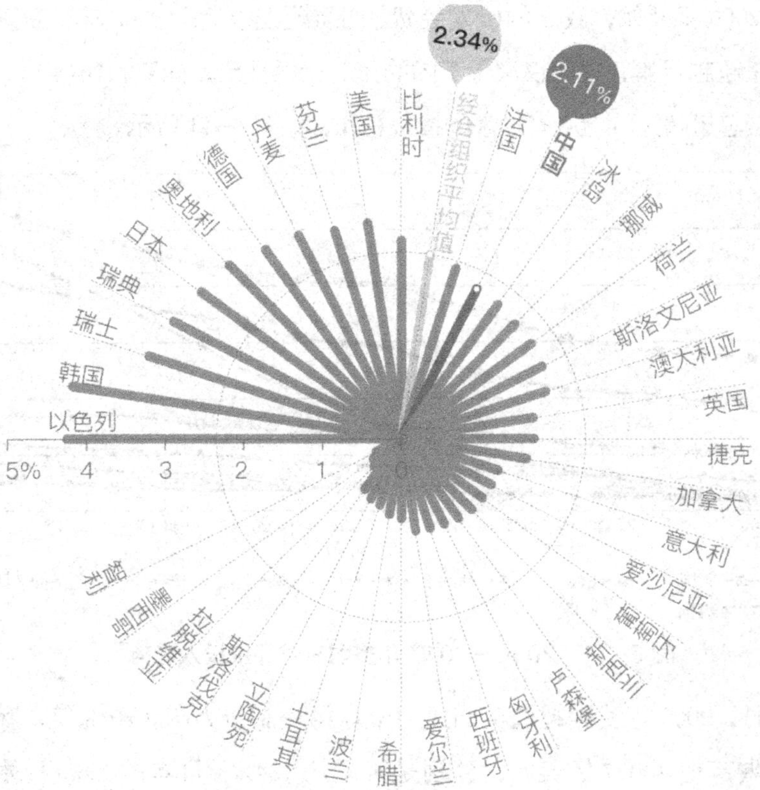

图 6-12　2016 年全球各国研发经费 GDP 占比排行[①]

（3）用户需求个性化

随着移动网络和数字产品的发展，用户的个性化需求将成为趋势，用户甚至愿意为个性化产品或服务支付更高的价格。然而，对于制造企业而言，这是一个严峻的挑战。企业需要打破传统的研制、服务模式，从以产品为中心向以用户为中心的商业模式转型，需要整合价值链中的各种资源，形成优势互补、协作共赢的数字生态，构建敏捷、创新、一体化的制造、营销和服务模式，以快速响应用户需求的变化。

① 资料来源：世界银行。

（4）外部形势影响

从 20 世纪 80 年代起，欧美发达国家推动了“去工业化”进程，劳动力开始从第一、二产业向第三产业快速转移。从产业价值链看，欧美发达国家逐渐向具有高附加值的价值链两端延伸（即研发和品牌营销），而将处于中间环节、附加值较低的制造业向我国等新兴发展中国家转移。这种分工转移的结果是发达国家借此实现了产业升级，推动了新兴经济形态即虚拟经济的空前繁荣，而制造业则普遍经历了趋势性萎缩。以美国为例，其制造业增加值占世界总量的百分比从 2002 年的 30% 下降到 2012 的 17.4%，制造业就业机会的流失速度是此前 20 年的 7 倍。而部分发展中国家的制造业则逐渐崛起，并借此快速推进工业化进程，成为新兴工业化国家，我国是其中的典型代表。

然而，虚拟经济的过度发展引发了金融危机，导致全球经济衰退。借着工业 4.0 和工业互联网的浪潮，欧美发达国家纷纷提出了“再工业化”战略，以振兴制造业，调整产业结构，重新占领全球市场优势。欧美的再工业化浪潮对发展中国家的制造业转型升级进程形成了强大的冲击和挤压。一方面，欧美制造业不仅不再大量外迁，还有回流之势，因而减少了发展中国家承接产业转移的机会。另一方面，欧美国家具备强大的创新能力及雄厚的工业基础，掌握着绝大部分高精尖产品的核心研制技术，再加上人工智能、工业互联网等数字技术的加持，极大地抑制了发展中国家的转型升级进度，打乱了其制造业发展规划，也加速了全球制造业的重新布局。

随着新兴的发展中国家开始与发达国家争抢全球价值链的高端，技术封锁、贸易保护主义开始渐渐抬头。我国制造业在转型升级过程中面临着核心技术和产品缺失的问题。而国际贸易摩擦更是对出口型企业雪上加霜，进一步加剧了产能过剩和同质化竞争问题。可以预见，贸易摩擦将成为一种常态长期存在，未来我国制造业突破重重围堵的关键是自主创新、掌握核心技术，以差异化产品和服务取胜。

6.3 数字化制造相关概念介绍

近几年，制造业出现了很多流行概念，如工业 4.0、智能制造、智能工厂、数字化制造、数字化工厂等。这些概念在行业内似乎已经约定俗成，随处可见。然而细究起来，它们之间到底有何区别，有何关联，却众说纷纭，没有定论。笔者试图为读者捋清这些概念的来龙去脉，以及它们之间的关系。

6.3.1 工业 4.0 和工业互联网

工业 4.0（Industrie 4.0）起源于 2011 年德国政府的一个高科技战略项目，该项目旨在促进制造业的数字化，以提升德国工业的竞争力[①]。在该项目的基础上，德国在 Acatech 的协调和德国联邦教育与研究部（BMBF）的赞助下成立了工业 4.0 工作组，其任务是制定工业 4.0 实施战略。同年，德国在汉诺威工业博览会上公开引入了“工业 4.0”这个概念，提出了基于信息物理系统（Cyber-Physical System，CPS）的新制造模式[②]。2013 年 4 月 8 日，在汉诺威工业博览会上，工业 4.0 工作组提交了最终报告，概述了其工业 4.0 战略和工业 4.0 平台的行动计划。因此，工业 4.0 工作组的成员和合作伙伴被认为是工业 4.0 的创始人和推动者。

德国提出工业 4.0 战略后，在全球工业领域引起了极大的关注和认同，开始迎来了以 CPS 为基础，以生产数字化、设备智能化为标志的第四次工业革命。业界普遍认为，工业 4.0 驱动了第四次工业革命，是第四次工业革命的代表，是制造业的未来方向。如图 6-13 所示，工业 4.0 与之前的工业 1.0、2.0、3.0 最大的不同是，工业 4.0 并不仅仅是创造新的工业技术，而是通过将人工智能、物联网等数字技术与工业技术相融合，实现制造价值链的整合，

① BMBF, Zukunftsprojekt Industrie 4.0 – BMBF, 2016.

② 德国工程师协会（VDI），工业 4.0：借助物联网迈向第四次工业革命，2011.

创建具有自适应、资源优化和人机协作的智能工厂，为用户提供数字化的产品和服务体验。其核心技术是 CPS 系统和物联网。

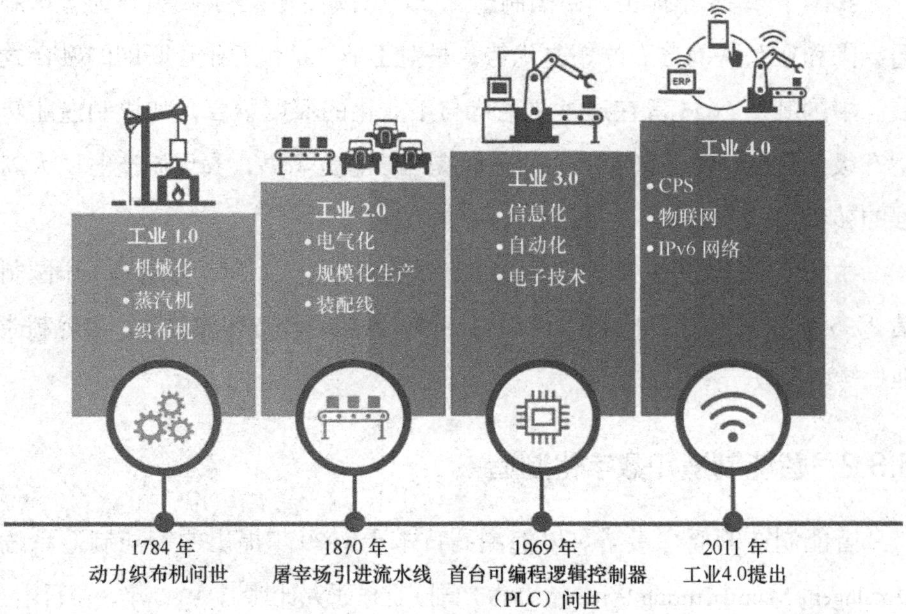

图 6-13　工业发展历程

随着德国工业 4.0 战略的发布，美国也不甘落后，于 2011 年 6 月启动了先进制造伙伴计划（Advanced Manufacturing Partnership Program），加强先进制造技术的投资和布局，确保先进制造领域的领先地位。随后，GE 牵头提出了工业互联网的概念，并成立了工业互联网联盟，旨在进一步加速工业互联网技术的开发、采用和广泛使用。德国工业 4.0 和美国工业互联网都以智能制造、提升制造业的核心竞争力为目标，然而各自的战略重点却有所不同。德国在工业自动化领域处于全球领先地位，其核心优势是高端装备，因此其战略立足于高端智能装备，以硬件为本，再通过 CPS 系统实现由硬向软的发展，即智能制造。而美国的优势在于软件和互联网技术，全球十大互联网企业，美国占了 6 个，因此其战略重点在于构建跨领域、跨生命周期的开放式平台，实现全价值链整合，通过人工智能、大数据分析等技术实现设备、生产运营的智能化，是由软到硬的过程。随着美国工业互联网联盟和德国工业 4.0 机构的对接和协作，工业互联网和工业 4.0 正在逐渐相互融合，形成优势互补。

我国于 2015 年提出"中国制造 2025"战略，综合了我国作为全球制造大国和在互联网方面的领先优势，是对工业 4.0 和工业互联网的融合发展。中国制造 2025 旨在通过信息化与工业化的深度融合，加快制造业转型升级，提高制造业创新能力，全面提升核心竞争力，实现制造业由大到强的转变。

由此可见，无论是德国工业 4.0，还是美国工业互联网，或者是"中国制造 2025"，都是对"工业 4.0"的不同诠释，其核心都是智能制造，实现制造业的转型升级。

6.3.2 智能制造和数字化制造

智能制造的概念最早可以追溯到日本于 1989 年提出的智能制造系统（Intelligent Manufacturing System，IMS）国际合作研究计划[①]。1990 年，由日本、美国和西欧国家参与的智能制造系统研究中心成立，旨在研究智能制造系统的关键技术和原理，形成体系化的制造业知识系统。然而，由于受当时的技术所限，该计划并没有达到预期目标。

随着工业 4.0 的问世，以及物联网、人工智能等新一代数字技术的成熟发展，智能制造再一次成为全球制造业关注的焦点。有关智能制造的定义，业界尚没有达成一致的共识，比较有代表性的定义出自美国和我国。2011 年 6 月，美国智能制造领导联盟（Smart Manufacturing Leadership Coalition，SMLC）发表了报告《实施 21 世纪智能制造》，指出智能制造是通过深化应用先进智能系统，实现新产品的快速研制、产品需求的动态响应，以及生产制造和供应链网络的实时优化。智能制造就是要构建一个柔性、敏捷、创新

① 资料来源：日本 IMS 促进中心。

的制造环境，融合从工厂到供应链的所有制造要素，获得设备、生产过程等的实时洞察，从而优化性能和提升效率。而我国则直接把智能制造作为“中国制造 2025”的主攻方向，并于 2016 年发布了《智能制造发展规划（2016—2020 年）》，将发展智能制造作为一项长期坚持的战略任务。规划中明确定义：智能制造是基于新一代信息通信技术与先进制造技术深度融合，贯穿于设计、生产、管理、服务等制造活动的各个环节，具有自感知、自学习、自决策、自执行、自适应等功能的新型生产方式。

简单而言，智能制造就是通过物联网、人工智能等数字技术与制造技术的融合，进而实现智能化的新制造模式。如前所述，智能制造刚开始提出时，内容相对狭义，主要专注于产品制造过程。但随着数字技术的不断发展和新制造模式的不断演进，智能制造的内涵已经逐步广义化。从技术基础看，智能制造的内涵已经从单纯的人工智能发展到包括大数据、物联网、云计算等在内的新一代数字技术；从业务过程看，已经从单纯的生产制造环节扩展到产品全生命周期的各个业务环节；从制造系统的层次看，已从制造装备单元扩展到包括车间、企业、供应链在内的整个制造生态。因此，现在的智能制造已经被广义地理解为基于大数据、物联网等新一代数字技术与制造技术的集成，能自主、动态适应制造环境的变化，实现从产品设计、制造、服务到回收再利用的全生命周期的高效化、优质化、绿色化、网络化、个性化等优化目标的制造模式，具体包括智能产品、智能生产、智能服务等广泛内容[①]。

英国经济学家卡洛塔·佩雷斯（Carlota Perez）指出，每一次技术革命都会经历 50 ～ 60 年的周期，又分为两个 20 ～ 30 年的各自发展的阶段，即导入阶段和拓展阶段[②]。导入阶段是新旧范式交替的过程，新技术和新

① 经济日报. 以智能制造作为新经济主攻方向 . 2016 年 10 月 17 日.

② Carlota Perez, Technological Revolutions and Financial Capital: The Dynamics of Bubbles and Golden Ages, ISBN 1 84064 922 4, 2002.

概念不断涌现，通过一系列的创新和验证形成新的技术范式和产业。智能制造作为第四次工业革命的核心，尚处于初期的导入阶段，还需要建设一系列的技术基础设施，以支撑大规模的拓展应用。智能制造在演进过程中形成了许多不同的范式，如精益生产、柔性制造、敏捷制造、云制造等，在推进制造业转型中发挥了积极作用。然而，这些范式相对比较独立，缺乏统一的体系和架构，给企业在转型过程中带来了许多困扰。因此，周济院士总结归纳了智能制造的三种基本范式，即数字化制造、网络化制造、智能化制造[①]。这三个基本范式次第展开、迭代升级，体现了智能制造发展历程的三个阶段。

数字化制造是智能制造的基础，其重点是数字化，即通过数字化技术和系统实现设计、制造、营销、服务等环节信息和业务的数字化，构建横跨产品全生命周期与企业全价值链的数字主线，从而推动企业制造模式的转型升级，如个性化定制、数字化制造供应链等。数字化制造不仅仅是单点的产线或设备的数字化改造，也不是单一的信息系统的建设，而是企业整体数字链路的打通，支撑企业中各种数据信息在制造过程中无缝地上传下达，同时通过对这些数据的分析来获得设备、产线乃至工厂运营过程的实时洞察。因此，数字化制造为企业构建了强大的数据基础，是当前制造企业转型升级的重点。

网络化制造即互联网 + 制造，是在数字化制造的基础上利用工业互联网和工业云技术，将生态链内的企业联接起来，形成制造生态网络，实现资源共享和整合，优化产业链资源配置，为市场和用户提供更加敏捷、高效、优质的产品和服务。在这个阶段，企业不再独立存在，而是作为一个节点融入不同的生态链中，通过与生态链中的不同企业进行协作实现产品和服务的创新，能够更快、更敏捷地响应市场和用户需求的变化。企业将会形成企业内

① Zhou J, Li P G, Zhou Y H, et al. Toward new-generation intelligent manufacturing [J]. Engineering, 2018, 4(1): 11 – 20.

和企业间两条关键的数据链路，并基于这两条数据链路开展更广泛的协作，如设计协同和制造协同等。未来，工业互联网或工业云平台将在保护知识产权和数据安全的基础上，为企业提供基于统一的数据模型、设计模型等的广域在线协同能力，如基于 AR 的协同设计等。

智能化制造即新一代智能制造，是人工智能技术与先进制造技术的深度融合，其典型特征是整个制造系统具有感知学习的能力，将成为第四次工业革命的核心驱动力。在这个阶段，人工智能将应用到企业的方方面面，为制造业带来革命性的变化。在制造和运营管理中应用人工智能来提高产品质量和生产效率，优化决策；机器人利用设备互联和机器学习技术，可实现基于产线的精准协作；交付的产品将作为人工智能的载体，具备状态感知、自主决策的能力，可实时与用户、环境互动，彻底颠覆现有的产品和服务体验。智能化制造的蓬勃发展将催生一系列的新业态和新商业模式，一方面拉动物联网、人工智能、信息通信等各个领域的技术创新和产业发展，另一方面进一步驱动新兴产业的快速发展和传统产业的变革，推动智慧农业、智慧城市、智能交通、智能电网等各个领域的智能化发展。

这三种范式之间没有明确的界限，也不存在谁替代谁的问题，而是不断演进和升级的过程。企业在实现数字化制造的基础上，通过工业互联网平台或工业云平台不断叠加网络化、智能化的能力，逐渐演变为网络化制造或智能化制造。

6.3.3　智能工厂和数字化工厂

与智能制造和数字化制造相对应的是智能工厂和数字化工厂。智能制造是以制造环节的智能化为核心，以端到端数据流为基础，以数据作为核心驱动力。因此，智能工厂被企业列为智能制造部署的首要任务。智能工厂是工业 4.0 的重点发展方向，是将所有生产要素集成到数字网络中，从而形成的智能化生产系统，其关键特征包括全连接、敏捷化、自适应、自我学习、自主决策、人机协作等。

智能工厂是对未来的愿景，是新一代智能制造成熟发展的产物，但目前还为时尚早。如同数字化制造到智能制造是一个持续发展和逐渐演进的过程，数字化工厂是智能工厂的先驱和基础，通过持续的迭代优化，最终实现向智能化转型。数字化工厂是以打通从设计到生产、再到供应链的数据流为主要任务，其中的核心是产品数据流、生产数据流和供应链数据流。基于这些实时的数据流，实现设计、工艺、制造和供应链之间的高效、动态协作，并利用机器学习进行实时数据分析和预测，提升生产过程的透明度和决策效率。因此，数字主线是数字化工厂的核心。而工厂数字孪生则是基于数字主线实现数字工厂和物理工厂的深度融合，从而驱动数字、物理工厂之间的实时、动态、双向交互，实现生产运营过程的高度可视化和深入洞察。

由此可见，数字化工厂的本质是实现信息的集成，而智能工厂是数字化工厂的下一发展阶段，是在数字化工厂的基础上实现生产过程的高度智能化，是人、机、系统的高度融合。

6.3.4 数字化制造误区

企业在部署数字化制造过程中，要始终围绕数字化转型战略目标，归根结底在于是否能够达到提质、降本、增效的目标，避免盲目地数字化投资建设。具体而言，包括以下几个方面。

（1）如何提升生产运营效率。例如，通过生产运营过程的实时透明化提高快速响应能力和运营效率；通过大数据分析和预测解决生产瓶颈及产能平衡问题，降低产线设备非计划停机率，从而提高生产效率。

（2）如何降低生产成本。例如，通过实时产能分析统筹规划物料和库存，优化企业能耗管理，有效降低生产成本。

（3）如何提高产品质量。例如，通过产品质量问题相关性分析快速追溯问题根因，优化产品设计和工艺，提升产品质量。

（4）如何提升员工生产率。例如，通过 AR、智能穿戴设备等新技术手段为员工提供智能化装配和操作指导，解放员工双手，大幅提高生产率。

然而，我国制造企业在推进数字化制造建设方面，依然存在诸多问题与误区，简单列举如下，以供借鉴。

（1）无人工厂

有些企业仍然认为推进数字化工厂或智能工厂就是实现全面自动化和机器人化，过度追求“无人工厂”或“黑灯工厂”，盲目投资自动化设备和自动化产线。然而，在真正部署应用的过程中，单纯的自动化设备或产线只能解决单元级的或者单一产品装配的刚性自动化。没有一定的软实力，即数字化程度，根本无法实现制造数据链路的贯通，无法充分发挥自动化设备或产线的能力。甚至有企业在购置昂贵的自动化产线设备后，由于缺乏过硬的技术团队，承担不起昂贵的维护成本，最后不得不把这个产线设备搁置起来。

此外，过度强调“机器换人”也是不可取的。在未来的智能制造中，人依然起着核心作用，强调人、机、系统的融合协作是自动化设备所不可取代的。即便是自动化程度很高的高科技电子企业，其生产策划和关键决策依然需要人来执行。

（2）忽略数字化而过度追求智能化

有些企业管理者在推进数字化制造或智能制造项目时，一味强调要实现智能化，而忽略了自身是否具备相应的数字化条件。例如，尚未实现设备数据的自动采集和车间联网，就要实现生产过程的智能化；存在大量的信息孤岛，IT/OT 还未打通，就要建立工厂数字孪生，等等。这样的智能化即使建成了也一定是面子工程，给企业带不来任何实际价值。智能制造不可能一蹴而就，也不可能由一两个供应商通过实施几个项目就可以实现向智能化的飞跃。企业需要重视数字化基础设施建设，在购买设备或系统时都应考虑具备开放的数据接口或服务接口，逐步建立起企业内设备和系统互联的数字网络，然后谈智能化。

（3）将 MES 等同于智能制造

有些企业将 MES 与智能制造等同起来，认为上智能制造项目就是上 MES 系统，导致沉寂了多年的 MES 市场一时间又火爆起来。MES 是企业实现生产数字化的重要一环，这无可厚非，然而智能制造还远不止 MES。同时，并不是所有企业都适合上 MES，产品及生产装配过程相对简单、作业链比较短的企业就没必要上 MES 系统。

随着智能制造的兴起，MES 系统也在快速发展，融合物联网技术的新一代制造运营管理系统（Manufacturing Operation System，MOM）正在逐渐取代传统意义的 MES 系统。除了具备 MES 的基本能力之外，MOM 系统还具备生产层面的整体运营和管控能力，支持生产信息的全过程追溯。

因此，企业在决定上 MES 系统时，尽量选择偏 MOM 的系统，以整合生产过程中的所有数据，更便于实现各个系统间的协作，有利于智能制造的持续推进。

（4）工业设备上云

工业设备上云正成为一股热潮席卷我国制造业，尤其是中小型制造企业。设备上云对于工业互联网平台的能力提升和生态构建具有非常重要的意义，但对于制造企业而言，其业务价值和商业模式有待进一步加强。

如前所述，生产现场对数据的实时性要求很高。在 5G 技术正式商用前，将设备数据采集到云端进行统一管理和应用，无法为企业解决实质性的诸如生产效率提升或设备非计划停机率降低等问题，而更多是为当地宏观经济数据提供支撑。工业云平台供应商需要立足于制造企业，提供可靠、高效的设备维修或技术服务，通过预测性维护提前预测设备故障，在故障发生前提前通知企业做出响应。同时，通过设备侧的边缘智能来弥补云端响应能力的不足，也是不可或缺的。

6.4　数字化制造体系架构

6.4.1　数字化制造业务架构

企业在构建数字化制造体系时，需要基于统一的数字化转型体系架构，以保持与研发、服务等业务的一致性；同时，采用统一的工业互联网技术体系，更易于实现全寿期、全价值链的数字主线，以及基于数字主线的各种跨系统、跨组织的业务应用。因此，在数字化制造体系架构中，依然基于前、中、后台三层架构构建数字化制造的核心能力，如图 6-14 所示。

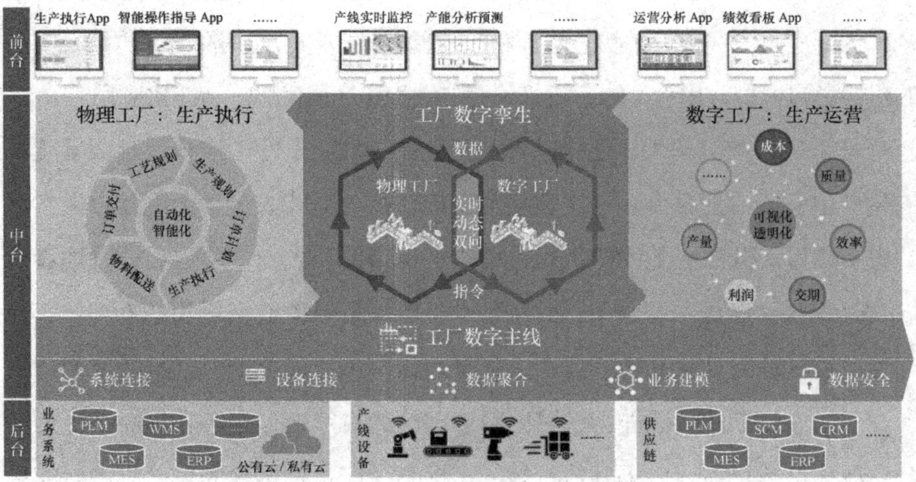

图 6-14　数字化制造业务架构

同理，对于数字化制造而言，关键在于打造中台的核心业务能力。后台借助工业互联网平台的广泛连接能力实现异构设备和业务系统的连接，再利用其业务建模能力实现生产过程数据的聚合。而前台则利用工业互联网平台的工业 App 开发环境，快速调用中台提供的各种数据服务，以支持前端各种制造业务的需求。数字化制造中台提供两大技术能力，即工厂数字主线和数字孪生，以及两大业务能力，即生产执行和生产运营。

工厂数字主线是数字化制造的核心。企业通过工厂数字主线可以实现生产过程中三大数据流的打通，即产品数据流、生产数据流和供应链数据流，并基于产品和订单信息实现三大数据流之间的互联互通。工厂数字主线为工厂数字孪生和制造业务提供数据基础，是企业在推进数字化制造前期重点建设的内容，包括异构设备和系统连接、数据采集、业务建模等。

工厂数字孪生通过建立多维度、多要素的工厂数字模型，利用工厂数字主线中的各种数据来驱动工厂数字模型，建立与物理工厂之间实时、动态、双向的映射，并通过传统机理模型和机器学习模型的融合，用于生产过程的仿真、预测和优化。工厂数字孪生是制造数字化的综合体现，也是企业向智能化转型升级的重要标志。初级阶段的首要任务在于实现工厂数字模型和机理模型的融合，主要用于产线仿真、状态监控和故障预警等；随着应用深入，再融合复杂的机器学习模型，用于产能预测、预测性维护和产线优化等智能化应用。

基于工厂数字孪生，还可以进一步促进物理工厂的生产执行与数字工厂的生产运营的深度融合。通过数字孪生的仿真分析能力，生产运营可以实时洞察多维度、分层级的生产执行过程中各环节的状态，使各层级的管理者可以实时掌控生产成本、质量、效率、交期、产量等关键指标的动态变化，提高生产过程的可视化和透明度，以便及时做出响应和决策；通过数字孪生的实时、动态、双向映射能力，可以将管理层的决策转化为各种指令下达给后台系统或产线设备，以提升执行效率，提高生产执行过程的自动化和智能化程度，解决了传统企业运营管理与生产执行环节脱节、指令下达不通畅的问题。

由此可见，工厂数字主线和工厂数字孪生将是未来企业进行数字化制造转型的两大重点建设内容，将全面提升企业的数字化水平，为生产执行和生产运营提供实时、高效的技术支撑。

6.4.2 数字化制造技术架构

传统制造企业要构建工厂数字主线，实现数字化制造转型升级，需要从技术层面贯通横向集成和纵向集成，实现“人、机、料、法、环”五大制造要素的有机融合，才能洞悉生产制造各个环节中的数据信息，实现生产制造过程的透明化、可视化。

横向集成即从用户需求到产品交付运营，覆盖产品全生命周期横向价值链的端到端业务集成，涉及用户、研发、供应链、生产制造、市场营销、服务运营等多个业务领域的贯通。不同的业务领域往往存在不同的业务系统，如 PLM、SCM、ERP、CRM、MES 等。这些业务系统承载着各专业领域特定需求的信息化解决方案，其技术架构、数据结构、服务接口等都可能千差万别。

纵向集成则是解决企业内部从生产设备、生产执行、生产计划到企业运营管理之间的数据流转和传递问题，也就是 ISA-95 制造金字塔中从 Level 0 到 Level 4 的贯通。我们更多地称其为 IT 和 OT 的融合，是数字化制造的核心数据来源。打通纵向集成，将贯通隐藏在生产过程各个环节的数据和信息，有效提升工厂的透明度和生产运营效率。

企业在实现数字化制造过程中，既需要通过纵向集成实现 IT 和 OT 的融合以实现企业内部生产运营的数字化，同时也需要通过横向集成实现生产制造与研发、服务、供应链等价值链端到端集成，提升企业运营和决策效率，最终实现以数据驱动的新型业务模式。如前所述，企业现有的信息系统，无论是 PLM、ERP 或者 MES，都无法胜任这些复杂的集成和广泛的连接，而这正是工业互联网平台的价值和优势。基于工业互联网平台构建企业数字化制造的技术架构如 6-15 所示。这个架构的核心优势是在不改变企业现有的信息系统和产线设备等基础设施、不影响企业正常生产运营和业务运作的前提下，通过工业互联网平台延伸和扩展企业的数字化能力，逐步构建工厂数字主线和工厂数字孪生技术能力，重构生产执行和运营业务，提供实时、可视化应用体验，最终实现从传统制造模式向数字化制造模式的平稳过渡。

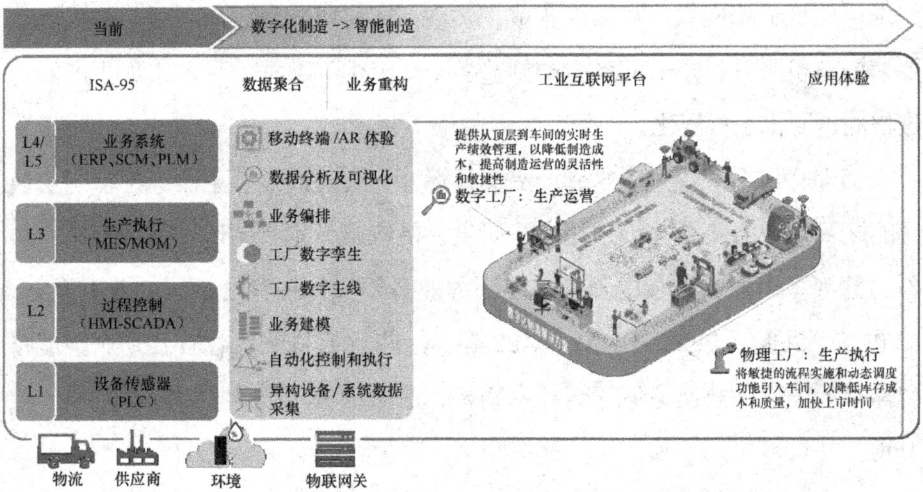

图 6-15　数字化制造转型技术架构

（1）数据聚合

利用工业互联网平台的异构设备和系统连接能力，打通纵向集成和横向集成，并利用业务建模技术实现纵向生产过程中的数据与横向产品全寿期、全价值链数据的深度融合，为业务创新提供数据支持。

（2）业务重构

在这个层面，首先要重构的是跨系统、跨组织的业务，如设计/工艺与生产现场的协作、生产制造与供应链的协作等，以充分利用工业互联网平台打造工厂数字主线的核心能力和优势，使企业能在短期内获得数字化效益，进一步增强数字化信心。随着应用的深入，企业可逐步重构数字化生产运营和生产执行相关业务，从而实现生产制造过程的转型升级。

（3）应用体验

面向前端业务和用户，基于工厂数字主线和数字孪生，快速构建基于角色的 App 应用。这些应用将打破传统的业务壁垒和组织壁垒，不再受限于企业现有的业务系统和组织架构，支持跨系统、跨业务流程编排，通过移动终端和 AR 眼镜等新技术手段为终端用户提供全新的应用体验，大幅提升数据的实时性和可视化。

6.4.3　数字化制造应用架构

然而，对于制造企业而言，还需要进一步规划数字化制造应用架构，以便在实际应用建设过程中明确 MES/MOM 系统与工业互联网平台的定位，并从全局、长远的角度来规划各自建设的功能。如前所述，当前 MES 和 MOM 已经呈现融合的态势，因此下文将不再分别表述，以 MOM 统称。

MOM 系统是企业在制造执行过程中的主要数据源系统，承载了生产执行和运营管理的核心业务能力，工业互联网平台不能完全替代这些系统。所谓术业有专攻，即在平台定位上应该发挥各自的优势，坚持“让专业系统做专业的事”的原则。图 6-16 给出了一个基本的应用架构，由于各个企业的实际情况千差万别，此架构仅供读者借鉴和参考。

图 6-16　数字化制造应用架构

在平台定位过程中过，企业可从以下几方面考虑。

（1）数据采集

如前所述，工业互联网平台具备强大且广泛的连接能力，包括异构设备、传感器和各种工控系统。虽然MOM系统也有不同程度的设备连接和数据采集能力，但从数据采集、协议转换等的标准化、规范化角度，建议采用工业互联网平台作为统一的数据采集和协议转换平台。这样有利于未来设备、新厂房的快速扩展，也为数字主线和数字孪生打下坚实的数据基础。

（2）工厂数字主线和数字孪生

这是工业互联网平台的核心优势，自然在其上构建。通过数字主线打通产品数据流、生产数据流和供应链数据流，为MOM系统提供更加完整、全面的业务数据，有利于其更加快速、高效地开展生产协作和业务应用。工厂数字孪生则需要来自MOM的数据，通过建模分析后实现生产运营过程的实时洞察和可视化。

（3）业务应用

生产执行和运营的核心业务依然在MOM中执行，如计划排程、工单执行等。工业互联网平台在生产执行层面可以为MOM系统提供必要的补充或扩展，如员工操作指导、互联工作单元等为车间工人提供简洁的整合界面，以降低操作浮渣度，提升工作效率，将数字主线应用延伸到生产现场。在运营层面，工业互联网平台有更加全面、完整的数据，以及机器学习和快速应用开发能力，再结合数字孪生等为不同层级的企业管理者提供更加直观、高效的运营体验。因此，企业在保持现有MOM应用的基础上，可以在工业互联网平台扩展或开发新的应用。图6-16给出的工业互联网平台应用仅供参考，企业在实际应用中可结合自身业务进行各种创新。

据LNS预测，随着工业互联网技术的发展和应用的深入，MOM系统将逐渐与工业互联网平台融合，未来将支持开放式服务架构和分布式部署模式，可将MOM应用移到工业互联网平台上；甚至到MOM 4.0时代，MOM将彻底融入工业互联网平台中[①]。

---

① LNS Research, Jumpstart Digital Transformation With MES: The Road to Manufacturing Operations Maturity in the IIoT Age, 2017.

6.5 工厂数字主线

“人、机、料、法、环”是企业生产制造过程中的五大要素，工厂数字主线就是要融合这些关键制造要素，实现全寿期、全价值链的打通。如图 6-17 所示，制造过程的数据链路要比产品设计阶段的复杂得多，相应的业务逻辑也要复杂得多。

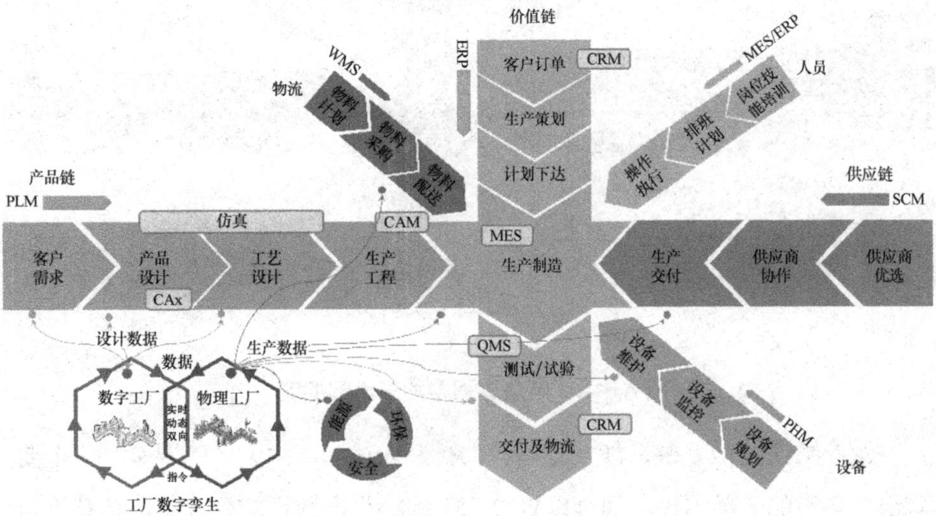

图 6-17 工厂数字主线

如前所述，生产制造过程中主要有三大数据流，即产品数据流、生产数据流和供应链数据流，就是根据生产过程将这五大要素的数据有机衔接起来，如图 6-18 所示。而工厂数字孪生就是在工厂数字模型的基础上实时抽取三大数据流中各个环节的数据，形成虚实工厂的动态映射。

产品数据流相对比较明确，主要是对接产品设计过程中产生的数字产品数据，以 BOM 和模型为核心的产品设计模型、图纸、技术文件和工艺规程等。这些数据在生产过程中用于指导和规范生产装配、质量检验等，使数字产品通过生产装配成为物理产品。这是一个双向的过程。一方面，制造过程需要实时接收来自设计的发放数据和更改数据，以确保指导生产的数据是及时准确的；另一方面，在生产制造过程中产生的任何质量问题需要及时反馈到设计、工艺环节，以确保及时发现问题并得到闭环。另外，生产过程中物理产品的数据与设计数据相结合，进一步用于指导后续的产品服务和运营过程。

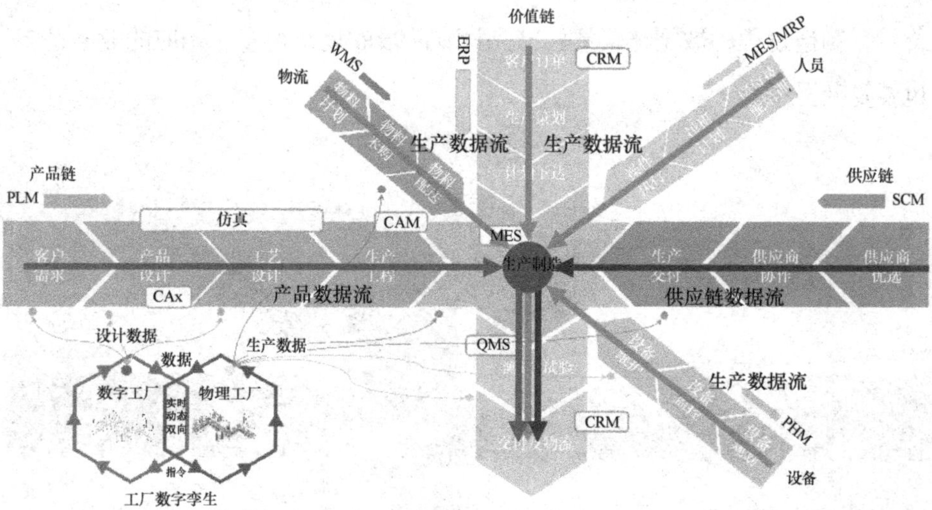

图 6-18　制造过程中的三大数据流

生产数据流最复杂，涉及订单、物料、人员和产线设备等要素，每个要素都有各自的子数据流。通过以订单为主线将生产数据流分为生产计划、生产准备、生产执行和产品交付等几个阶段。在生产准备阶段，订单数量等作为物料、人员、设备数据流的输入，并在生产执行阶段汇聚形成完整的生产数据流，人员、设备到位，物料按时按序配送，确保生产执行过程有序、高效、保质地开展。

供应链数据流则通过与供应商交付计划和交付状态的对接，使供应商零部件能够按时、按质地汇入产品的装配序列中。在数字供应链网络中，企业将可以直接与供应商工业互联网平台对接，实时获取供应商生产进度和交付计划，实现供应链数据流的透明度，进一步提升生产计划的精准性和可预测性。

这三大数据流在生产执行过程中汇聚，构成了工厂数字主线，是制造数字化的核心。

6.6 数字孪生应用

6.6.1 设备数字孪生

设备数字孪生是产品数字孪生的典型应用之一，通过建立设备三维模型，采集设备关键性能参数，实时监控设备运行，并基于运行数据进行预测性分析，降低设备非计划停机率。设备数字孪生的运作过程如图 6-19 所示，其核心和难点是在设备数字模型的基础上构建设备机理模型和仿真分析模型。这需要专业领域的知识积淀和专家，笔者建议找专业的供应商来共同建立这些模型。

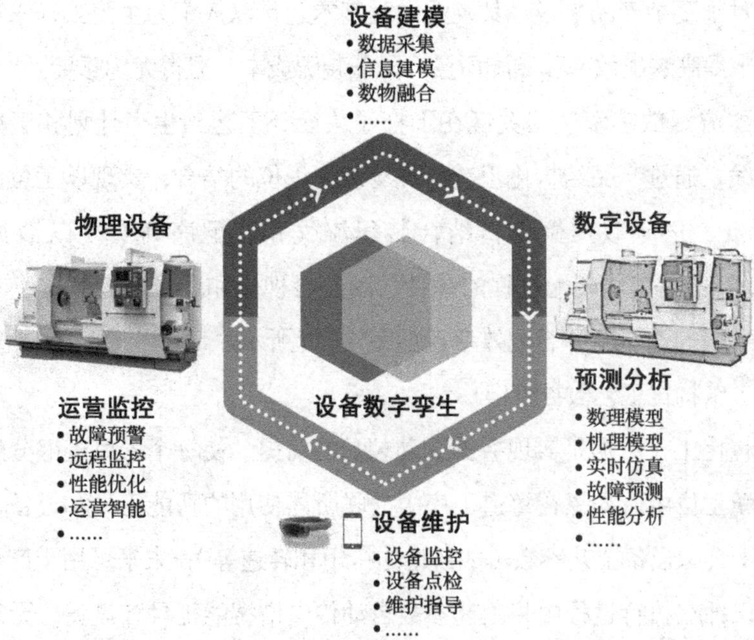

图 6-19　设备数字孪生的运作过程

设备数字孪生除了可以实现远程监控和预测性维护以外，还可以结合AR技术在现场进行设备实时状态监控、设备点检和现场维修指导等。详细内容将在6.7节中介绍。

6.6.2 产线数字孪生

产线数字孪生是一种流程数字孪生，将产品生产、装配流程以数字化形成呈现，以工位为基础汇聚本工位相关的人、机、料和产品等相关数据，并驱动数字化装配流程的运作，便于实时、动态监控产线运行状态，实现生产装配过程的可视化及生产现场问题的实时预警。下面以装配流程为例进行说明。

装配是制造过程中的最后一个环节，也是最重要的环节。这个环节是根据规定的技术要求，将零件或部件按相应的工艺流程组装，并经过调试、检验使其成为合格产品。装配过程是影响产品质量、性能、成本和交期的重要因素。对于复杂产品来说，其装配过程基本还是以人工为主，如何采用数字化技术来提高装配效率和装配质量，降低装配成本，显得尤为重要。

装配流程数字孪生的关键在于打通从设计工艺到生产计划和工单等的数字主线，通过产品结构化工艺与现场装配工位的结合，实现以工位为基础的人、机、物等数据聚合，结合装配流程和装配序列实现以数据驱动的装配流程，实现装配过程的综合、动态可视化和现场问题预警，有效提升装配过程的透明度和装配效率，如图6-20所示。

（1）结构化工艺数据管理

结构化工艺数据是实现数据驱动装配的前提，使每个工序能够分配到不同的装配工位中。如果在每道工序中关联所需使用的智能工具和设备，定义相应的工具和设备工艺参数（如铆枪的扭矩和转速等），未来可用于产线规划和平衡，并在执行过程中将工艺参数自动传递给智能工具和设备，无须再人工设置，从而提高装配效率和准确率。

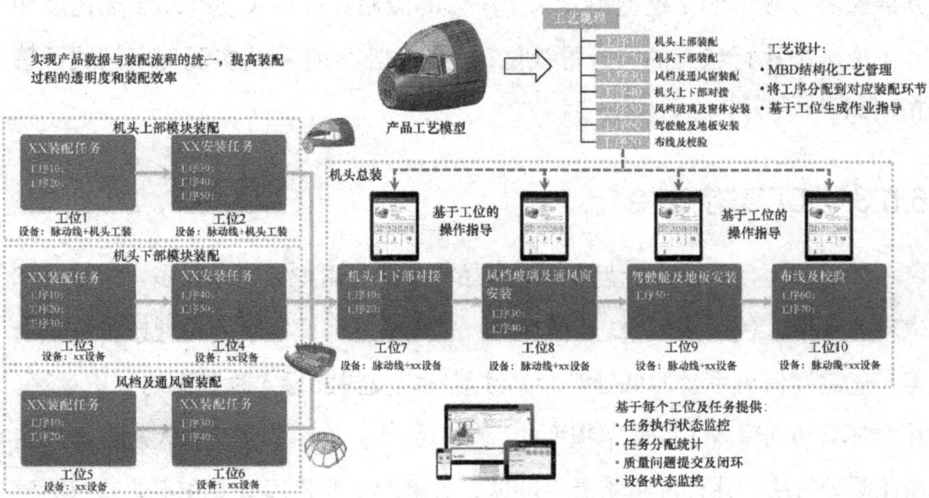

图 6-20　装配流程数字孪生

（2）工位数据聚合

以工位为核心，构建工位数据模型，聚合与该工位相关的所有数据。包括来自设计的工艺模型、工序以及参装件，来自 ERP、MES 的工单，来自现场工具和设备的实时状态数据、操作人员数据，以及现场执行过程中的质量问题等数据。通过单一界面实现工位数据的可视化浏览和录入，能够简化现场人员的操作，提高操作效率。

（3）装配流程数字模型

基于前期仿真规划确定的装配序列，以串/并行关系将多个装配工位联接起来，构建完整的产品装配流程模型。装配流程模型可以作为装配方案进行模板化管理，与产品配置以及工厂布局相配套，以支持柔性装配。装配流程模型中的每个装配工位都对应前述的工位模型，通过采集实时数据即可与实际的生产装配过程进行实时动态映射，实现装配流程数字孪生。

（4）数据驱动装配

以工单驱动现场的装配工作，通过工单中的产品配置和执行车间启用对应的装配流程方案，以工位为单位执行装配过程。工位执行数据实时反馈到装配流程数字孪生模型中，基于统一的应用界面可实现产品装配进度和各工位装配执行状态的实时可视化，通过数字安灯系统实现现场问题预警和闭环。

6.6.3 工厂数字孪生

如前所述，工厂数字孪生相对产品数字孪生来说要复杂得多，实现技术也较为复杂，包括工厂 3D 建模技术、机理模型和机器学习模型技术的融合等；还需要保证系统的低延时和高性能，以支撑海量实时数据的分析运算，并实时驱动高保真工厂数字模型的运转。另外，工厂数字孪生大规模推广应用还需要解决通用性和可扩展性问题，大量的工业机理模型和工业知识需要沉淀形成通用模型库和知识库，否则大部分企业无法承担昂贵的建设和维护费用。

目前，工厂数字孪生尚处于技术验证和应用探索阶段。比较典型的有 2D 或半 3D 的工厂数字孪生、工作单元级别的数字孪生，以及工厂/产线级别关键要素的数字孪生。

2D 或半 3D 的工厂数字孪生其实质是绕过了建立全量工厂数字模型的过程，直接利用工厂 2D 或者半 3D 的图片来直观展示工厂或产线的布局，通过叠加数据热点的形式来动态展示设备、产线的实时运行状态，如图 6-21 所示。其优点是简洁、直观，不影响系统性能；其缺点是工厂/产线布局图是固定不变的，不能随着产线调整而发生相应的调整，同时也不支持实时数据驱动的设备运动模拟和仿真，如机械臂或 AGV 的实时运动轨迹以及产品在产线上的移动等。这种场景一般用于仅关注产线关键 KPI 的监控和预警，实现难度不大，只需产线实时数据和关键 KPI 计算模型即可。

2D 工厂数字孪生如图 6-22 所示，用于可视化展示飞机总装线的实时运行状态，以便实时查看各个总装工位的物料、工具、人员的到位情况以及装配进度等。

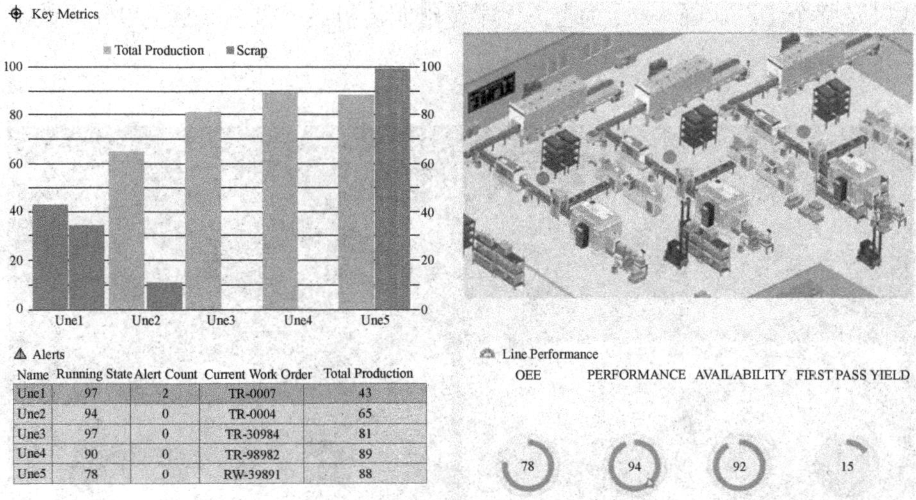

Name	Running State	Alert Count	Current Work Order	Total Production
Une1	97	2	TR-0007	43
Une2	94	0	TR-0004	65
Une3	97	0	TR-30984	81
Une4	90	0	TR-98982	89
Une5	78	0	RW-39891	88

图 6-21　半 3D 工厂数字孪生

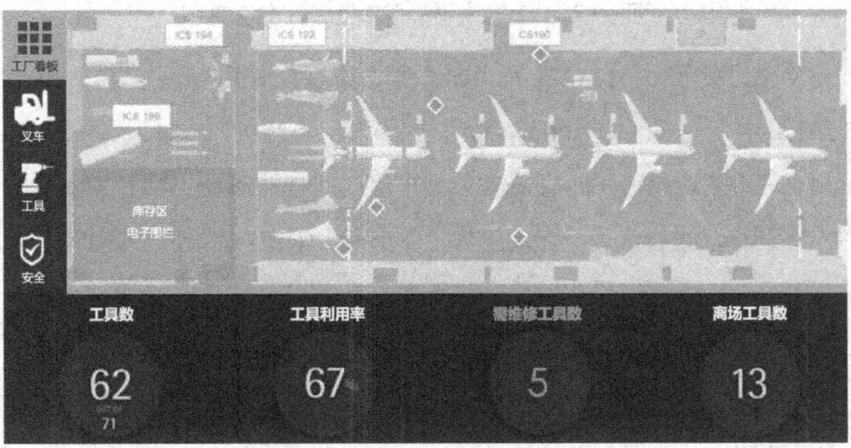

图 6-22　2D 工厂数字孪生

工作单元级数字孪生将 3D 建模从工厂缩小到了工作单元级别，以工作单元为基础实现完整的数字孪生内容，包括 3D 建模、数据采集、数据建模、机理模型和机器学习模型等。这种数字孪生有助于探索工厂数字孪生的技术实现路径，找出关键技术难点予以突破，并在此基础上沉淀各种工业机理模型，探索更高级、更智能化的应用，如机械臂的故障预测分析、上下料的最优路径求解等。随着技术的成熟和应用的深入，可逐步将孪生模型延伸至整个产线以及整个工厂。图 6–23 为上海大学智能制造机器人重点实验室单元级数字孪生技术的研究成果。

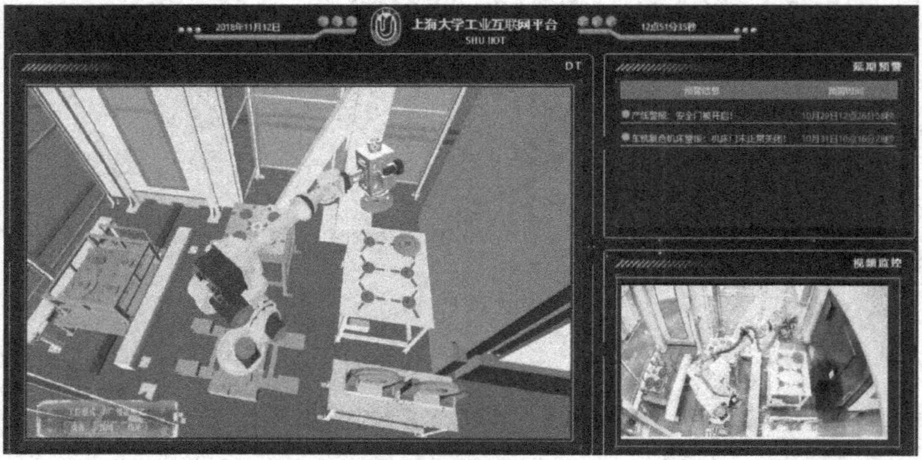

图 6–23　上海大学工作单元级数字孪生

这个生产单元由一台 HTC–50100 数控车铣复合加工中心、一台 VMC1000 立式加工中心、四台 FANUC 工业机器人、一台 V750 加工、一台蔡司 DuraMax 三坐标测量仪和两台 AGV 小车组成，按照车铣、钻孔、清洗等工序对汽车刹车盘进行半成品自动化加工。上海大学在自动化生产线的基础上，研究采用了 3D 模型轻量化技术、多源异构数据统一采集与过滤技术以及虚实同步技术，利用工业互联网平台建立了这个工作单元的完整数字孪生。同时，结合实际产线生产计划、生产信息监控等信息，可实现生产过程仿真、产线实时监控、产线效能分析等功能，如图 6–24 所示。

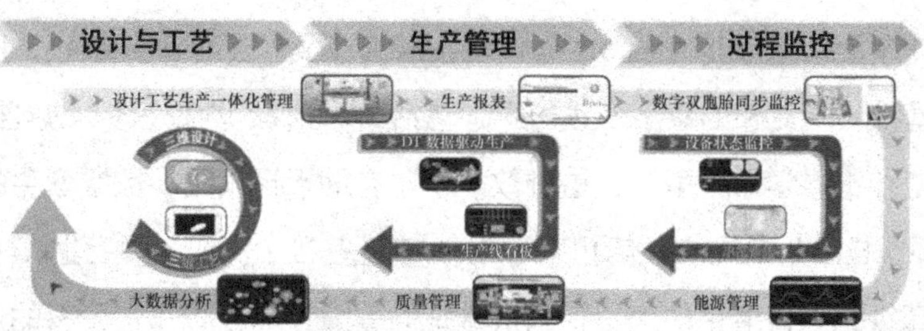

图 6–24　上海大学工作单元级数字孪生核心能力

工厂/产线级别关键要素的数字孪生则是立足于整个产线或工厂，将其中的关键要素如关键生产设备、AGV 等以 3D 模型形式构建局部的工厂数字模型，结合设备实时数据可监控工厂或产线的实时运行状态和关键性能指标。这种数字孪生与 3D、半 3D 数字孪生的最大区别在于有没有工厂/产线的 3D 模型，其他功能的区别基本不大。考虑到性能和实时性的问题，这种数字孪生尚无法实现利用实时数据来驱动设备运动，工业机理模型和机器学习模型上的应用也不足。图 6-25 为芬兰电信运营商 Elisa 提供的智能工厂解决方案。

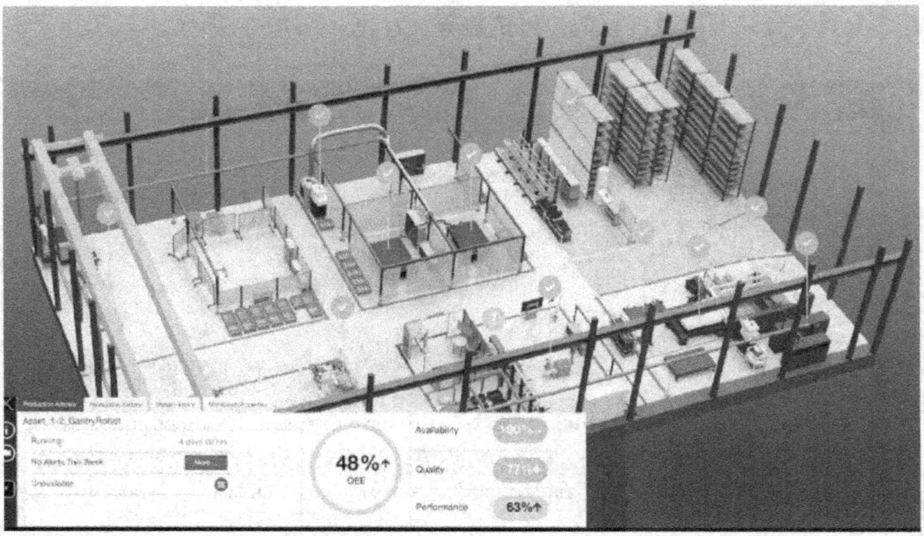

图 6-25　Elisa 工厂数字孪生[①]

虽然目前的工厂数字孪生尚存在不足，但是全球领先企业和科研机构已经纷纷投入工厂数字孪生技术的研究和应用，并且已经取得了一定成效。我们相信，随着数字技术的快速发展，真正的工厂数字孪生必将触手可及。

① 资料来源：Elisa 官网。

6.7 数字资产管理

6.7.1 设备实时监控

传统大型制造企业的设备资产分散在各个车间乃至异地工厂中，往往需要设备管理人员定期现场巡检，不仅费时费力、效率低下，而且以事后被动维护为主。工业互联网平台能够快速实现设备互联，使设备维护人员能远程访问、监控、管理、诊断和解决现场设备资产的问题，并在影响设备/产线正常运转前采取修正措施。设备实时监控能准确且清楚地显示设备运行效率、是否有异常或预警以及建议的改进措施等，示例如图 6-26 所示。

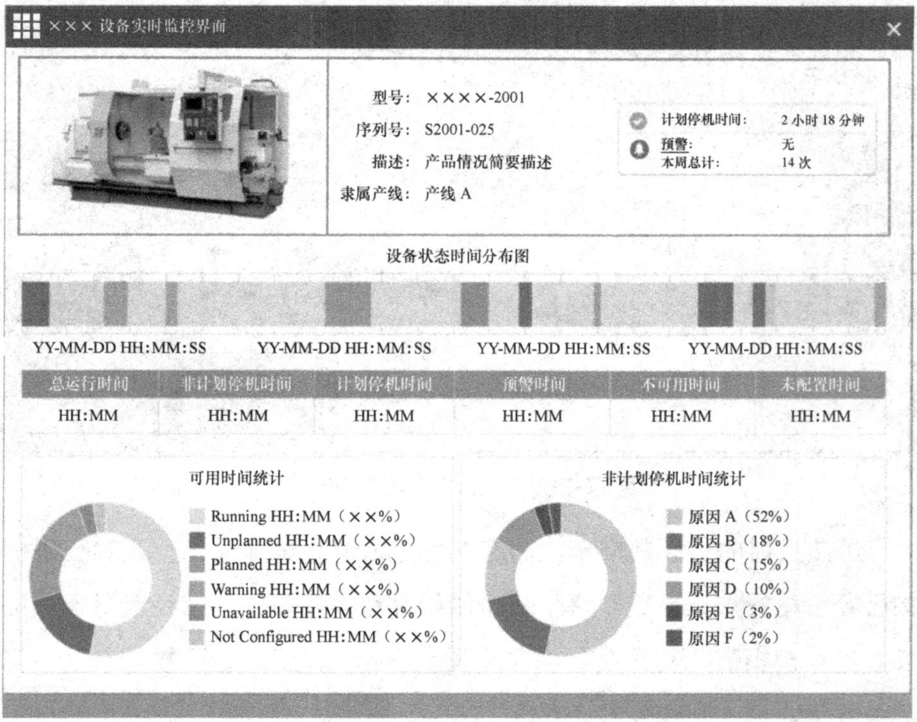

图 6-26　设备资产管理界面示例

通过设备实时监控，企业可以获得以下能力：

（1）远程访问互联设备；

（2）实时监控资产状况和性能问题；

（3）执行初步诊断，提出最佳服务响应；

（4）基于规则或异常运转情况生成警报；

（5）一旦发出警报，立刻远程采取服务措施，继而形成服务事件；

（6）企业内所有设备的故障统计和运转趋势分析。

同时，利用 AR 技术还可以为设备提供基于移动终端或 AR 眼镜的实时监控体验，使工厂经理或者设备管理人员在现场巡查中可以随时洞察设备关键指标和运行状态。这种 AR 应用场景非常简单易用，无需设备的 3D 模型，只需将设备的实时参数叠加到实物设备上即可。AR 内容设计及应用过程如图 6-27 所示。

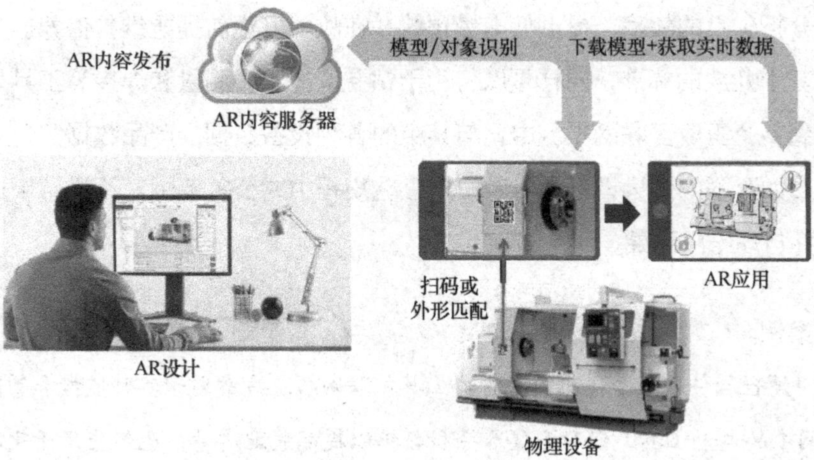

图 6-27　AR 内容设计及应用过程

借助工业互联网平台的数据采集、分析和应用能力，使 AR 应用可以获取设备的实时运行参数和状态数据，对设备资产和资源配置有了更深入的洞察，以便做出更明智、更及时的决策，优化车间的计划排程，提高了整个车间的生产效率和利润。

6.7.2 互联工具管理

生产制造过程中往往需要使用大量的工具如钉枪、扳手等来辅助工人完成相应的操作，熟练操作这些种类各异的工具对于新员工来说是非常困难的事。另外，有些工序对工具有严格的操作要求，如拧紧螺钉的扭矩值等，这对工人提出了很高的技能要求。如何实现工具管理的精细化和智能化已经成为企业数字化资产管理的重要一环。

企业可以利用数字化技术对生产环境中各种智能工具进行统一管理和维护，精确定位工具位置，跟踪工具的使用，避免工具被误用或误操作，提升生产安全性和产品质量；将智能工具与车间工位相关联，将工艺规程中定义的工具参数自动传递给相关工具，使工具在使用过程中自动根据参数进行控制，无须人工干预，显著提高生产效率；还可以记录这些工具的使用过程，预测分析工具的故障，提供低电量预警并在故障发生前提醒维护保养。

基于开放的标准，同样可以将用于钻孔、拧紧、测量和焊接等工具无缝集成到整个工业互联网平台中，与其中的各种设备数据、产品数据实现互联互通，如互联的测量设备就可以根据工艺规程中的公差范围对测量结果进行测定并自动给出结果。

案例

博世软件创新公司推出的智能工具物联网解决方案用于实时监控和管理车间中的电动工具，实时采集和分析数据以提高装配质量，已经应用于飞机的装配过程中[①]。对于客机而言，螺钉的类型和连接特定部件所用力的大小都有精确的规定，如机翼上的螺钉与飞机窗户上的螺钉使用的扭矩是不同的，这套解决方案能够精确定位这些工具在车间中的位置。由于装配飞机的工位是相对固定的，因此可以将工具与所需执行的操作关联起来，指定它应该用多大扭矩值拧紧哪一个螺钉，极大地提高了工人的工作效率并降低了故障率。

① PTC and Bosch Software Innovations Announce Alliance to Deliver Industrial IoT Solutions.

6.7.3 设备预测性维护

如何有效、精准地对设备进行维护，变被动维修为主动预防，避免设备非计划停机，降低设备维护保养成本，成为企业数字化制造转型亟需攻克的难题。

预测性维护（Predictive Maintenance，PdM）是指通过对设备运行状态进行持续测量和监控，使用工业数据建模和数据分析技术预测和诊断设备故障，在设备故障发生前提前采取修正措施。随着物联网、大数据、边缘计算等技术的成熟，预测性维护技术已经在工业制造领域得到广泛认可并开始规模化应用。基于持续的运行状态监控和测量参数，预测性维护能够预测设备关键零部件的剩余使用寿命等指标，也可结合专业领域知识或故障模式进行辅助决策、预测设备的运行状态、优化设备的维护时机等。

预测性维护通过数据采集、预测分析、现场维护、运营监控四个环节，形成了“物理—数字—物理”的闭环。

（1）数据采集：实时采集设备运行参数，利用工业互联网平台进行设备建模和实时数据存储，以便进一步预测分析。

（2）预测分析：使用设备建模和机器学习技术进行实时仿真分析，结合设备机理模型和专业领域知识，预测设备状态发展趋势和可能的故障模式。

（3）现场维护：基于预测的故障模式以及相应的维护策略，在故障发生前通知维修人员进行现场维护，利用 AR 眼镜或移动终端进行维修操作指导，提高维修效率。

（4）运营监控：实时监控设备运行状态，基于预测分析结果提前制定维护计划，降低非计划停机时间。

目前，设备预测性维护主要有两种应用模式，即异常预警和故障模式预测。异常预警主要用于设备边缘端，通过持续监听设备的关键参数，如震动、温度等，通过机器学习识别设备的正常运行模式。如图 6-28 所示，当检测到设备参数出现如信号振幅、周期或同步相位等偏差时则会自动报警。这里应用的机器学习模式主要是非监督学习，通过一段时间的正常运行和学习后自动鉴别出各个参数的正常运行模式。随着运行时间的增长，其鉴别的准确率越高。当然，如果可以明确界定设备的异常模式，如油量低于 10% 等，则可以通过输入特定参数的阀值来简化学习过程，提高报警的精准性。

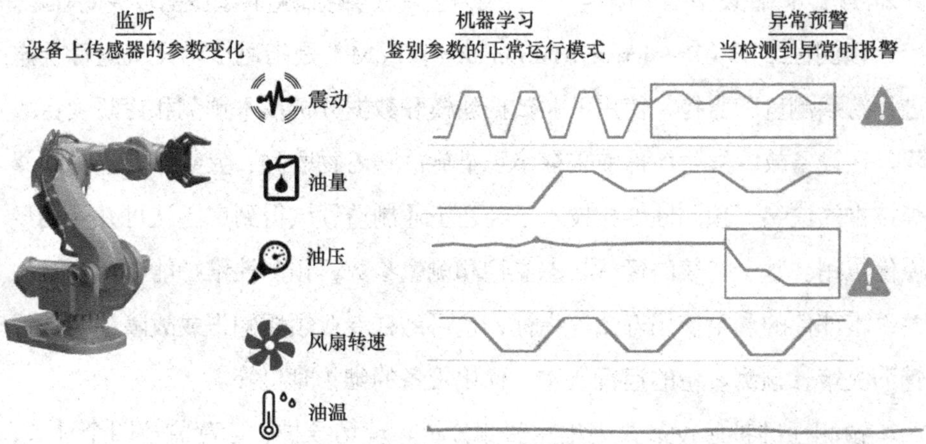

图 6-28　设备异常预警示例

故障模式预测则相对复杂，是一个监督学习的过程，需要足够的样本数据集训练得到故障预测模型，经检验确认后部署预测模型，基于实时运行数据进行故障预测。

案例

FlowServe 是业内领先的综合流体管理产品制造商和售后服务供应商，向电力、石油、天然气和化学品等多个行业供应泵、阀门、密封件等产品和服务。以前，泵类产品的运行参数及健康状况无法实时获取，只能通过设备定检或事后维修来保证设备的正常运行，这导致了客户业务中断以及每年数百万美元的损失。通过在工业互联网平台中建立轴承、密封垫和叶轮等关键零部件的故障预测模型，利用实时采集的工况数据如电流、电压、温度、震动、噪声、进出口的流速与压力等进行监督学习，训练得到一定准确度的模型用于故障预测，并在应用过程中持续优化。如图 6-29 所示，根据实际工况可以预测轴承、密封垫和叶轮的预计失效时间，以便提前安排人员和备件到现场进行更换和维护操作，有效降低了设备非计划停机率[①]。

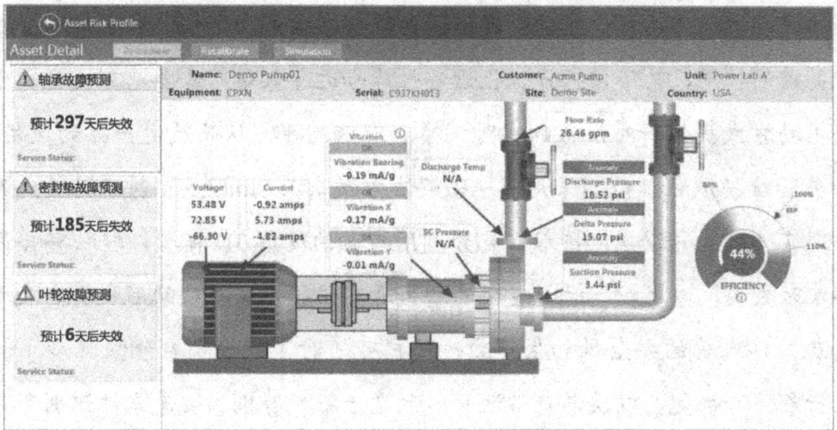

图 6-29　FlowServe 预测性维护案例[②]

6.7.4　设备维修指导

当生产设备出现异常或故障时，如何快速及时地修复并恢复运行、最大限度地减少设备非计划停机时间，将直接影响产线的生产效率，也是很多企业实施工厂数字化时需要解决的首要问题。

AR 技术能够帮助用户在真实环境中进行可视化指导，与数字内容实现交互。AR 维修指导可以通过 AR 眼镜或移动终端实时获取设备运行参数，诊断设备故障，结合专家知识库和维修历史记录，给出维修建议并通过虚实结合方式分步骤、直观地指导维修过程，从而有效提升设备的一次性维修通过率，减少设备非计划停机时间。对于现场疑难问题，可以在线联系远程专家，基于同一 3D 现场场景进行实时协作和支持，以解决不熟悉或意外的设备问题。

① PTC, Flowserve Increases Efficiency and Reliability in the Field with IoT.

② 资料来源：PTC 官网。

案例

Howden是专业生产大型工业风机、鼓风机、工艺气体压缩机和回转式热交换器的跨国领先制造厂商。这些设备在生产和运营流程中起到了非常关键的作用，为了使客户优化设备性能和运营效率，需要以可视且易于使用的方式提供针对设备的实时洞察和维修指导，从而改进产品的使用、服务和维护流程。他们采用了AR解决方案来为HoloLens创建沉浸式混合现实体验。借助AR技术，充分利用丰富的设备3D模型，轻松整合设备实时数据，以提供实时、直观的增强现实体验，从而帮助用户提高效率以及工作人员的安全性和生产力。用户可随时了解设备在相应环境中的运行条件和性能，以改善日常运营。预见性维护警报、快速零件识别和分步骤维修指导提供了与解决问题相关的所有信息，因而提高了设备运行效率，并降低了非计划停机率。[①]

6.8 数字绩效管理

6.8.1 生产运营分析

从工业互联网中释放价值的决定因素取决于如何分析原始工业数据以提供有价值的分析和洞察。麦肯锡的一份报告指出，企业可以通过工业数据分析实现生产运营智能，获得一系列的商业利益，包括高达50%的产品开发成本降低、30%的毛利增长和25%的运营成本降低[②]。

对于制造企业而言，生产运营智能不仅仅是数据，还有隐藏在这些数据背后的业务逻辑和运行机理，通过这些逻辑和机理，结合实际的生产运

① PTC，Howden Creates Mixed Reality Solutions to Enhance Customer Experience.

② McKinsey, The Age of Analytics: Competing in A Data-Driven World, 2016.

营环境，把分散在各个环节的数据有效衔接起来，挖掘出这些数据真正的业务价值，从而帮助企业诊断和主动识别产品缺陷、产线效率问题、设备故障等，实现对生产运营的深度洞察。工业互联网平台的优势在于通过数字主线可以为企业实现全面的运营智能化提供强大的数据支持，再结合机器学习和统计分析能力为企业提供多维度的、灵活可扩展的数字运营和绩效看板。

企业可以在以下应用场景实现生产运营的数字化和智能化。

（1）基于工位的统计分析：数据驱动的装配使生产过程中的所有数据都能够以工位为基础得到收集和记录，基于此可进行一系列的统计分析，包括工位节拍分析、生产周期及瓶颈分析、基于工位的物料预测、员工绩效评估、质量问题相关性分析等。

（2）产品工艺优化：综合制造过程中设备、效率、成本、能耗等数据展开建模分析，实现运行过程的状态监测与工艺参数优化。通过将工艺参数、设备运行参数与产品质量性能、产线产能、能耗等数据进行关联性深度挖掘，形成数据闭环，得出最优工艺参数和设备运行参数，以优化产品工艺，提高产品质量和生产效率。

（3）KPI 智能预警：设定预警 KPI，通过对实时数据流的异常检测，基于条件、阈值或者运算结果实时对 KPI 进行异常预警，提供更有效的日常生产运营支持。

（4）预测性维护：如前所述，通过预测维护模型的组合（包括预防性、预测性等），在过程早期发现并解决生产异常，确保产线/设备的正常运行。

（5）产线优化：基于产线历史运行数据和曲线建立产线绩效基准，进行产能预测和物料配送，发现产线瓶颈和低效问题，从而有针对性地加以改进，持续优化绩效指标和性能。

当然，鉴于工业互联网平台的开放性和可扩展性，随着企业应用的深入，工业数据分析应用将会精彩纷呈，成为企业运营智能化的综合体现。

6.8.2 数字绩效看板

最大限度地提高生产率，降低生产成本，是全球制造企业孜孜以求的目标。毫无疑问，要实现这个目标，首先需要解决的问题是提高对企业生产运营中关键指标（KPI）的实时可见性。然而，企业在推广 KPI 指标统计考核的过程中，由于缺乏统一化、标准化的 KPI 衡量体系，不同指标、不同车间或工厂的衡量方法的差异性导致无法形成统一的衡量基准，使公司高层制定的 KPI 无法落地。另外，很多 KPI 指标缺乏有效的数据支撑，难以追溯导致指标下降的根本原因，这使问题进一步复杂化。

因此，企业要全面推行数字绩效管理，首先需要有一套统一的、规范化的 KPI 指标定义和计算规则，其次需要有统一、全面、IT/OT 融合的数据支撑平台，两者缺一不可。而工业互联网平台构建数字主线为企业实施数字绩效管理提供了全过程、全价值链的数据支撑，同时可以将企业的 KPI 指标计算规则定义到工业互联网平台中，形成在全企业范围内 KPI 指标计算、衡量的基准，并通过统一的数字绩效看板实现从车间到集团各个层面 KPI 指标的可视化、透明化。数字绩效管理将帮助企业从基于指标分配的 KPI 核算转向基于实际运营结果的向上统计分析，从而提高 KPI 指标计算的实时性和准确性。

在工业互联网平台中，企业不仅可以集中监控设备的性能指标，还可以关注其他成本因素，如材料、人力和质量等，从而实现全面的生产绩效管理数字化。企业还可基于此进一步推进生产运营的精益化，以优化车间生产制造现场管理，向“零浪费、零故障、零缺陷和零库存”的世界一流制造企业迈进。

工厂层面的数字绩效看板示例如图 6-30 所示。企业可以从不同的维度如能源、效率、产量等，也可以从不同的层面如产线、车间、工厂等，定制不同的绩效看板。每个看板展示的指标也可以根据各自企业的 KPI 来配置，甚至每个 KPI 的计算方式都可以在平台中进行预先定义。

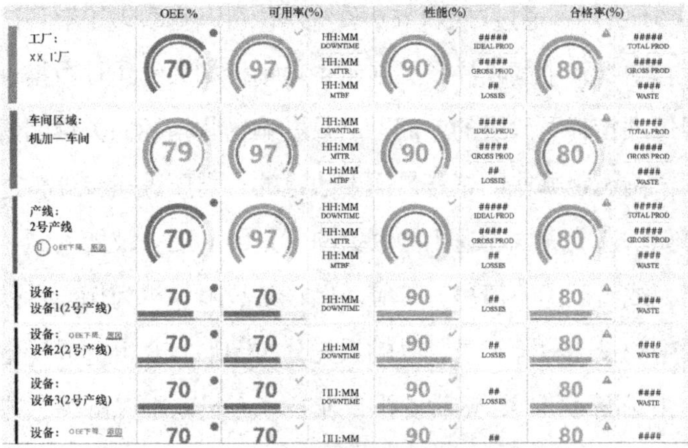

图 6-30　数字绩效看板

6.8.3　OEE 分析

数字绩效看板中的每个 KPI 指标都可以逐级往下钻取详细数据，以便进一步分析问题根因，找到提升指标的解决方案。下面以设备综合效率（Overall Equipment Effectiveness，OEE）为例进行产线瓶颈分析。

OEE 是用来衡量企业生产能力的一个重要指标。提升产线或者设备 OEE、降低非计划停机率是企业改善产能瓶颈、提高生产效率、降低生产成本的重要手段。通过产线 OEE 的综合统计看板，可以分析发现在一定周期内影响产线 OEE 的关键因素，从而进一步分析问题根因。

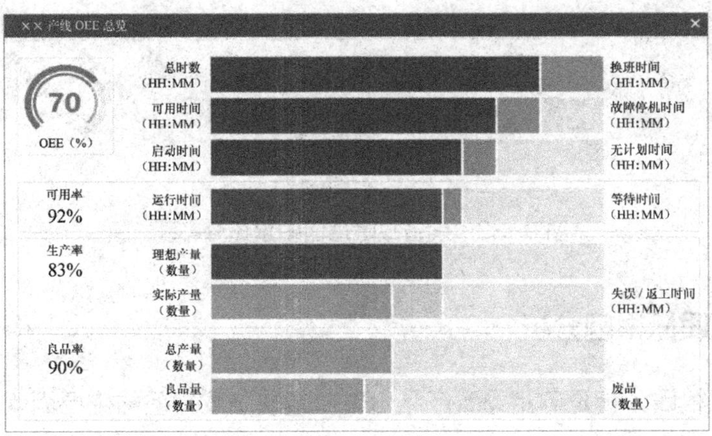

图 6-31　产线 OEE 总览

如图 6-31 所示，通过产线 OEE 总览左侧可以直观地了解到产线当前各项指标的运行情况，中间以柱状图展示每项指标相关的统计数据，同时在右侧可以发现每项指标可改进的空间，以及影响这些指标的关键因素。企业需要结合实际情况确定哪些因素是最需要改进的，需要进一步分析造成该问题的原因。例如，造成失误和返工的最大原因是因为工人技能问题，还是操作指导太复杂，或者表述不清楚，等等。以设备故障停机为例，可以通过工业互联网平台中的设备故障记录，以帕累托分布图形式获得造成设备停机的主要故障类别（见图 6-32）；然后安排专业技术人员以彻底解决这些设备故障问题，从而实现设备可用时间的提升。同样，可以利用工业互联网平台提供的数据和分析能力，对每个指标进行具体深入的分析，找到进一步提升的空间。

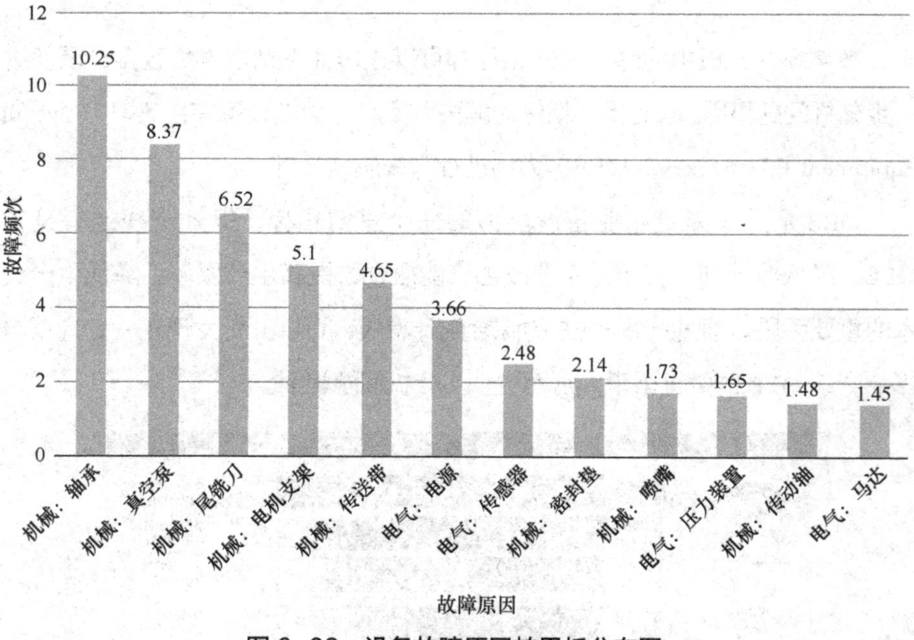

图 6-32　设备故障原因帕累托分布图

6.8.4　质量根因分析

质量根因分析是确定导致产品出现质量缺陷或偏差的主要因素的过程。所谓“根因”就是要透过中间或间接因素，找出真正导致生产线质量下降或资产的 OEE 下降的根本原因。传统的解决方法主要是依靠现场专家的知识和经验，然而生产现场如此复杂，人往往无法全面考量生产过程中的每个环节和影响因子。而且，即使找到了问题的根因，由于缺乏有效的数据和平台支撑，也无法准确、完整地定义问题，难以形成有效的纠正措施，避免问题再次发生。

贝叶斯网络（Bayesian Network）是一种典型的概率图模型，通过图中的节点表示影响因子，节点之间的连线表示两者因果关系的发生概率，从而模拟推理过程中因果关系的不确定性处理模型。贝叶斯网络是质量根因分析最常用的一种算法模型，以前在生产制造过程中难以应用的关键在于生产过程中产品质量的影响因子及发生概率很难人工统计，即使依靠专家经验也无法保证概率的准确性，导致最终计算结果与实际情况发生偏离。

工业互联网平台通过采集生产过程中所有环节的各种数据，为贝叶斯网络提供全面而丰富的质量影响因子。同时，其机器学习能力可基于生产过程中的历史和实时数据实现根因分析过程的自动化，从而减少对专家知识和经验的依赖。当然，这并不意味着不需要专家了，在模型训练和建立的过程中需要依赖专家来修正和完善影响因子，从而将专家经验和知识固化到分析模型中，以便共享和重用。

我们举例说明如何利用贝叶斯网络来分析制造过程中造成质量问题和偏差的根本原因。如图 6-33 所示，假设生产过程包括从原材料输入，经历 6 道工序，最后输出成品。图中六角形节点表示产品质量问题类型，圆形节点表示每道工序中的质量影响因子，通过虚线表示前后因子之间的因果关系。这个网络的建立过程就是机器学习模型的训练过程，需要专家基于经验或者已知的因果关系鉴别各阶段的影响因子。然后基于工业互联网平台收集的历史数据进行模型训练，进一步完善和优化网络模型。模型训练完成后，就可以部署到工业互联网平台中，基于实时的生产过程数据，通过关联分析发现新的影响因子，持续迭代和优化网络模型，提升根因分析的准确性。同时，还可以为新发现的质量问题添加新的问题节点，通过关联分析找到相应的影响因子。重复前述过程，实现自动化的质量根因分析。

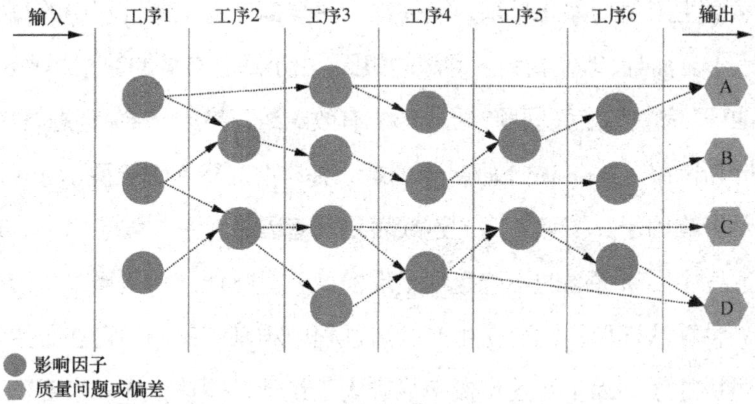

图 6-33　质量根因分析贝叶斯网络模型

6.9　数字化员工效率

6.9.1　互联工作单元

在生产过程中，销售订单经调度排产后生成生产工单，用来指导并管控产线和设备的生产执行。为了保证生产过程准确和产品质量，除工单外还需要来自 PLM 的 BOM 信息、工艺系统的工艺规程以及现场设备/工具的状态信息等，以指导工人执行生产操作。在传统的离散制造企业中，工单和操作指导相互独立，设备/工具状态无法实时获取，现场执行过程和质量问题无法追溯和闭环，导致装配效率低，装配质量无法得到保障。

互联工作单元以现场工位或机台为基础，将相关设备如机械臂、电动工具、检测设备等连接起来，以工单为执行基础，通过单一界面整合操作指导、装配模型、参装零部件等信息，以 3D 装配动画等方式指导装配，大大提高了工人的工作效率，减少了不必要的错误和返工，如图 6-34 所示。通过连接生产设备和工具，实时获取设备状态和执行结果；同时，实时记录装配/检验结果，实现质量问题的追溯和闭环管理。

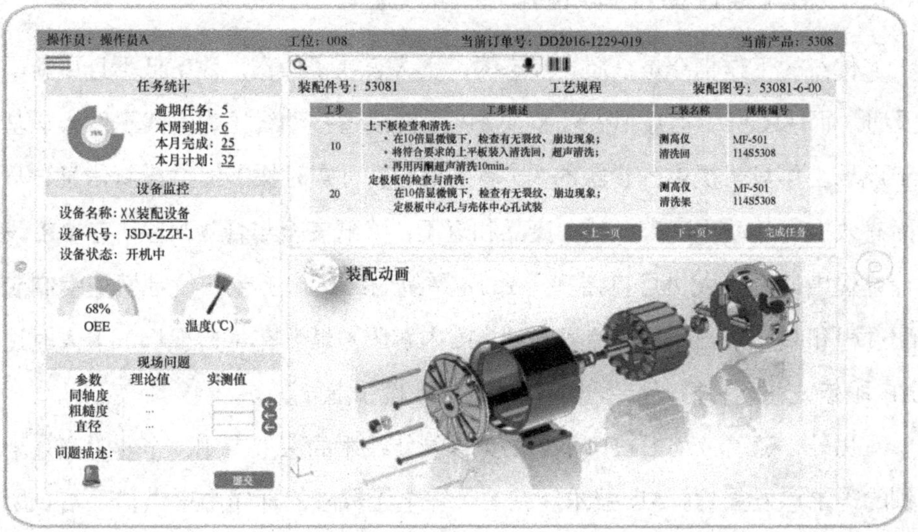

图 6-34　互联工作单元

通过这种一体化、直观、动态、实时更新的操作界面，现场工人可以实现跨设备、跨系统的数据交互和工作验证，大幅度减少工人的培训上岗时间，提高工作效率。具体可实现以下能力。

（1）基于单一界面的 IT/OT 数据聚合。

（2）实时更新的 3D 操作指导。

（3）智能工具和设备的实时状态监控和预警，如电动工具的低电量预警等。

（4）通过互联检验设备在线获取检验结果，自动根据工艺参数计算合格情况。

（5）在线提交现场问题，支持图片、视频的上传，通过相关工艺或设计进行问题闭环。

（6）现场故障或紧急情况可通过数字按灯提交警报，通知相关人员及时响应和处理。

（7）工单任务的查询追溯，如完成情况、执行记录、事件等。

（8）基于角色的权限控制，简单快速的个性化配置和可扩展性。

6.9.2 AR操作指导与培训

传统的工作指令是纸质、静态的，工人容易误操作，效率低下且更新不及时。而AR操作指导则可以通过AR眼镜或者移动终端为一线工作人员基于现场工作场景提供分步骤的3D操作指导，可实时按需提供最新信息，从而有效提高劳动生产率，减少废品和返工，降低安全与合规风险。在AR设计过程中，设计人员可直接基于PLM系统的结构化工艺和设计模型编制装配过程和装配动画，并快速发布到AR内容服务器。在生产现场，工人通过AR眼镜或移动终端直接体验互动式的AR操作指导。

另外，随着劳动力缺口不断增大以及新技术的深入应用，企业对高效培训的需求愈发强烈。AR技术能在一个安全无风险的环境中提供员工培训所需的模拟场景和信息，通过交互式三维数字操作指导和全面的产品可视化为新员工提供沉浸式的培训体验，缩短培训时间，提高培训效率，降低培训成本。

案例

BAE是一家跨国国防、安全和航空航天公司，其动力电池安装过程中采用了AR解决方案，仅用数小时和十分之一的成本便轻松地创建出基于微软HoloLens的交互式混合现实体验。有了这些分步操作指导，一线工作人员得以更快地装配电池，其工作效率提高了50%，新员工培训时间也缩短了30% ~ 40%。[①]

6.9.3 专家技能传承

随着产品复杂性和客户需求的持续增加，以及严格的合规性与安全性要求，员工技能与要求之间的差距正日益扩大。因此，对于制造企业来说，如何通过全新的方式有效地获取和传承专家知识，辅助一线工人快速准确地完成任务，将变得异常重要。

---

① PTC, BAE Systems Leverages the Power of Mixed Reality With Microsoft and PTC.

AR 提供了一种更有效的工作方式，可以将专业员工的经验和操作过程通过眼镜的摄像头实时录制下来，并生成为标准的操作程序，无需任何预存的内容和复杂的开发工作。整个捕获过程可由语音命令、手势控制完成基于位置的操作步骤。捕获程序发布后，工作人员可以在最需要的时间和地点通过 AR 眼镜在线获取录制好的分步操作指导，以提高员工的工作效率，减少废品和返工，同时保证了操作过程的安全性与合规性。这种应用尤其适用于关键工位，操作失误将造成巨大的浪费甚至整批产品报废的场景。另外，企业还可以轻松创建基于实践的培训和分步式 AR 任务指导说明，无需复杂、繁重的培训。

案例

Global Foundries 作为全球第二大半导体晶圆代工厂，其关键业务指标是最大限度地提升晶圆产量，以提高投资回报率。由于工作强度比较大、人员流失率很高，导致熟练工人紧缺。在某些情况下，一次操作失误就可能会造成高达 500 万美元的损失。之前，企业没有标准化的方法来获取其在工厂车间里技术专家的知识和技能。为一个流程创建一个标准操作程序（Standard Operating Procedure，SOP）文档可能需要 2 个月以上的时间，大多数培训都是由专家跟踪完成的，这很耗时且容易出错。通过采用 AR 技术，他们在工厂车间快速捕获技术专家的知识和操作技能，并基于工位生成 AR 操作指导，使培训和上岗认证时间减少了 50% 以上，SOP 的创建效率提升了 10 倍。[①]

6.9.4　员工绩效管理

传统的制造企业因为缺乏有效的数据支撑，所以无法对工人做出准确、及时的绩效考核，影响后续的计划排产、成本核算和员工培训等。采用计件或计时工资制的制造企业每个月都需要投入大量的人力进行员工薪酬的核算

① PTC Improves Workforce Efficiency with Launch of Breakthrough Vuforia Expert Capture Augmented Reality Solution.

工作，并且经常因为管理不透明引起不必要的纠纷，从而影响正常的生产计划。

采用数字化技术手段建立员工信息模型以及员工绩效指标计算模型，以工位为基础采集员工工作记录和产品质量数据，基于此实时计算员工绩效指标和技能等级。员工可通过可视化 App 界面实时获取个人绩效状态，快速生成个人绩效报告。工厂经理可实时监控员工/班组绩效，对低绩效员工给出相应的培训建议和培训计划，以提升员工的工作效率和质量，如图 6-35 所示。

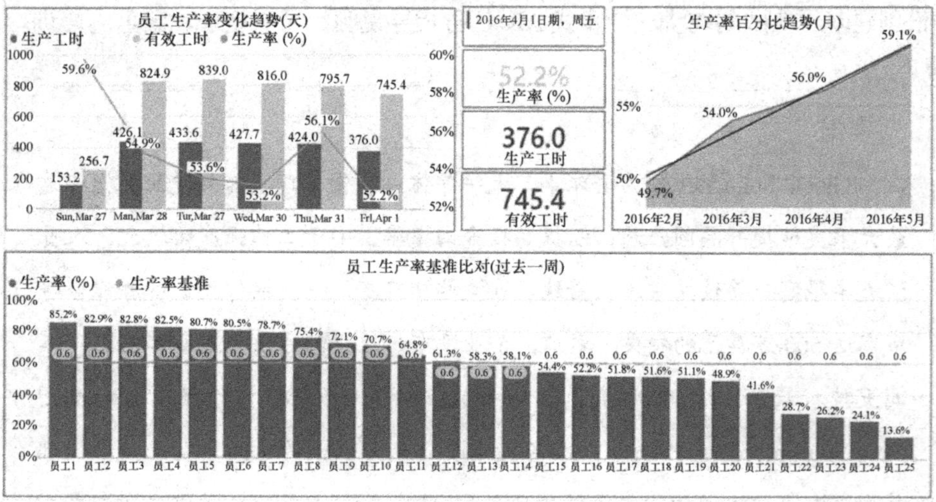

图 6-35 员工绩效看板

6.10 EHS 及供应链管理

6.10.1 能源监控管理

据统计，工业能源消耗占我国能源消耗总量的 70% 左右。由于缺乏有效的能耗监控手段，很多生产企业都存在能耗高、生产成本居高不下等问题。使用大量重型装备的企业尤其如此。在国家大力倡导节能减排的形势下，生产企业如何采用有效的手段提升能源利用效率、降低生产成本已经势在必行。

工业互联网技术的出现将彻底改变这种现状。区别于传统的工厂能源管理系统，工业互联网的异构设备互联能力将能源管理与设备管理有机结合起来，在节能减排的同时提高设备利用率，避免设备待机空转，对能耗异常设备提前预警；通过与各种生产系统的互联，将能耗与产能、班次等有机结合，进行综合能耗统计分析，进一步预测和优化能源配置。借助工业互联网平台的广泛连接和数据分析能力，可快速实现以下能源管理能力。

（1）工厂能耗实时可视化监控，可按区域、产线、班次、能源类型等分别进行统计。

（2）重点能耗设备监控，实时能效对标和异常预警，保障生产稳定性。

（3）结合产量，对标分析单产能耗，对异常能耗进行根因分析。

（4）能耗趋势预测，优化能源配置。

（5）能耗数据挖掘，分析预测设备的运行风险与产品的质量风险。

案例

作为世界领先的物流装备和能源装备供应商，中集集团一直致力于推进智能制造计划的创新发展。其子公司青岛冷箱率先应用工业互联网平台打造数字化工厂，实现全程可视化运营，并进行重点工艺过程分析和能耗分析，最终帮助降低运营成本，提升生产效率。通过分区域、分班次、单台能耗等数据的统计分析和对比，以及对高能耗设备的重点监控等，进一步分析能耗问题，使单箱能耗节省了 13.2%，仅这一项就可为企业每年节省约 64 万元生产成本。[①]

6.10.2　环保安全监控

我国自“十一五”以来，减少“三废”排放已经成为工业企业必须达到

① 参考 PTC 官网文章《中集集团通过物联网探索加速数字化工场管理》。

的硬指标，也成为影响企业生产成本的重要因素之一。有些企业为了达到减排指标和应对上级部门的定期检查，不得不停产整顿，严重影响了正常的生产计划。同时，随着近年来持续发生的工厂安全事故，车间安全问题也引起了业界的广泛关注。

工业互联网平台通过对关键环保设备的状态监控，实时检测各种工业排放物浓度等关键指标，对各种指标异常情况提前做出预警，发现问题并及时解决，使企业能够实时掌控全公司的环保安全状况，如图 6-36 所示。通过关键指标的历史曲线可以很方便地追溯企业“三废”排放历史，这有助于环保部门的快速定期检查，避免临时的停产整顿。另外，企业可以通过在车间安装各种传感器来实时检测车间的粉尘浓度等关键安全指标，当达到预警值时提前发出预警，以达到防患于未然的目的，保障人员的生命财产安全。

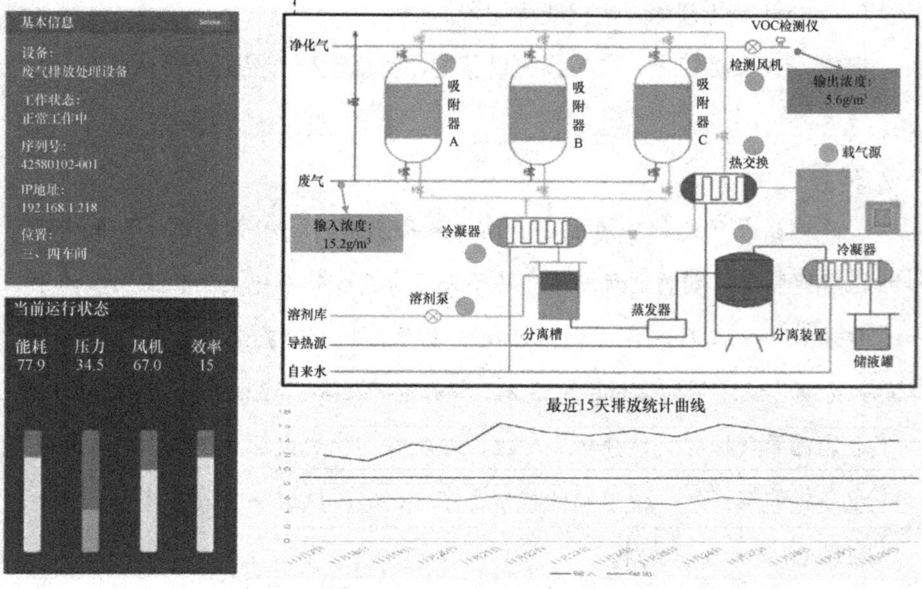

图 6-36 环保安全监控管理

6.10.3 供应链可视化

随着全球制造业价值链国际分工体系的持续深化，传统制造企业如 GE、空客等为降低生产成本、加强核心竞争力，由产品制造商逐渐转变为产品集成商，除核心零部件外大部分由供应商生产制造，以集中优势资源于产品创新和服务创新。为了保证产品质量和交付周期，企业的生产管控也需要由企业内部延伸到整个供应链，以便根据生产计划实时追踪供应商的部件交付状态和质量。

案例

空客 A380 因供应商交付延期而导致其交付日期一再推迟，给空客造成了严重的损失。A350 XWB 是空客的新一代双通道宽体客机，其 70% 以上的零部件由供应商交付。为了避免同样的问题再次发生，空客在研制 A350 XWB 的过程中提出了扩展企业的概念，将 100 多家风险共享合作伙伴纳入了统一管控，通过定制端到端的扩展企业应用，可实现整机大部段和关键零部件供应商交付状态的透明化和可视化。[①] 通过该应用，空客可以实时追踪供应商当前的交付状态，并预测未来几周的交付趋势，以便及时做出应对措施，如图 6-37 所示。

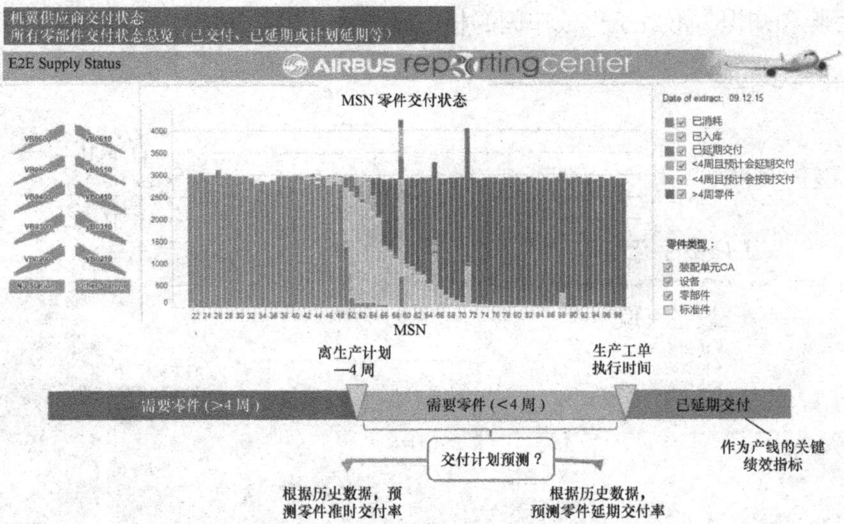

图 6-37　供应链可视化[②]

① 资料来源：空客官网。

② Anders Romare, Digital Transformation through an e2e PLM backbone, PDT Europe 2016.

6.11 总结

数字化制造是一项庞大且复杂的系统工程，涉及面广，业务领域众多，往往牵一发而动全身。企业向数字化、智能化制造的转型升级是一个没有终点的旅程，将一直伴随着企业成长。因此，企业在数字化制造建设规划过程中应采用“大处着眼，小处着手，快速推广”的策略，明确规划从设备互联到数字化、再到智能化的分阶段实施路径，不要期望一步到位。我们建议的数字化制造建设路径如图 6-38 所示，供读者参考。车间设备互联，实现设备状态的可视化，就是打造工厂的数字化基因，是企业实现数字化、智能化转型升级的基础。因此，在建设前期应以此为重点建设内容，验证技术路径，形成通用化、标准化数据采集解决方案，为全企业范围内推广应用奠定基础。在数字化和智能化阶段，我们建议以“灯塔车间”或“灯塔工厂”的模式，从数字化基础比较好的车间或工厂开始，进行创新试点和应用示范，逐渐沉淀经验和知识，形成工厂或车间的核心竞争力，进而影响和引领其他工厂或车间持续跟进。

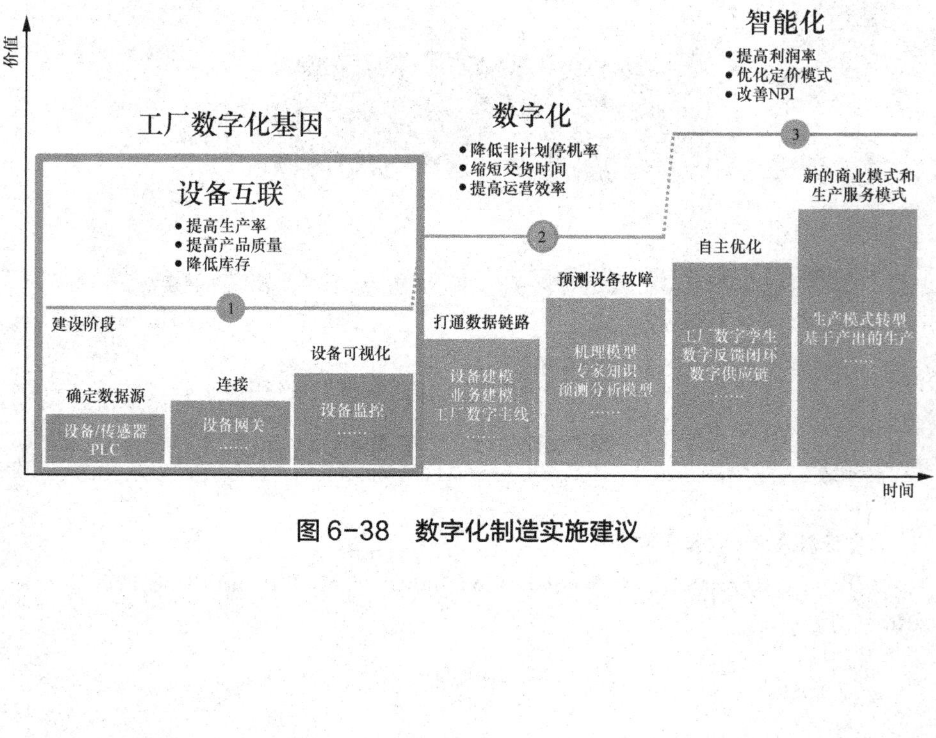

图 6-38 数字化制造实施建议

第7章

CHAPTER 7

数字化营销转型

7.1 产品营销趋势

随着新技术的发展，全球制造商的产品营销方式将呈现新的特点和趋势。企业在营销过程中会更具人情味，将用户视为鲜活的个体，重视用户的个性化体验，而不是冰冷的数字。产品营销主要呈现以下趋势。

趋势 1：变革的速度越来越快。

无论是产品本身，还是商业模式、营销模式、营销流程与内容，制造业变革的速度正在不断加快。高绩效企业能适应新技术和机遇带来的变革，这种变革需要有人掌握新的营销技术。对于大型企业而言，这种人应当担任首席营销技术专家或类似职位。而对于小中型企业来说，这一职责落在技术类营销人员或第三方顾问身上。

趋势 2：产品营销内容为王，优质内容的呈现形式将多样化。

全球化和信息爆炸使企业采购和业务人员得到更多的信息及购买选项。在数字时代，买方逐渐主导了营销的过程。每一个用户的反馈和声音都有机会在互联网上快速传播，这些反馈和声音对品牌的影响甚至远超过以往通过广告等传统方式下由企业主导的品牌认知。当然，信息获取的便捷性也会出现负面影响，采购人员和用户需要消化大量无差异化的产品，以及冗余甚至虚假的信息，尤其在无法清晰了解自身需求及产品契合度的情况下不得不采用更加谨慎的采购流程。这不仅无法完全避免不合理的购买决定，还严重影响项目进度及投资回报。

所以，2020 年优质内容营销将会成为产品营销的主要呈现形式。例如，随着 5G 的商用，未来 4K、8K 等超高清视频直播和传播会成为主流，它们可以将 OEM 与消费者建立无处不在的连接；AR、VR 等也会成为新的内容展现形式，可以将产品 360 度全方位展示在用户或观众面前，让他们产生身临其境的感觉。而在此之前，广告基本上都是二维平面的形态，并受到展示空间的限制。

趋势 3：数据中台支撑的精准营销会继续升级。

在以往的技术背景下，营销人员只能做一对多的推广和营销沟通。5G 技术的赋能会带来更加海量的数据，同时如本书前文描述，产品的智能互联化也会带来海量的数据。通过大数据帮助精准营销升级，在营销过程中根据反馈实时调整，不断优化和修正，做到真正的精准投放，实现广告内容原生化。

同时，基于大数据构建的数据中台可以将企业营销继续深入。通过数据中台，企业能够全面洞察用户的每一个行动，对用户有更深刻的了解，更精准地触达想要的用户。因此，营销将变得更加精细化。

趋势 4：产品或品牌的交互和体验方式会升级。

在传统的营销工作中，营销人员通常将注意力集中在营销渠道的上游，目标是将用户对产品和服务的意识从考虑转为试用。但是，随着整个营销渠道和客户旅程中出现注重端到端体验的客户营销机会，传统做法可能不再奏效。虽然并非每个品牌都需要将客户引入客户生命周期的各个方面，但那些运用参与度的品牌都渴望实现同一个目标——整合客户心声、体验和影响力，以直接塑造并传达品牌如何为客户创造价值，从而加速实现试用客户到忠诚客户的发展转变。[①]

在瞬息万变的数字格局中，营销人员必须重新思考自己的品牌在消费者的生活中所扮演的角色，以及他们应如何在不同的平台和接触点上将这些角色演好、演活。为了有效地实现这个目标，营销人员需要一种方法，能够为不断在不同数字化设备间转换的目标消费群提供无缝的、与他们相关的、对他们有意义的体验。他们需要更深入地了解本品牌所提供的品牌体验在消费者身上所产生的情感、情绪，还需要对这些洞察做出实时的反应。

在上述过程中，以 3D、AR 为表现形式的用户交互或体验方式将会得到爆发。在数字营销中的应用能够全面提升营销科技感，为用户带来沉浸式体验。例如，通过 CG 影像营销，可以更立体地展现产品的独特卖点；通过 VR 互动汽车驾驶体验，能够更真实地展示产品的性能、场景等，吸引更多受众关注。AR、VR 技术在提升用户体验的同时，也将助力品牌声量和产品销量的双增长。

iPhone X 发布后，每个人都能建立自己的表情包。翻开苹果公司官网的

① 参考德勤的《2020 年全球营销趋势》。

iPhone 详情页，我们会发现，3D、AR 已经成为主打功能。苹果公司的技术创新向来是手机行业的风向标，未来手机移动端交互会向 AR 发展。

趋势 5：关注目标用户群体。

在以用户为中心的理念指导下，厂商和数字营销服务商将更加重视用户洞察，在基于小样本问卷调查的基础上更多地转变为通过大数据的方法进行用户洞察。“90 后”已经成为社会消费的主力军之一，研究“90 后”在购买决策、生活行为、消费理念等方面的特征，有助于企业及时调整产品和营销策略，提升品牌在“90 后”中的知名度、美誉度，带来更多的销售转化。①

趋势 6：资源整合，营销理念革新。

当今的产品营销已经分为线上和线下两个方面，同时无论在线上还是在线下都有很多细分场景。产品营销需要通过整合和互换资源，尽可能地保证可以覆盖更多用户触点，解决目前营销活动中的信息碎片化、分散化问题。同时，产品营销需要革新传统的营销理念，从以销售数据为核心转变为以用户为中心。如图 7-1 所示，我们需要从引导用户想看产品的兴趣、意向到选择和定制产品，最后下单购买，以及追踪用户的产品使用过程，在全场景中为用户创造价值。

图 7-1　贯穿营销全场景、全流程

① 参考艾瑞咨询的《2017 年中国汽车数字营销案例研究报告》。

7.2 产品营销面临的挑战

随着整个市场不断加大在产品创新上的投入，新产品上市周期缩短给企业的营销也带来了巨大的挑战。传统的产品营销展示方式除了最直观地将真实的产品呈现给用户以外，还会使用印刷品、视频等作为替代或辅助。但是，由于产品尺寸、复杂度、用户期望等因素，传统方式往往无法准确传递所有相关的产品信息。

由于疫情的影响，2020 年全球总体经济下行已经不可避免。企业的产品营销也面临着新的挑战，主要表现在以下几个方面。

挑战 1：数据很多，但没有 360 度了解用户需求。

制造企业觉得自己面对的数据越来越多，包括用户、产品、服务、备件等的相关数据。问题在于数据的来源往往复杂且分散，难以梳理及付诸行动。而且，数据又存储在各种内外部系统中，如内部的 CRM 系统、ERP 系统以及客服系统，又如外部的行业调研、网页和社交网络。随着工业物联网的兴起，数据量更是只增不减[①]。其结果就是企业无法利用海量数据提取出有利于销售的洞见，无法挖掘出与具体用户相关的交叉销售和营销机会。

如何引入创新技术，整合其数据以促进更智能化的、以数据洞见驱动的影响，是制造企业面临的挑战之一。

挑战 2：仍未达到用户所期待的无缝衔接、以 3D 为主的体验与交互方式。

用户已经越来越习惯于无缝衔接的全渠道零售体验，京东、天猫就是代表；用户开始期望每一次购买都能提供这种体验。但是很明显，许多制造企业在数字化领域的投入并不足，很难使潜在的用户找到必要的信息或可以求助的人。而且，制造企业也没能将供应商的多个渠道间的用户和订购信息关联起来，因此后端应用和用户数据之间缺乏整合。这往往意味着现有用户在不同的平台之间来回操作时会遇到麻烦。此外，如果将用户接触到的不同渠道间的信息整合起来，本该能积极地促进追加销售和交叉销售，但是销售和

---

① 参考克里斯·罗杰斯（Chris Rogers）、迈克尔·康纳蒂（Michael Connerty）、塔内·巴哈蒂亚（Tanay Bhatia）的文章《工业企业四大销售挑战及启示》。

服务人员往往会错过这种重大机会。与此同时，用户也无法采用3D的方式进行决策以及与产品进行交互，了解新产品的功能、规格、改进、配置等。其结果就是用户在销售过程中提前流失，满心沮丧的用户会转而寻求其他能提供无缝衔接并体验与交互方式良好的供应商。

挑战3：过度依赖销售代表的个人努力。

当今，产品正在变得越来越复杂，每次迭代多出来的功能都非常多。例如，一辆车的改款大概会新增100多个新功能。为用户排忧解难、讲清楚功能特性和优势通常需要销售代表对背后的问题有深入的认知，并掌握相关的专业知识。但是，许多销售代表对此了解的程度一般，多喜欢独自处理，除非实在必要，否则不会从一开始就让销售技术专家参与，帮助自己准确界定用户的挑战，并圈定潜在的解决方案。其结果是既花了时间，也可能没找对答案，解决方案还触不到痛点。

挑战4：营销需要在战术上提升水准。

随着媒介形式的碎片化、社交媒体的动态化，以及品牌和产品的激增，现在的情况更加混乱且复杂。只有优秀的营销策略和卓越的产品才能帮助品牌突出重围。这意味着营销需要采用创造性的工具、愿意创新的人员和更加多元化的营销方式。

解决这些营销挑战有很多方式。但是，如果营销能够影响或产生真正意义上的创新和导向型战略，采取更好的战术，营销就会对企业更有意义，并可以在市场上取得成功。同时，营与销也需要更加协同，更加紧密，才能在战术上提升水准。

7.3 数字化营销

数字化营销是在“互联网+”时代发展起来的形态，是指将数字化技术（工业互联网、人工智能、大数据、AR/VR等）应用于营销领域，以扩大销售额、提升用户体验、降低营销成本的方式与方法。数字化技术的迅猛发展给市场营销带来了前所未有的新机遇，改变了企业传统的营销观念和策略，为企业提供了新的营销平台，促进了企业与用户的双向沟通，降低了企业的营销成本。

企业寄希望于数字化营销的转型，改进营销的流程及保证营销相关人员的能力的提高。同时，新技术也会帮助用户提高采购流程中的参与度，使其更清晰地了解自身需求与产品的契合，或寻找合适的定制化产品及方案，做出最佳的购买决策。使用物联网技术和 AR 技术构建的数字主线及营销态的数字化映射，将市场洞察与产品研发紧密相连，打通用户需求与新产品设计、制造的断层，让用户在需求早期与产品研发互动，得到按需定制的个性化产品。研发人员在研发过程中与营销团队紧密沟通，结合产品未来的营销渠道及营销方式，将新产品工程数据转换为强大的视觉体验。同时，企业可以通过智能互联产品的远程连接，让用户及制造商或服务商清晰地了解产品的使用状态，洞察其使用的频率、峰值、使用缺口、能耗、耗材等关键信息，实现精准营销。最终，通过数字化营销转型将以往一次性的、随机的采购行为，转变为持续的、闭环的过程，实现稳定、可预测的营收，并提高用户的满意度，实现更高的投资回报率。

数字化营销的特点主要表现在以下几个方面。

（1）数字化营销改变了传统营销的观念和策略。

数字化营销改变了人们的生活方式，以及接收产品信息、购买的方式，同时也影响着传统的营销观念和策略，将传统营销以单向“推”信息传播为主改变为以用户为中心的双向互动式传播。企业与用户的关系也不再是一次性的。借助智能互联产品，用户可以随时与企业分享使用反馈，并在此基础上继续购买耗材、备件等。

同时，数字化技术的发展也催生了许多新的营销方式，如在线商城直播带货、微信营销、微博营销、社区营销等。

（2）数字化营销利用数字化技术构建以数据为驱动的营销环境。

借助数字化技术，企业可以更好地构建以数据为驱动的营销环境，将营销领域的系统“孤岛”打通。打通从市场宣传到销售线索、从销售线索到销售商机、从销售商机到最后成交的完整端到端数据链，制造企业可以更好地、更方便地了解用户需求，并对市场进行预测、对相关数据进行整理分析，从而采取更多的营销手段。例如，利用微信、微博、短视频、网络直播等工具推广产品。

同时，数字化技术的应用也拓宽了企业的营销渠道，节省了企业营销过程中时间和成本。例如，通过大数据应用，减少了企业的市场调查成本、宣传成本、产品流通成本，从而大大降低了传统营销带来的人力、财力、物力消耗。

（3）数字化营销强调通过数字化技术满足用户更好的体验。

最后也是最重要的特点，即企业通过数字化技术建立了自身和用户之间随时随地的双向沟通，用户可以不受时间、地点限制地了解产品的功能特性、价格及配置等。通过数字化技术，哪怕是面对像今年这样严重的疫情，营销人员也可以足不出户与用户进行沟通，帮助用户做出决策。这样的数字化技术应用可以让企业缩短与用户的距离，了解用户的消费心理和偏好以及对产品的建议或意见，从而实现更有针对性的营销。

7.4 数字化营销转型框架

我们从产品营销流程端到端的角度提出了企业数字化营销转型框架，如图 7-2 所示。

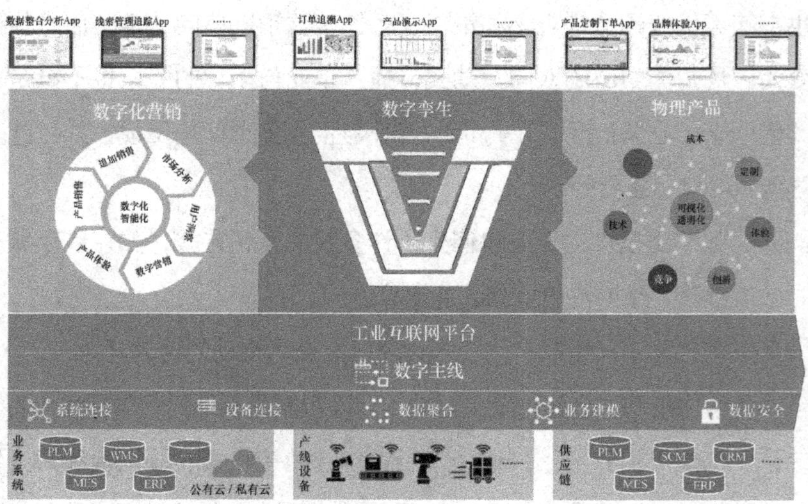

图 7-2 数字化营销转型框架

在产品从研发到服务的全生命周期中打通各部门、团队与营销团队的壁垒，在快速变化的市场需求、不断更新的营销渠道及方式中，增强产品和品牌的辨识度、活力及影响力。

（1）通过工业互联网平台及数字主线技术，可以将企业营销领域的相关系统互联互通。同时，可以通过网页爬虫等方式获取更多更准确的市场分析数据。将以产品为核心的内、外部数据集中到一起，通过大数据分析，可以帮助企业更加准确地洞察用户的心理、行为、习惯等，刻画出更准确的用户画像。

（2）通过智能互联产品研发及改造，反馈产品真实的使用情况及性能状态，营销人员可以及早了解用户应用或耗材缺口，洞察用户需求及未来使用趋势，帮助营销双方落实更科学的采购方案，从而提高营销及采购效率，同时提高用户的满意度。

（3）通过产品数物融合，将始于研发阶段的产品数字化模型数据在产品全生命周期中不断完善并保持数字孪生关系。在营销阶段将数字产品附加在物理产品的营销方案中，发挥数字化的作用及优势，提高营销人员的工作效率。同时，可以在产品未发布时加快新产品培训，缩短营销人员学习曲线。

（4）AR 技术在营销流程中被认为是企业应优先考虑使用的技术。借助交互式的产品演示、可视化和数字展厅等形式，重用工程数据。AR 技术为用户提供了全新的产品体验方式，不仅突破了用户现场或物理展厅对实物产品尺寸及数量的限制，提高了市场营销内容的多样性及吸引力，而且在定制化订单的过程中提高了工程人员与用户的沟通效率及互动体验。

智能互联产品使制造商能够实时洞察用户的使用情况、使用偏好，以及产品性能和故障状态。在改进产品的同时，企业还可以挖掘潜在的商机，基于用户使用状况生成个性化的销售策略。将物联网与 AR 技术应用到零售门店中，用户可以获得更好的交互式产品体验，浏览产品配置和价格等信息；制造商则可收集门店流量、产品热度等关键数据，为企业提供关键的市场信息与预测。企业通过这种以用户为中心的营销活动也可以实时了解耗材消耗状态，增加销售耗材的机会。

7.5 数字化营销场景应用及案例分析

7.5.1 数据驱动的营销分析

如今，数据渗透了各个行业和企业，包括人们日常生活的方方面面。与此同时，数据体量也在迅速膨胀。随着企业数字化转型的浪潮呼啸而来，无数新设备相互连接，为企业带来了呈指数级增长的数据量。通过对这些数据的分析，企业将获得前所未有的深度洞察。由数据驱动业务已成为数字化转型时代企业新的制胜法宝。①

数字化转型给企业带来的最大改变就是将原来流程驱动业务的方式转变为数据驱动的方式。在营销领域，如何基于工业互联网互联互通底层的 CRM 等信息孤岛，打通研产供销全价值链、连接线上线下，真正实现如图 7-2 所示的数字化营销闭环是每家企业的梦想。

数据驱动的市场分析

在营销领域，数据驱动正变得越来越重要，很多企业也开始尝试运用数字中台等类似的架构，探索在营销领域如何真正实现以数据驱动的业务转型。制造企业如果想在产品营销领域取得骄人的成绩，对市场、竞品的分析，以及对行业发展趋势的把握至关重要。传统的市场分析方式大多数是通过业务外包给相关咨询公司。随着数字化技术的发展，现在企业完全可以通过购买第三方专业市场数据库，同时通过工业互联网平台互联互通自己的竞品分析库、用户社区、CRM 系统等，打造以数据驱动的市场分析。

通过工业互联网平台中的数据分析组件，我们可以基于大数据分析做出决策，从而更精准地分析细分市场、用户购买习惯及偏好等。同时，我们还可以提前预知用户下一步的某些行为。通过数据驱动的市场分析得出的结果

---

① 参考埃森哲的《打造数据驱动型企业》。

会更加全面、更加客观、更加完整，分析结果可以用于以下方面。[①]

（1）精准地细分市场信息

过去，精准营销总被许多企业提及，但是真正做到的少之又少，反而是虚假信息泛滥。究其原因，主要是过去名义上的精准营销并不精准，因为其缺少用户特征数据支撑及详细准确的分析。现在的移动广告则向我们展示了比以前更好的精准性，其背后依靠的即是大数据支撑。

例如，消费类电子或家居产品在参加“双十一”促销时，企业就可以根据大数据来做信息推送和促销方案。数据分析会告诉企业优惠券及优惠信息是推送非会员还是高等级的会员获得的销售成绩相对较高，也会告诉企业不同年龄群体的消费习惯和偏好，从而更加精准地帮助企业做市场信息推送。

（2）引导产品及营销活动满足用户需求

如果能在生产之前了解潜在用户的主要特征，以及他们对产品的期待，那么企业生产的产品就能满足其需求。例如，企业在投放新款手机之前，通过大数据分析知道用户最想获得 5G 支持能力，如果在研发时加入此功能，就能捕获用户的心；在投放新款手机时，通过大数据分析得知“90 后”女性最喜欢的颜色是绿色，后续的营销活动就可以主要围绕这些展开。

（3）竞争对手监测与品牌传播

竞争对手在干什么是许多企业想了解的，这可以通过大数据监测分析得知，品牌传播也可通过大数据分析找准方向。例如，企业可以进行传播趋势分析、内容特征分析、互动用户分析、正负情绪分类、口碑品类分析、产品属性分布等，也可以通过监测掌握竞争对手的传播态势，还可以参考行业标杆用户策划，根据用户声音策划内容，甚至可以评估微博、微信、短视频直播的运营效果。

（4）品牌形象、危机监测和管理支持

在新媒体时代，品牌危机使许多企业谈虎色变。然而，大数据可以让企业提前有所洞悉。在危机爆发过程中，企业最需要的是跟踪危机传播趋势，

① 参考同济大学郑鑫的著作《大数据与精准营销》。

识别重要参与人员，以方便快速应对。大数据可以采集负面内容，及时启动危机跟踪和报警。同时，大数据按照人群社会属性分析，聚类事件过程中的观点，识别关键人物及传播路径，进而可以保护企业、产品的声誉，抓住源头和关键节点，快速有效地处理危机。

除了应对品牌危机以及构建品牌舆情监测系统，预防可能出现的公关危机，大数据也可以有针对性地提升品牌形象和品牌影响力。

（5）发展新市场与新趋势

基于大数据的分析与预测，为企业家洞察新市场与把握经济走向提供了极大的支持。例如，阿里巴巴从大量交易数据中更早地发现了国际金融危机的到来。又如，在 2012 年美国总统选举中，微软研究院的大卫·罗斯柴尔德（David Rothschild）就曾使用大数据模型，准确预测了美国 50 个州和哥伦比亚特区共计 51 个选区中 50 个选区的选举结果，准确率高于 98%。之后，他又通过大数据分析，对第 85 届奥斯卡各奖项的归属进行了预测，除最佳导演以外，其他各奖项预测全部命中。

企业可以通过大数据分析发现新的市场机会。例如，通过市场车辆营销数据更精准地了解是首次购车还是换车需求，汽车主机厂可以据此在拉美等新兴市场以及我国一线城市投入高端车型，以满足二次换车的消费升级需求，从而取得更好的销售成绩。

（6）市场预测与决策分析支持

对于数据对市场预测及决策分析的支持，过去早就在数据分析与数据挖掘盛行的年代被提及。内容更全面、速度更及时、结合企业销售历史记录的大数据，必然对市场预测及决策分析提供更好的支撑。要知道，似是而非或错误的、过时的数据对决策者而言简直就是灾难。

数据驱动的用户洞察

从传统营销方式到数字化营销的转变，一方面是前面描述的以数据为驱动，另一方面是以用户为中心。从市场活动或营销活动的推送、销售线索的获取、销售商机的追踪、产品的定制与选择、用户的使用跟踪到追加销售全价值链，制造企业都必须以用户为中心，紧密围绕用户来开展营销服务才有可能获胜。智能互联产品也要求制造企业与用户的关系不再是一次性的买卖关系，而是更长期地提供服务及更好地服务。在这个过程中，基于数据对用户获得清晰的洞察、了解就变得至关重要。

通过各系统的互联互通，企业可以更好地运用大数据挖掘各类消费者的行为和态度，将他们的消费行为和方式量化、建模，以更清楚地刻画，同时还可以在用户、好友和粉丝中区别出哪些是最有价值的用户，更清楚地通过在线商城、官网中的用户访问信息来判断用户近期关心的产品型号等。从用户在社交媒体上发布的各类内容和与企业官微等互动信息中，企业可以找到千丝万缕的信息之间的关联关系，从而综合 CRM 中的购买历史记录等来判断和筛选重点目标用户。

以用户为中心的全价值链营销服务的核心是改善用户体验。要想改善用户体验，关键在于真正了解用户及他们所使用产品的状况，并适时地提醒，通过大数据分析以及不断完善的用户画像精准地为用户提供感兴趣的产品和信息，提高用户体验度和转化率。

同时，由于企业的精力有限和人力成本的上升，企业不可能人工处理日新月异的新媒体以及粉丝的互动内容与记录，将粉丝转化为潜在用户，为企业获得增量成长潜力。企业可以利用大数据技术对潜在用户进行多维度画像，分析活跃粉丝的互动内容，设定消费者画像的各种规则，关联潜在用户与会员数据，关联潜在用户与客服数据，筛选目标群体做精准营销。而且，企业可以使传统客户关系管理结合社会化数据，丰富用户不同维度的标签，并可动态更新消费者生命周期数据，保持信息新鲜有效。

最终，企业将通过数字化技术构建完整的数据驱动的市场分析、产品评价、用户洞察，如图 7-3 所示。企业的营销也终将从数据中获得更好的销售成绩。

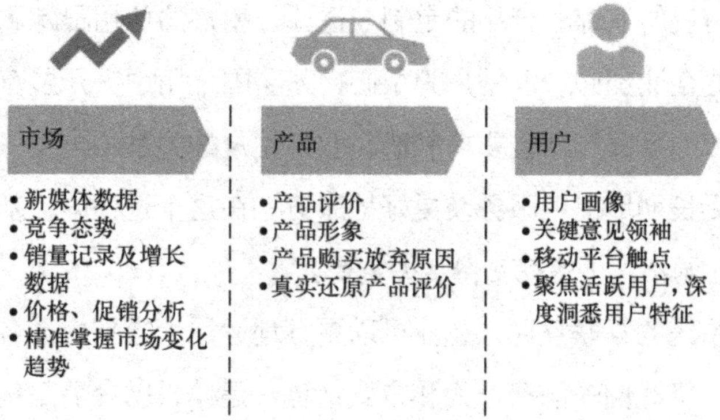

图 7-3　数据驱动的市场分析、产品评价与用户洞察

7.5.2　互动式产品营销

AR 技术在线下及线上的产品营销中越来越重要，其强大的交互性、对物理产品的低依赖性以及展示内容的可扩展性等特点为用户带来了更好的产品体验。将新技术加入营销流程可以为企业带来更高的市场关注度，通过制造营销热点或口碑营销快速扩大品牌影响力，提高品牌活力。在产品新品发布会、品牌宣传、产品工作场景想象、产品培训等方面，AR 都可以提供互动式的体验。

数字化模型可以帮助制造、服务、营销等企业部门改进现有的工作流程。在营销阶段，数字孪生不仅提供交互式的虚拟产品展示，并且可以提高营销人员的工作效率。例如，在面临用户希望了解真实产品的应用场景时，营销人员缺乏合适的工具来激发用户的想象，而数物融合填补了现实与想象之间的差距。同时，数字孪生还可帮助营销人员提高培训效率，以应对产品复杂性及快速迭代的挑战，缩短营销人员学习曲线。而对于用户来讲，自助式服务或安装将成为主流。使用 AR 技术创建的产品自助服务指导可以更加直观地传递产品的安装服务信息，保证产品快速使用及初次安装的有效性，提高用户满意度并降低销售支持成本。

数字化品牌展示

技术一直改变着用户寻找、接触及购买产品的方式。产品差异化除了通过快速的产品创新、差异化服务等方式之外，品牌的力量不可忽视。企业一直将品牌作为其市场策略中最主要的部分之一，并寻找创新的方法获得品牌知名度，传递准确的品牌信息与形象，建立品牌信任。品牌的数字化不仅是通过微博、微信等新兴社交媒体传播品牌理念与价值，更是将新的数字化技术融入其中。AR 技术可以帮助企业与用户之间建立新的交互方式，提高用户关注，不仅可以让品牌获得更高的辨识度，而且鼓励用户更深入地理解品牌理念，并进行相关产品甚至功能的市场教育。例如，企业通过建立线上线下的品牌体验中心，展示最新及未来的品牌发展方向，使用 AR/VR 的方式将展厅延伸到虚拟空间，更加丰富、形象地展示虚实融合的产品信息，延长访问者的停留时间，并使其形成深刻的品牌印象。在出版行业，出版商将 AR 技术、移动端应用程序与出版物结合，将品牌随时随地展示到用户面前，并使用交互式的方式传递品牌理念，或帮助企业实现品牌的数字化转型。

案例

乐高自 1932 年成立以来一直是标志性的积木玩具，在全球有大量的粉丝。而如今，许多孩子在学习阅读之前先学会了使用触摸屏。为了与时俱进，乐高寻求物理玩具和数字游戏体验之间的无缝结合。乐高通过采用 AR 技术在数字游戏、电视节目和实际积木之间建立连接，这个应用程序在 60 天内获得 270 万次下载，并被多家机构与媒体评为最佳 AR 应用程序。最重要的是，使用这种技术的 Nexo Knights 品牌系列成为乐高有史以来成长最快的品牌 IP。[①] AR 技术将乐高“不仅仅是一个玩具”的品牌理念体现得淋漓尽致。通过 AR 技术，孩子可以选择 Nexo 骑士的风格，让他们在虚拟的城堡中穿行。孩子们享受到了数字化技术带来的快乐体验，同时乐高的品牌也得到了很好的展示。

交互式产品发布

新产品或产品新版本的发布会是非常重要的营销活动之一。举办传统的

① LEGO® NEXO KNIGHTS^{TM}: MERLOK 2.0.

线下模式发布会时，我们会邀请有限数量的观众来到现场，通过现场样品展示、PPT 演讲的方式来揭示新产品的功能规格及价格等信息。这种传统的方式会带来以下问题：第一，我们只能将产品发布给有限的用户群体；第二，样品和 PPT 的方式给用户的体验并不是最好的，交互性不强；第三，产品样品折旧。

基于 AR 的交互式产品发布不仅可以便于用户在移动设备或智能眼镜等屏幕中浏览产品外观或各性能参数信息，还可以提供在真实产品演示中通常无法提供的交互式体验。例如，用户可以了解产品内部的结构及功能，了解新产品与对标产品或上个版本产品之间的改进。AR 技术可以让产品展示摆脱场地限制，将一个产品系列中的多项配置在同一个物理场景中直观地表达出来；还可以帮助企业创建易于使用的移动端应用程序，便于任何使用智能手机设备的用户进入交互式的产品体验，也减少了样品的折旧成本。

案例

W Motors 是世界顶尖的汽车制造商，向全球提供深度定制的超级跑车 Lykan（标价 340 万美元），定制范围十分广泛，包括车辆外饰、轮毂、内饰、电子系统，甚至前灯中的宝石。然而，创造梦想中的超级跑车并非没有挑战。有了这些定制的可能性，买家发现越来越难以想象他们的设计选择在现实世界中会是什么样子。对于 W Motors 来讲，提供定制化产品的挑战不仅在于工程与制造。随着定制选项的增加，用户发现根本无法想象其定制车辆的最终形态。在产品的制造过程中，用户需要不断地与厂商沟通确认并更改其原本的目标，因而拉长了产品交付的周期。

W Motors 最终选择基于 AR 技术开发的应用程序来为定制者发布交互式、实时增强现实体验的、独特的个性化汽车。W Motors 使用增强现实的模型识别技术，将不同的定制选项叠加在一台样车上。用户可以直观地在屏幕中预览所有的最终形态，而这些选项的三维信息以 AR 的方式无缝地叠加在实物样车上，提高了其视觉体验及可信度。使用 AR 技术，不仅可以让制造商及其零售商仅使用一台样车就可以发布展示所有可能的配置与变型，也能让用户更早地确认自己的购买需求，避免后期变动带来双方的利益损失。[1] 在天津举办的 2018 年世界智能大会上，厂家也用 AR 的方式展示和发布了这款新车，减少了样车折旧，如图 7-4 所示。同时，它大大增强了用户体验，创造了数字世界和物理世界的无缝融合。基于 AR，还可以发布数字化样车如何增加赛车条纹、图形和标志等定制体验。

图 7-4　W Motors 新产品虚拟发布

数字化产品展示

随着消费者购买渠道从线下转移到线上，企业与分销商越来越需要新技术帮助用户更加准确地寻找所需产品。这在工业设备的采购中对采购双方来说也是非常大的挑战。大型复杂设备的运输难度很高，运输成本也很贵，这导致采购人员通常仅能凭图片及文字描述来确认购买订单。AR 是能够应对这种挑战的最佳技术。制造商或分销商可以更容易地创建与实际产品体积、外形完全一致的 AR 内容，并通过移动客户端随时随地创建产品展示，尤其是可以在购买后的实际应用场景中营造逼真的产品体验。交互式的方式让用户可以在虚实融合的环境中进行试用及虚拟操作，不仅提高了营销效率，也降低了退货及用户流失的风险。

① Visionaries 777 Innovates Automotive Sales with Augmented Reality.

案例

可口可乐使用 AR 技术展示冷藏柜的 3D 模型，帮助客户了解真实场景中的使用状况等信息，以便准确做出购买决定。例如，冷柜的高度和空间尺寸，需要几个空间存放饮料，根据瓶装饮料和灌装饮料的高度定制阶梯（见图 7-5）。AR 技术也被诸多零售品牌用于其与客户的互动中。例如，在饮料瓶表面展示虚拟的影音、3D 信息，不仅提高了产品本身的附加值，还帮助创造了一定的市场热度，塑造了品牌年轻化及积极拥抱新技术的形象。通过 AR 提供的机器视觉技术，可以识别几千种用户图片，帮助销售人员及用户选择合理、合适的产品配置。[①]

图 7-5　基于 AR 技术的虚拟产品配置与展示

数字化产品培训

随着产品迭代速度的加快与产品复杂度的提高，产品研发团队与营销团队之间的脱节越来越严重。例如，一款新车可能会增加 100 多个新的功能，但并不是每个 4S 店的销售人员都能准确地了解新车上的 100 多个功能，并向用户合理地演示出来。数字化营销人员赋能就是通过企业级平台打通研发系统、人力资源系统以及客户关系管理系统等，让营销团队更简便地获得并理解新产品特性。企业可以通过 AR 技术及早为营销人员提供直观、交互的情景式培训，克服产品上市周期不断缩短、产品复杂度不断增加以及新员工迭代的挑战，准确传递关键的新产品信息、最佳卖点、竞争对比等，提高培训效率。

① 资料来源：PTC 官网。

使用 AR 技术可以扩展通常以文字及图片来描述的产品安装、使用说明信息，将清晰的三维产品试用指导或其他信息叠加在实物产品之上。企业可以通过图片识别、实物识别等技术，准确标识出安装的位置及操作方法，让不同的用户都可以清晰地理解这些内容。这不仅可以帮助提高员工的产品使用培训效率，还可以提升用户自助式服务的可操作性。

案例

富士通是一家全球化的信息和通信技术公司，在全球 100 多个国家和地区中约有 15.5 万名员工为用户提供支持。富士通美国公司通过集成 IT 产品和解决方案帮助用户实现其业务目标，具体包括咨询、系统集成、托管服务、外包以及数据中心的建设和现场服务等。

富士通制造并销售可扩展计算解决方案，满足现有用户和潜在用户不断变化的业务需求。富士通明白，对于不同的数据中心，不能采取“一刀切”的方式。因此，他们提供了市场上最广泛的服务器组合之一。典型的 IT 数据中心部署涉及多个机架，其中包含各种服务器和配置。富士通需要向用户大规模展示这些机架在其环境中的部署形式，这为富士通带来了艰难的挑战，并且会占用大量资源。但是，为了确保产品能够适应既有的空间并高效运作，用户通常需要眼见为实，这样才能放心购买产品。因此，这些装置必须运送到用户场所，而且可能会被退回，或者需要后续运送和现场访问来进行必要的修改才能获得用户批准。富士通需要一个解决方案来减少这些销售周期中涉及的时间和成本，同时保持整体用户体验。

在经过一系列的探索和试用之后，富士通相信 AR 技术是他们需要的解决方案，既能强化销售能力，也能提升用户体验。富士通为其销售团队创建了高度沉浸式 AR 体验，使他们能够以虚拟方式实时、大规模演示产品在用户环境中的外观和功能。用户可以体验实物大小的形象产品演示，他们通过这些演示能够以虚拟方式与产品进行交互，从而更深入地了解产品的功能和优势。因此，富士通不再需要将实物产品运送到用户现场进行演示，从而节省了大量时间和资源。销售团队还能够即时演示尚未制造的产品的配置选项、特性和功能，加快用户审批流程并缩短订单履行时间。销售人员只需配备 iPad、HoloLens、智能手机或平板电脑，即可展示每个产品的细节、特性和功能，乃至布线安装以及确定电源位置，从而加快了用户的审批流程，缩短了订单周期。[①]

7.5.3 互动式产品销售

通过物联网等技术，企业可以加强对用户真实产品使用状况的了解。实时的产品运行情况及性能数据不仅可以提高服务的准确性与及时性，还可以提高营销人员对用户当前及未来需求的洞察。通过物联网的来自大量用户的真实反馈，以及来自其他产品销售、服务、支持等系统的数据，分析得出用户的使用趋势，营销人员可以提早与用户沟通相关需求。同时，营销人员也可以创建更加精确的基于区域、行业、季节性的产品销售计划及使用状况报表，而不仅仅是电话调研数据或第三方的市场评估数据。通过企业级平台将产品实时运营数据、CRM 等企业系统互联，企业营销管理者可以做出更实时、准确的营销决策。这不仅是针对已有用户的使用缺口，更是针对空白市场做出最优决策，减少不必要的营销成本投入。而在销售过程中，AR 技术还可以避免物理产品运输、展示等带给销售人员的工作量，帮助企业节省大量的成本。同时，它还可以在销售环节中很好地提升用户的体验，增强销售过程中与用户的互动。

定制化订单

数字化转型的目标之一是满足用户日益增长的定制化需求。定制化订单将销售端用户的定制化需求与研发端产品的选装选配相连，为用户提供更符合其使用需求的定制化产品。制造商希望为用户提供的不仅是标准化的产品选项，定制化订单可以帮助企业建立更加高端、专业化的品牌形象，同时增强产品及服务的差异化，提高单笔订单的利润率。而且，通过良好的平台化

① 参考 PTC 官网文章《通过增强现实改进销售和营销》。

与模块化规划，增加产品模块的重用率，可以大大缩短产品的上市时间，帮助企业在更多细分市场提供产品选项，获得更大的成功。

一直以来，产品研发可以通过模块化和复杂 BOM 管理的方法及流程，实现产品系列及配置管理。对于制造商而言，最大的挑战是如何基于产品配置支持用户的定制化订单并快速实现订单的可视化预览，以及如何将订单流程快速与产品研制过程相关联。

AR 技术不仅可以将产品 3D 模型放置在真实场景中，准确地以 3D 形式可视化当前的定制选项，而且可以通过数字主线将销售端的定制化选项与研发端 PLM 中的产品配置直接关联。最后，在 AR 平台中创建相应的 AR 体验，基于用户需求选择和预览定制化订单的结果，并结合物理环境进行体验。AR 技术不仅为用户呈现更多订单相关信息，也可以让用户试用定制化的产品，确保其定制化需求的准确性。

案例

前文所述的北极星公司使用 AR 技术实现了用户通过 AR App 定制化下单，用户只需要在其移动端的 AR 应用程序中点击选择所需的基础产品型号，即可了解产品的功能特性，并实现交互式的可选零部件的选项与可视化预览，例如，选择雪地摩托车挡风玻璃的高度、是否有后排座椅、外观颜色等。这些选项来自于企业 PLM 中定义好的选装选配列表。销售人员及经销商可以为购买者提供真实的产品预览，通过 AR 可视化产品选项、颜色、配件等信息，节省了企业创建物理样机的成本及时间。同时，AR 通过数字主线与企业 PLM、ERP 及其他企业系统连接，可以展示相关库存数量、订货周期、选型清单及编码、价格以及产品研发状态等。用户可以采用 AR 方式预览北极星雪地摩托车产品及相关系统数据，在线根据自己的需求选择配置，实时了解价格以及其他功能规格。这不仅增强了用户的购买和服务体验，也降低了对经销商及企业销售人员的技能要求。

用户体验洞察

制造商普遍在产品研发尤其是新功能规格的开发上投入了大量的精力，却往往忽略了用户的产品体验和使用反馈。零售企业已经逐渐使用物联网等技术收集真实的用户反馈，而非依赖于不够精准的市场调研。例如，零售企业可以根据货架前停留时间、不同产品重复购买及搭配购买的频率等来调整货架摆放。对于工业企业而言，物联网、AR、人工智能等技术加速了用户体验的感知与迭代，并可以将追溯到的信息反馈给产品研发部门。工程师可以基于真实反馈修正设计，通过物联网技术远程升级产品软硬件以及人机交互界面。而对于复杂产品的用户体验，AR 技术可以帮助用户更深入地理解产品使用指南，甚至创建下一代人机交互界面，将产品控制及产品状态集中展示在智能终端设备或智能头戴设备中。

案例

豪华和高性能汽车品牌的新用户或一些偶尔用到仪表盘中某些功能的用户经常会忘记如何使用，随车附送的纸质用户手册需要花时间阅读并理解。但是，用户通常需要非常及时地了解特定按钮的功能，而不是每次都要阅读整个仪表盘。这也是整个汽车行业普遍需要应对的挑战。

梅赛德斯 - 奔驰的目标是希望进一步提高品牌价值并使自己脱颖于竞争品牌，不仅要继续打造具有先进功能的高品质汽车，还要在用户使用的各个方面提供更加卓越的用户体验。新的解决方案是免费的 Ask Mercedes 移动应用程序，它被附送给 E 级及 S 级轿车用户，用户可以通过应用程序中的聊天机器人或 AR 组件来探索他们的汽车。用户只需简单地将移动设备指向仪表盘的面板，即可了解如何使用它们。这种方法的主要好处是它增加了用户了解车辆特征的相关性和速度。它还允许 Ask Mercedes 团队洞察哪些功能对于司机来说是最重要的，并按照改进后的说明进行操作。[①]

① 资料来源：PTC 官网。

数据驱动产品销售

在物联网技术以及互联的企业管理系统（如 CRM、备件系统、客户系统等）的支持下，经由用户反馈的产品使用、状态、报警、过载等数据提供了更加准确的量化的用户需求洞察。来自大量用户的产品数据可以有效地帮助指导企业的销售策略或销售方向，例如，在某空白地区设立新的销售办公室，或进入新的垂直领域。来自已有用户的产品数据显示了其对产品使用的频次、偏好等关键信息，能帮助企业营销团队预测其下一季度或年度的真实需求，同时预测类似或相关用户、空白市场的盈利空间，为进一步的向上销售（up-sell）以及交叉销售（cross-sell）提供真实数据指导。而且，通过对真实数据的收集与分析，结合历史数据，企业销售人员可以帮助预测用户的采购需求，及早启动采购流程。

案例

欧洲某著名工业设备厂商的销售代表在新的空压机产品的营销中使用了全新的应用程序。这个应用程序结合 CRM 数据与产品运营及性能数据进行产品使用和效能分析，使销售人员可以实时洞察用户需求、挖掘新的商机。例如，某些产品持续接近满负荷运行，需要更换更大功率的产品，销售人员可以基于分析结果向用户推荐新产品或更好的产品解决方案，并利用 AR 快速直观地进行产品演示。

以前为了演示产品，他们的员工需要携带非常笨重的产品到用户现场，不仅费时费力，还经常因为收集信息不全导致携带的产品不符合用户需求，达不到预期效果。通过 AR 技术，销售人员只需随身携带 iPad 或者 Hololens 眼镜，就可以结合实际使用物理环境展示所有产品，让用户直观地浏览产品的所有细节，包括新的产品设计、冷却性能增强等方面的详细信息。[①]

① Physical Digital Convergence The New Frontier of Innovation.

数据驱动备件与耗材销售

产品同质化严重及创新速度的普遍加快，使所有制造商几乎都面临竞争加剧的局面。在利润率与市场占有率之间，更多的企业优先选择了后者。企业寄希望于新的业务机会或业务模式出现，既能充分利用已有的市场占有率，又能弥补产品销售利润下滑带来的负面影响。备件与耗材的销售不仅能够提高用户的存留率，而且普遍实现了更高的利润率。相关调研显示，用户存留率每增加 5%，可以实现利润增长 35% ～ 125%，而备件及耗材销售对利润的贡献率可以达到 40% ～ 80%①。企业可以通过物联网等技术对设备进行远程监控，使用真实的数据反馈而非基于经验或被动地了解耗材使用状态，通过机器学习和实时数据预测分析产品及耗材的使用趋势，及早提醒用户购买耗材，避免影响正常的产品使用。例如，在这次全球疫情期间，很多医疗设备厂商就采取了这种方式帮助医院提前预警试剂的状态，从而避免 MRI 等关键设备停机。用户可在线发起备件及耗材的订购，提高备件和耗材的销售效率及利润率，优化备件和耗材库存，同时也能够保证用户正常使用产品的时间。基于来自物联网的用户真实使用数据，设备厂商可以根据初始产品设计性能、服务知识积累、行业数据统计等，向用户提供产品使用的最佳实践，修正低效或高能耗、高损耗的使用方式。

案例

总部位于美国的、主要服务北美市场的某自动化设备供应商，为北美数十家大型医院、诊所、药店等提供基于客户需求及实际使用状况的定制化配药、包装等设备。他们将物联网技术引入产品中，使用物联网技术得到设备的实时及历史数据，包括开机关机时间、使用、耗材、故障等数据。用户和这家供应商的服务部门及销售部门都可以基于这些数据预见设备的维护时间

① Gartner SLM Maturity Model, March 2011.

及周期，判断使用峰值及缺口。其销售人员不仅可以向用户建议设备的升级与耗材的采购数量，而且可以为用户提供新设备采购的种类、时间，甚至根据设备使用状况向用户建议门店的布局及市场拓展方向。这种关键的物联网应用让他们加深了与关键用户的业务合作，提高了用户的满意度，也帮助他们缩短了销售流程，销售了更多的新设备、备件及耗材，提高了企业营收。

第8章

CHAPTER 8

数字化运营与服务转型

8.1 产品运营与服务的趋势

在数字化技术风起云涌的今天，移动互联网让用户全天候在线化，工业互联网让智能产品全天候在线化。用户在线使用产品时产生大量的用户行为数据，产品在线被使用时产生大量的性能表现数据，这些海量数据经过大数据与人工智能技术的分析演变为企业产品运营与服务的数据资产，堪称可被持续挖掘的大数据“石油”。物联网、大数据、云计算、人工智能、5G 等数字化技术正在推动企业的运营和服务方式发生巨大变化。

共享经济模式

“共享经济”这个概念最早由美国得克萨斯州立大学社会学教授马科斯·费尔逊（Marcus Felson）和伊利诺伊大学社会学教授琼·斯潘思（Joel.Spaeth）在 1978 年发表的论文《社区结构与合作消费：一种日常活动方法》(*Community Structure and Collaborative Consumption: A Routine Activity Approach*)中提出，其主要特点是包括一个由第三方创建的、以信息技术为基础的市场平台。该概念虽然提出很早，但多年来企业运营一直是以向用户提供的产品为中心展开研发、生产、销售、服务等经营活动，最终用户购买产品并使用产品带来的服务。所以，共享经济一直没有发展起来。

最近 10 年来，移动互联网的发展以及城市交通拥堵、用车成本升高、空气环境恶化、社会老龄化等催生了优步、滴滴等不生产汽车却提供领先的网约车服务的公司。由于满足了用户对低成本、高质量、超便捷的服务需求，用户对这种新兴的共享模式趋之若鹜。众多新用户不再谋求购买新车，这甚至已经成为引起全球新车市场动荡的一个重要原因。尤其是 2019 年世界最大的新车消费市场——中国连续两年出现下滑。受此影响，传统汽车厂商纷纷推出共享出行新动作。例如，上汽成立“享道出行”，吉利成立“曹操专车”，广汽成立“如祺出行”，长城汽车成立“欧拉出行”，北汽新能源推出“轻享出行”，力帆推出“盼达用车”，小鹏推出“有鹏出行”，威马推出“即客行”旅行短租，宝马集团旗下的共享汽车品牌“即时出行”（Reach Now）也已经开始在我国布局。

动作更大、行动更快的日本丰田汽车公司社长丰田章男明确表示将向移动出行公司转型，并于 2019 年 7 月 25 日向滴滴公司投资 6 亿美元成立投资公司。其中部分资金用于双方与广汽丰田汽车有限公司共同成立合资公司，为网约车司机提供车辆管理、保养、保险及金融等各个方面的服务。市场竞争十分残酷，跟不上趋势变化就要被动挨打。与其被颠覆，不如主动变革求生。

总之，大到汽车、房屋，小到自行车、雨伞、充电宝，这个世界已经快步迈入了共享经济时代。人们不再追求通过购买产品来获得服务，而是通过灵活、低廉的方式按需购买即时的服务。这颠覆了传统制造业的运营模式，使制造商与用户之间的关系不再是简单的买卖关系，制造商需要深入挖掘用户的实际需求与痛点并提供合适的服务。

互联产品服务

随着移动互联网、工业互联网等数字化技术的发展，产品越来越智能化。而智能互联产品通过传感器和外部数据源，使企业实现了对产品的状态、运行和外部环境进行全面监测。一旦发生问题，产品还会向用户或相关方发出警告，技术人员可及时对产品进行预防性的保障服务。制造商与用户可以通过 IoT 追踪产品运行历史参数，更好地了解产品的使用状况，当关键零部件运行达到寿命或保养周期时限即可主动发起更换提醒，从而促进备件销售并延长产品的正常运行时间。

智能互联正在成为产品价值的核心要素。例如，在医疗仪器行业，美敦力公司（Medtronic）的数字血糖仪通过植入患者皮下的传感器可以测量组织液中的血糖水平，并可通过无线方式向患者或医生发出警告。在患者血糖达到危险水平前，血糖仪最多可以提前 30 分钟发出警告，让患者及时接受治疗，每个用户都能享受到精准化的医疗服务。①

极致的用户体验

从 18 世纪 60 年代英国发起的蒸汽机时代工业 1.0，历经电气化时代工业 2.0、计算机与信息化时代工业 3.0，到近几年德国提出的智能化时代工业 4.0，制造业的景象已经不再是产品稀缺，反而是产品与服务无限同质化。在此背景下，企业在竞争策略中已经无法单纯通过低成本、高质量等策略打动用户，而是需要从用户视角出发打造产品与服务。

特斯拉的出现无疑引领了汽车行业电动化的趋势。正如苹果手机的出现颠覆了传统的功能机，它们成功的相似点即极致的用户体验是赢得用户的最重要因素。从营销开始，特斯拉的体验店像大家进入 Apple Store 一样让用户自由且无压力地了解、欣赏、体验车辆的功能，在线预约试驾或者下单订购。用户不再担心在传统 4S 店里被销售人员频繁推荐，而是回归纯粹的信息获取与欣赏体验。用户购买传统汽车后，汽车从买入那天就开始价值折旧。一旦汽车出现机械故障或质量问题，厂商主要通过召回、授权 4S 店维修、换零件等方式来进行改进，车主费时又费力。而特斯拉通过如图 8-1 所示的 OTA 空中软件升级功能平均每两周对车辆进行一次在线更新，用户买车后可以随时随地解决问题、优化和提升功能与性能。电子泊车、刹车距离缩短、哨兵模式、自动驾驶等功能不断被添加到车主现有车辆中，车辆常开常新不过时，这些极致体验让用户下单预订后心甘情愿等待数月。特斯拉神话不断演绎的传奇，正是用户愿意为极致体验买单的最好证明。

① 参考迈克尔·波特、詹姆斯·贺普曼的著作《物联网时代的企业竞争战略（上）》。

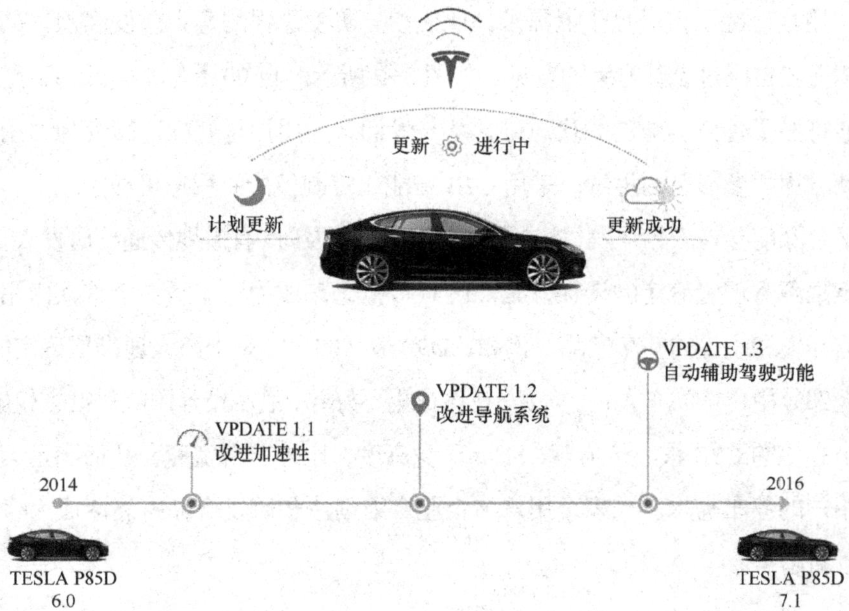

图 8-1　特斯拉 OTA 空中软件升级[①]

此外，保时捷在 2018 年初推出了一款 AR 应用程序，它让用户可以随时体验新的 Mission E 首款纯电动跑车。该应用程序允许用户查看 Mission E 概念研究的不同视图，可以将概念车虚拟地放置在马路上，还可以提供模拟车辆空气动力学的动画。X 射线视图通过瞥见轻巧的机身下方，使驱动和电池技术栩栩如生。此外，车辆可以虚拟显示用户喜欢的颜色，甚至可以在交互式驾驶模式下使用 AR 进行试驾。这种虚拟的体验让用户身临其境，提升了产品感染力与品牌价值。

用户参与设计

当企业已经普及以用户为中心的经营理念时，用户参与企业运营的环节主要在需求调研、产品应用试验以及服务策略制定等产品生命周期的前期和后期。而产品开发这个重要环节却被企业认为是内部业务，因此缺乏用户的参与。

① 图片来源：Sanda Mays。

用户已经不再满足于提需求，他们参与研发过程的意识愈发强烈，甚至希望提出自己对设计方案的意见，如图 8–2 所示。自 2016 年 7 月开始，上汽大通打破了传统企业的固化思维，从“我们认为用户是怎样”转变为“用户驱动、用户参与”的思维，采用 C2B 智能化定制模式。用户可通过线上、线下平台深度参与产品开发，将自己的意见和建议及时、有效地传递给研发人员，甚至推翻管理者确定的设计方案，使 D90 概念车成为汽车历史上首款由用户参与开发和设计的整车产品。例如，D90 最初的尺寸是上汽大通高层确定的，但大部分用户认为车太长、太宽，在城市里不好开，最后设计团队贯彻去权威、去中心化的 C2B 核心价值观，加高车身高度，压缩车身宽度，从而满足大部分用户的停车需求。未来，用户与企业合力创造和研发产品将逐渐成为企业运营新趋势。

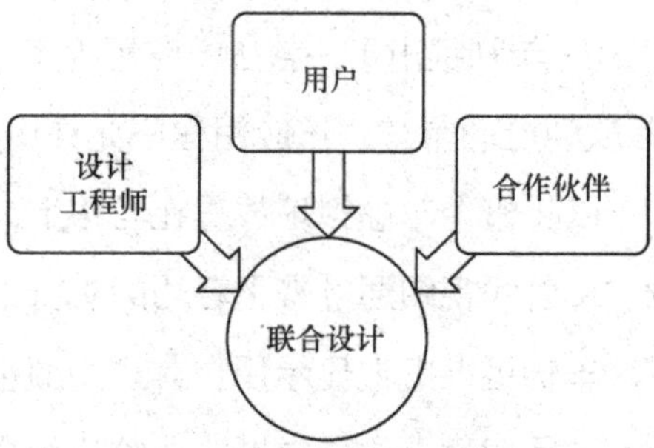

图 8–2　用户参与的联合设计模式

生态圈竞争

企业的竞争格局经过数百年的不断演进，已经跨越单个企业之间竞争阶段。当今制造业竞争的背后是产业链上下游一体化的协同竞争。例如，三星手机与苹果手机的竞争代表着手机厂商的产品设计能力、供应链生产与品质控制能力、营销与渠道拓展能力的全面竞争。当单一品类的产品与服务同质化越来越严重时，打造生态圈、深挖护城河的共创共赢新模式逐渐被以小米为代表的企业创造出来，如图 8–3 所示。

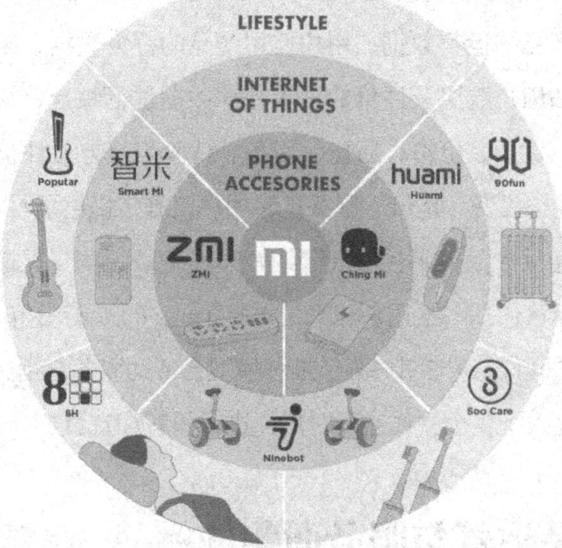

图 8-3　小米生态圈示意①

小米公司成立于 2010 年，其一直以极具性价比的智能手机为主要产品切入红海市场，在智能手机行业竞争加剧的环境下自 2014 年开始布局 IoT，通过“自营 + 生态链合作”的方式快速成长，打造了包含智能手环、扫地机器人、AI 音箱、智能电视、空气净化器等在内的智能产品生态圈。有了生态链的加持，小米公司就从仅有手机等少数单品的“驱逐舰”变成有一大堆周边产品拱卫的“航母舰队”，并通过打通诸多生态链产品之间的连接实现了很多智能家居协同效应。历经 10 年的生态圈建设，小米公司于 2019 年开始正式启动了“手机 +AIoT”的双引擎战略，以手机为核心构建开放的 AIoT 平台，形成了万物互联的新格局。2019 年，小米公司首次进入财富世界 500 强，成为榜单中最年轻的 500 强公司，并实现营收首次突破 2000 亿元，达到 2058 亿元。其中，IoT 与生活消费产品业务收入占 30.2%，生态圈的贡献可见一斑。

数据驱动决策

数据已经成为企业新的生产要素，这在制造业已是不争的共识。领先企

① 图片来源：Tech in Asia。

业通过搭建大数据平台，将研发、生产、供应链、销售、服务等内部业务数据，以及智能互联产品的运行数据、用户使用产品的行为数据、第三方机构分析数据、电商网站用户购买及评价数据等外部数据进行综合建模分析，从而得出产品的功能、性能、价格、质量、服务、体验等全方位评价体系，为管理层对新产品开发、投资、定价、服务策略的决策制定提供了科学的数据支撑。

美的集团通过大数据平台实现了用户购买记录、购买渠道、地域、使用偏好等信息的标签化。一条用户记录可以打上近600个标签和多级标签属性，形成完整的用户画像。这些用户画像推荐模型会帮助服务营销、设计以及售后，从而完成从线上线下整个立体空间对用户进行了解和定位。

8.2 产品运营与服务面临的挑战

快速变化的市场

2020年1月，新冠肺炎疫情这只巨大的黑天鹅飞来。随后，武汉封城两个月，隔断与外界的交往，全国民众被要求居家隔离。全球市场的口罩成为热销品，有谁想到过？没有顾客上门的餐饮业被迫关门，春节前大量的食材备货只能腐烂或冷冻在冰柜里，有谁想到过？无法返校的学生“云上课”，无法返工的员工“云办公”，这些小众模式突然变为主流模式，有谁想到过？

说了这么多，其实汇成一句话：不确定性和变化已经成为这个世界的常态。汽车企业上个月还在生产汽车，这个月就临时上马口罩生产线，研发、制造等运营模式是否要快速转变？主要依靠线下消费的餐饮店不得不思考如何快速把食材做成半成品或者线上外卖来转换经营模式以降低损失，是否要对经营人员与流程做调整？被众多同时在线开会的用户们挤爆服务器的在线会议系统公司为了抢占市场，不但要加大云计算投入成本，还要免费注册使用，盈利模式是否充分考量过？

除了变幻莫测的外部形势逼迫企业进行运营的转型，根源上还有“90后”“00后”数字化原生代已经成长为消费主力，他们早已习惯了各类移动智能设备、形形色色的社交工具，对云计算、大数据天生就具有亲近感。他们以自我为中心，产品要高颜值、随时在线、极致服务、按需付费、好玩够酷。总之，产品和服务的交付以及交互方式都变了，商业模式变了，为了适应用户需求的变化，企业也要做出积极的转变。

企业原先稳定的组织分工、固定的业务流程、复杂的业务系统要想跟上快速变化的用户和环境，都必须以更敏捷的变化来应对变化。

孤立的产品与系统

从产品维度看，除了少数如手机、音箱等 3C 类产品实现智能互联以外，大多数产品出厂后就断开了与产品制造商之间的联系。企业对产品的运营停留在简单的用户服务层面。例如，通过售后服务中心倾听用户使用产品时遇到的问题并指导用户解决，受理用户对产品的投诉并安排售后技术人员上门维修。在上述过程中，研发人员并不能及时获得新产品在市场中的运行等数据，用于迭代优化。因此，产品孤儿反过来制约了新产品的提升。

制造业信息化发展到今天，虽然企业各个业务领域基本建立起了 PLM、ERP、MES、CRM 等系统，但是大多数企业的运营管理依然停留在基于企业 CRM、ERP 等信息系统的数据定期抽取和汇总成各类报表，应用 BI 类的分析工具为企业高层提供看板。这个执行过程往往滞后于数据产生的时间数天甚至数周，而当下市场形势和竞争环境瞬息万变，过时的和不完整的数据和报表则会误导高层的决策方向。

综上所述，企业的运营与服务管理面临一系列的挑战：如何实现产品的智能互联化，如何收集产品性能与功能数据以及用户行为数据，如何分析这些数据用于产品的营销、研发、制造、服务，如何打通全业务链的信息化系统让数据价值最大化。这些挑战迫使企业决策层重新思考运营与服务的数字化战略。

数字化顶层规划

数字化产品、数字化研发、数字化制造、数字化运营、数字化企业，将一切数字化似乎已经成为企业的共识。然而，2018 年 9 月埃森哲公布的《中国企业数字转型指数》研究报告显示，我国目前只有 7% 的企业转型成效显著（见图 8-4）：在持续深耕传统业务的同时，果断拓展新业务，谋求转型，在过去三年中新业务的营业收入在总营业收入中占比已超过 50%。

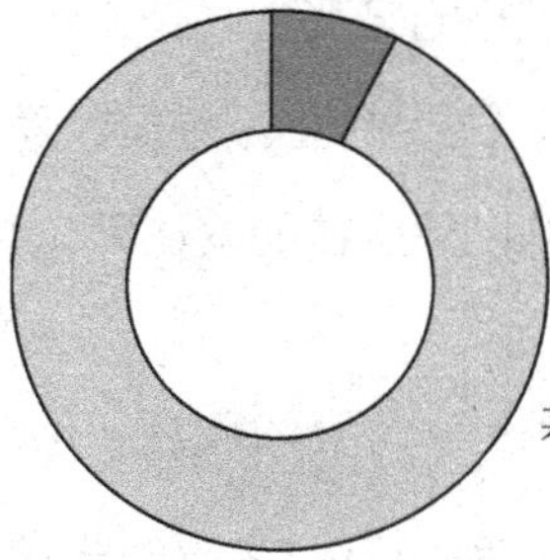

图 8-4　我国企业数字化转型领军者比例

大多数企业的数字化工作还停留在以信息化部门为牵头单位、在制造或者服务领域单点应用物联网及大数据分析等技术来提升效率这样的层面上。而数字化转型是真正的“一把手”工程，成功的转型只能由最高管理层发起并成立数字化转型部门，从数字化转型目标的顶层战略制定、业务举措分析、实施路线规划、组织机构重组、绩效制度保障等方面进行全面部署才有可能实现，否则只是局部改良，效果欠佳。

有人戏称不转型是等死，转型是找死。向死而生才可能凤凰涅槃，杀出一条生路。而大多数企业还停留在传统思维，并未意识到这一点。因此，我国企业的数字化转型之路任重道远。

8.3　数字化服务与运营

随着时间的推移，传统的服务与运营方式已不能满足用户的需求。传统服务与运营模式下，用户遇到售后问题首先要拨打售后服务电话来描述问题；等问题描述清楚之后，企业会基于用户的服务合同、服务人员的负荷情况派现场服务人员去定位问题、订购备件、完成最终维修工作。这种传统模式下，制造商对产品的运营情况无法及时知悉，无法准确定位相关产品问题，一次修复率相对比较低，同时也浪费了很多出差成本，导致用户满意度低。

数字化时代，人们逐步认识到其所需要的并不是某个特定的产品功能，而是产品带来的服务，以及这些服务的不断提升。例如，大家喜欢苹果手机更多是喜欢手机操作系统提供的软件功能，以及相关服务的持续运营。同时，智能互联产品形态的改变又让用户在使用与维护中对产品的体验服务有更高的需求。因此，设备制造商必须为用户提供高质量、差异化的维保服务与持续优化的运营服务，以保证用户成功地使用其产品，为其创造更大的价值。有数据表明，未来 3 年基于智能互联产品，18% 的企业会停止销售产品，转向以服务为基础的业务模式；54% 的企业会销售产品和其他基于智能互联产品的增值服务；只有 27% 的企业会继续销售传统产品。这些变革需要全新的数字化服务与运营模式，基于数字化技术构建全数字化的产品服务与运营体验，提高远程修复率和一次性修复率，增加用户满意度，基于运营数据创造新的销售商机与产品创新机会。

领先的企业还可以创造产品即服务模式来替代传统的产品销售模式，转而以服务作为产品来销售，用户只需按使用量付费就可使用产品的所有功能。企业通过对产品使用数据的分析，可以发现用户备件更换或者新产品功能的需求，从而产生新的销售机会。不但如此，基于对产品运行数据的实时在线分析，企业可以发现优化产品设计的数据依据，从而为下一代产品开发和创新提供更多输入。

在智能互联的服务模式下，产品服务部门不再只是被动地响应用户的服务请求，而是持续地关注和分析产品运营状态并及时进行故障提醒，基于企业的知识库为用户提供互联的维修服务指导，让用户提升自服务能力。当故障无法由用户自行排除时，企业可以通过远程互联的服务由专家远程基于现场和三维信息准确指导现场人员进行故障排除，或者运营团队直接更新相应的控制程序，从而快速解决问题，提高用户满意度。

基于机器学习技术对产品运行数据的分析，可以实现产品故障的预警及影响因子分析，从而为用户提供预防性的维护和保养建议，提高设备可用率。

如果需要现场更换备件进行维护或维修，在进行现场维修工作之前，备件库存优化系统会提前给出现场维修备件的最佳获取时间和地点。通过上述集成的现场服务支持手段，企业将大大提高设备的首次修复率，优化服务水平。

8.4 数字化运营与服务转型框架

制造企业的核心是产品。随着产品的智能互联化，企业的运营与服务模式也需要以智能互联产品为核心进行数字化。数字化运营与服务的业务总览可以描述为以智能互联产品为核心的企业运营与客户端运营两部分，如图8-5所示。

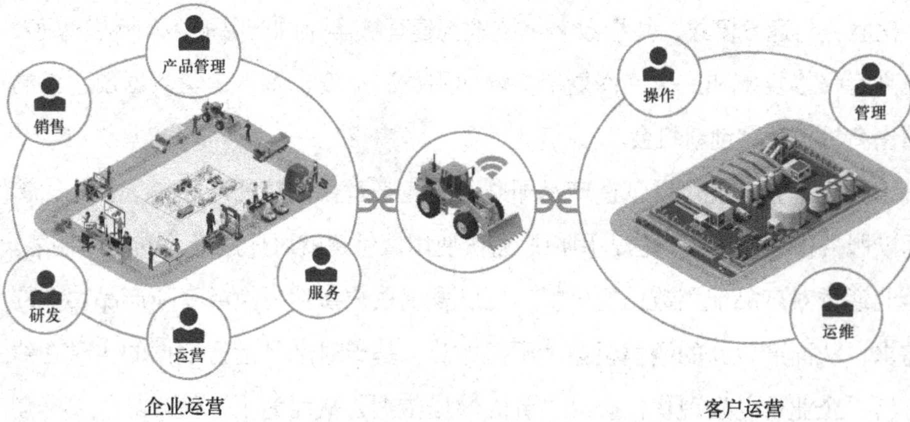

图 8-5 数字化运营与服务总览

企业内部需要以智能互联产品为核心，构建研发体系、销售模式、服务与运营模式，甚至产品管理能力。以某工程机械制造商为例，不仅要像本书第5章介绍的那样在研发领域以智能互联产品研发体系进行变革，还要在产品服务体系与运营体系上构建数字化能力，从而提升企业竞争力，以实现可持续经营与发展。如图8-5所示，制造商可以考虑将传统以卖挖掘机为主要营业收入的方式，转变为卖订阅式产品模式或者提供服务的方式，从而按照挖掘机开机后的运行时间来收费，或者按照挖的土方来收费。同时，企业可以构建智能互联产品管理平台，实时监控产品的运行状况，提供及时的保养、备件更换及其他售后服务。因此，制造商与渠道商、用户的关系可以不再是一次性的买卖关系，而是基于产品运营的持续优化与服务的关系，这样也就大大提升了用户满意度和市场占有率。此外，制造商也会因为这样的转变而获得持续的营业收入，同时通过数字化技术保证产品正常运行。

在客户端，产品在物理空间中的运营不再是“孤儿”，而是通过物联网实时地与制造商进行交互与联系。利用数字化技术，对于复杂工况的操作指导、产品报警后的运维体系以及实时的工况数据都可以基于产品的运营在用户与制造商之间无缝流转。甚至对于用户来说，基于产品正在运营的付费模式可以带来更多的利益，减少重资产拥有及折旧损失。这种新的服务与付费模式可以使用户不仅完成现在的工作，而且在不需要使用挖机时节省成本，再次使用挖机时获得制造商提供的最新产品与服务。

基于以上情况，笔者提出了数字化运营与服务的框架，如图 8-6 所示。数字化运营与服务的核心和基础是产品的智能化及通过物联网互联后的实时可视性。从框架的技术体系角度，笔者把它分成两部分：一部分是服务优化，目标是降低服务成本、提升用户满意度；另一部分是产品运营，目标是转变运营模式，基于数据驱动产品持续运营优化。

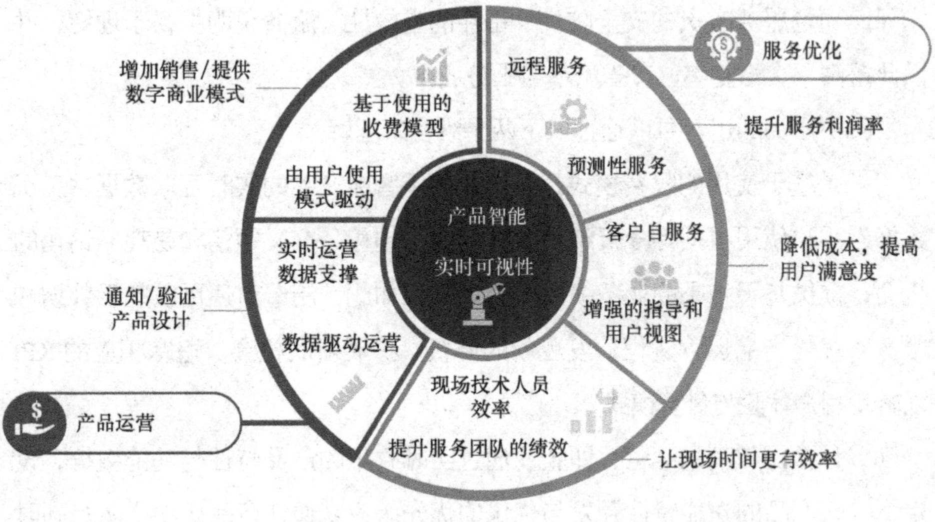

图 8-6 数字化运营与服务框架

（1）产品的智能化为现场的产品提供实时可见性，以测试性能并避免意外停机，从而使产品连接运营环境相关的系统、现场工况数据成为可能。制造商可以实时监控产品性能 KPI 并与以往数据进行对比，为用户提供视情维修与服务（Condition Based Maintenance，CBM），从能力体系上可细分为连接、集成、监控、报警、分析五个步骤。

（2）服务优化可以从以下三个维度来理解。

一是通过物联网、大数据构建的远程服务体系，通过与智能设备的持续交互及远程诊断、预测性服务以加速服务交付过程，从而不用派遣服务人员就可以完成服务工作。从能力体系上可以细化为问题识别、服务请求、远程诊断、远程修复以及开机验证五个步骤。

二是用户自服务，主要通过 AR 等增强指导的方式在用户需要时与其见面，通过 3D 增强指导决策让用户自己完成相关服务操作。例如，在设备的安装、初始化、例行保养时，厂商的服务专家通过 AR 远程指导 App 即可与现场的用户取得联系，并基于三维模型通过类似“粉笔”的方式自由地在屏幕上进行圈阅和注释，帮助用户理解操作及运维细节。

三是现场服务高效化，即企业通过自动流转的服务流程及相关数字化技术保障现场服务人员的安全防护、备件的有效性、服务说明书易于理解，并以此提高一次修复率，节省派单与服务成本。

（3）产品的运营可以通过以下两个维度来理解。

一是基于使用的收费模式，即企业基于智能产品的实时互联数据、工况数据、用户使用数据等分析结果来推动向上销售、交叉销售和易耗品销售的机会，提供基于结果的业务绩效模型。不仅如此，制造商还可以基于数据和服务来优化产品运营过程，发现新的商机，扩展新的机会，追踪相应的 KPI 以转变用户体验与付费模式。

二是数据驱动的运营，即企业通过实时收集的产品特性与功能数据，设定下一代产品的功能特性开发与优化的优先级，以通知产品研发团队；同时基于这些数据进一步提升产品质量与品牌忠诚度，从而获得更长远的成功。

8.5 应用场景及案例分析

8.5.1 组织协作创新

随着智能互联产品的崛起，传统的企业组织架构将被打破，全新的职能部门将涌现，如统一的数据管理部门和新型客户关系管理部门等。同时，智能产品产生的海量数据正在改变组织价值链上的几乎每一个职能部门，包括产品研发、制造、营销以及售后服务等，而且将产生新的跨部门协作形式。这些都将推动企业打破内部组织边界和壁垒，颠覆传统的组织架构和管理流程，使资源配置效率最大化，从而推动商业模式和运营模式的转型。

组织数字化创新旨在将企业组织中的人、业务单元和流程等映射到动态可视化数字业务过程中，通过流程建模和挖掘打破传统的业务和流程屏障，以便更好地理解、分析和优化企业运营过程和业务模型，实现业务数字化转型，提高企业运营效率。高德纳将组织数字孪生列为 2019 年十大战略技术趋势之一，已经成为企业数字化转型战略不可或缺的部分。

与产品数字孪生类似，组织数字孪生专注于组织和运营流程，通过组织和流程的实时可视化实现对运营过程的持续监控和优化，以提高运营效率。区别于传统的业务流程管理（BPM），组织数字孪生具有以下明显的优势。

（1）组织数字化：通过构建数字化组织模型融合组织和人员的虚实数据，实现组织的动态可视化。

（2）流程数字化：通过跨系统的业务流程编排打破传统的组织壁垒，实现数据驱动的运营过程。

（3）绩效可视化：基于运营数据分析，洞察运营过程，实现多维度的组织绩效分析，优化运营流程，提升运营效率。

案例

博世力士乐在新一代 Cytropac 产品中利用数字化技术手段打破了传

统的部门壁垒，通过实时服务事件来驱动服务流程，并利用跨系统的业务编排自动实现设备信息检索、备件库存信息查询、自动派单等一系列的服务任务，解决了原本需要跨多个部门、访问多个系统而导致效率低下、信息滞后的问题，优化了服务流程，大大提升了服务效率（见图 8-7）。企业的后台服务部门、现场服务部门等以数字化业务流程为纽带适应数字化协同的需要随时变换，而非以传统的部门职能来配合。①

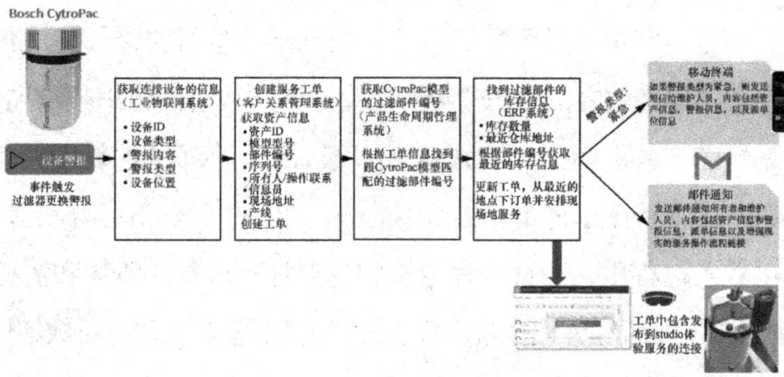

图 8-7　博士力士乐数据驱动业务组织协作

8.5.2　服务模式创新

企业在从以产品为主的商业模式向服务化制造转型的过程中经历了以下三个发展阶段。

（1）服务作为成本中心：制造商将服务作为用户购买产品的保障，通过设立呼叫中心和售后服务部门来为用户提供更好的服务，树立产品口碑以促进产品销售。事实上，这个过程中的服务增加了企业的大量成本。

（2）服务作为差异化优势：领先的制造商将现场服务能力作为自身差异化的竞争优势，衡量的指标是服务产生了多少营收。

（3）产品即服务：最先进的服务发展愿景是将高效、集成化的服务体验作为产品提供给用户以提升用户体验，让用户为服务买单而非产品本身。

企业从研制智能互联产品开始，即推动服务创新。当产品作为一种服务提

① PTC, Smart, Connected Product Design Helps Bosch Rexroth Optimize Hydraulic Devices.

供给用户时，保养相关成本和职责将转移到制造商一方，这将影响产品设计的方方面面。为了保证对用户进行合理收费，产品保持互联和实时在线，企业通过数字化运营平台管理产品，提供远程服务和应用分析。共享模式是产品即服务的一种，如共享单车、共享汽车、共享充电宝等模式都是让用户仅仅为使用的服务付费，而不是为产品付费。这种模式甚至有可能颠覆原先高价值产品的所有制模式，宝马、奔驰、大众等纷纷成立了共享出行公司，探索运营模式的转变。

案例

罗罗航空发动机制造公司开创了按时计费模式的先河。航空公司可以按飞机引擎的工作时间来付费，放弃过去固定产品销售加维修保养费用的模式。如今，越来越多的制造企业开始提供类似的产品即服务模式，这将给销售和营销工作带来深刻的影响。销售人员的目标不再是达成一锤子买卖，而是帮助用户取得长期成功。这需要双方建立起共赢的合作场景。施乐公司从原先出售复印机转型为按打印文件数收费，因此在硒鼓、进纸器和墨盒处安装了传感器，这样就可以准确地向用户收费，并促进了纸张、墨盒等耗材的销售。[①]

8.5.3　数据驱动的运营

在智能互联产品诞生前，数据的产生主要源于内部运营和价值链上各个职能部门间以及与供应商之间的内部交付，如订单处理、供应商互动、销售互动和用户服务拜访等。企业会利用问卷调查、市场研究和其他外部资源处获得的信息对这些数据进行补充。将这些数据综合到一起，企业就会掌握一定的用户、需求和成本等信息。但是，这些往往不够全面、准确，并且无法保证信息的实时性。

如今，企业在上述传统数据源之外获得了最直接的数据来源——产品本身。智能互联产品能实时产生数据，其实时性、多样性与容量都是前所未有的。今天来自企业内部各个业务系统、外部供应商及用户、为用户服务的产品等各种来源的数据，已经成为人才、技术和资本之外的又一项企业核心资源。

① 参考迈克尔·波特、詹姆斯·贺普曼的著作《物联网时代的企业竞争战略（下）》。

在很多行业中，数据也许将成为决定性的资源。要想将海量数据应用于企业经营的各个方面，就需要根据不同角色的业务需求进行快速配置，从而满足不同角色和不同业务场景的要求。

案例

我国ICT品牌头部某企业以IPD理念夯实企业基础，实现了市场、技术、产品全面领先后，在数字化转型过程中采用了数字主线技术，将企业CRM、PLM、ERP等各类信息化系统以及来自所有运行产品的数据结合起来形成全量数据模型，开发支持用户、供应商、研发、供应链、制造、服务等全生态的基于个性化需求和角色的应用程序。这些应用程序可以提供对数据的分析与洞察见解，不仅包括哪些用户在使用哪些产品的信息，还包括理解他们如何使用这些产品的信息、企业内新产品研发的进度、生产厂数字化映射及其OEE、供应链的物流追踪、产品的全过程质量管理、供应商的生产状况等。这些应用场景有效支撑了企业从需求到产品（Idea To Product）、从线索到现金（Leads To Cash）、从问题到解决（Issue To Resolve）三大业务流程体系的端到端可视化与追溯性，实现了数据价值最大化。

无独有偶，我国某自主品牌第一阵营企业在建设了数十个信息化系统的基础上，通过BI系统实现了基于每天数据更新的项目进度、成本、风险、绩效等各维度管控看板。然而，在汽车市场瞬息万变的今天，高层管理者已经不能满足于以天为单位的决策数据支持，正在构建数字主线平台，目标是将整车的需求定义、功能开发、测试验证、试制试验、发布量产、售后运维等全生命周期的业务流、数据流融合在一起，形成汽车产品的数字映射，并按业务需要提取数字映射的不同视图切面供管理层对项目计划、质量、成本、风险等进行全维度的业务决策。

8.5.4 产品数字孪生

今天，全球已有数十亿台智能互联产品，它们产生了极为丰富的信息和数据。然而，数字世界与产生这些数据的物理世界之间却横亘着一道天然鸿沟，大大限制了我们应用数据和挖掘价值的能力。数字孪生技术为填平鸿沟带来了希望。

产品全生命周期主要包括产品设计、生产制造、运营服务等阶段。因此，产品的数字孪生也可以相应地划分为设计态、制造态、运营态等，这些不同态势的数字孪生体贯穿于产品全生命周期的全过程。如图 8-8 所示，企业借助数字孪生技术可以监测产品在用户现场的运行状态，对异常状况进行实时报警；还可以结合机器学习技术进行故障的预测与分析，帮助用户降低产品运营风险；另外，数字孪生技术也能帮助设备制造商更好地设计、制造、运行和维护产品，并为下一代产品的功能和性能优化提供大量真实的运行数据依据。通过产品的数字孪生体，产品全生命周期数据既可以在 Web 端以网页的形式监控产品的运行参数性能，也可以通过智能终端在设备现场将设备参数引入 AR 的界面叠加到真实设备上，从而让产品的数据价值无处不在。

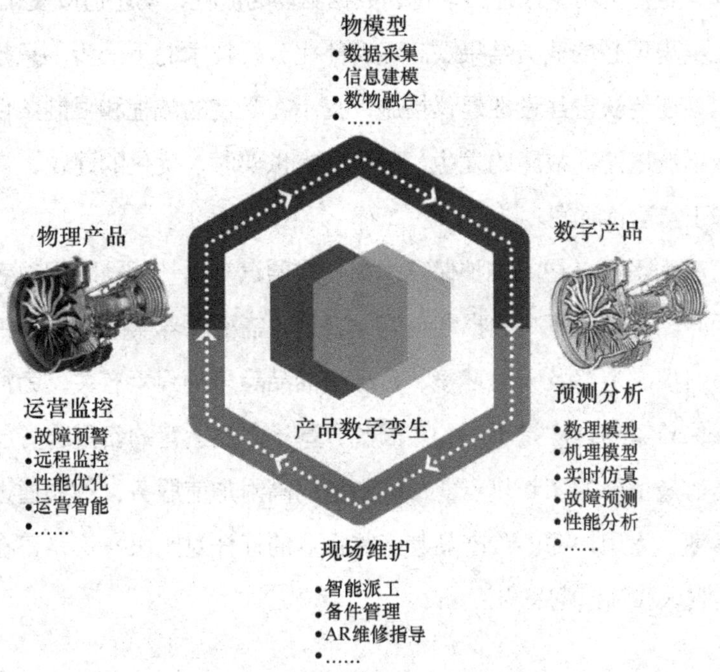

图 8-8　产品数字孪生逻辑图

8.5.5 产品运营优化

产品是连接用户与企业的桥梁，而产品运营则提供了优化产品、提升服务的基础。因为企业通过智能互联的产品能够收集用户使用产品的具体功能及性能参数等信息，进而发现并挖掘改进产品和维护策略的机会。

案例

卡特彼勒公司为用户提供了一系列新型解决方案，帮助用户更好地管理建筑和采矿设备。公司可以对现场运行的每一台设备进行数据收集和分析，由服务团队为用户提供设备的分布及运营建议，从而优化使用设备的数量及工作时间。他们还可以告诉用户何时应增添和保养设备，如何突破产能瓶颈，以及如何提高整个车队的燃油效率等。①

此外，企业更希望创建自动化、数据驱动的流程，动态适应变化的状况，从而优化实现理想的业务结果。高级智能化分析技术的下一步不只是预测要发生什么，还要获得建设性建议措施，揭示在既定的流程和限制条件下应该如何采取措施以避免故障的发生，分析并提供实时、优化的建议，最大化设备性能和正常运行时间。

以汽车为例，以往的维护保养规则是按照汽车累计行驶时间或者里程进行定期保养。然而，汽车的损耗程度或者是否需要保养实际上是与每台汽车的驾驶员习惯、道路及天气环境、负载、油品等多种因素有关，为汽车或车队的维修保养策略理应是不同的。因此，基于产品运营的新型服务已经成为制造业当前最主要的创新热点，一些新型的高附加值服务，例如通过新技术延长保修期、为用户提供跨产品甚至跨行业的标杆对比服务等，正在为企业带来新的收入和利润增长点。

① 参考迈克尔·波特、詹姆斯·贺普曼的著作《物联网时代的企业竞争战略（下）》。

8.5.6 远程服务优化

为大量设备提供运维服务的设备厂商进行定期的设备巡检和突发故障处理时需要耗费大量的人力和差旅费用。有时突发故障导致的停工停产会严重影响用户满意度，给用户带来很大损失。智能产品让以互联为基础的远程服务成为现实。利用数字化远程服务解决方案，维修人员可以远程控制和操作设备、调整设备参数、升级设备固件版本等，从而减少现场派工和现场服务、降低服务成本，为用户提供更及时的服务。

案例

Elekta 是一家致力于生产可改善、延长和挽救癌症及脑部病患者生命的领先的设备与软件创新企业。该企业一直都处于数字革命的最前沿，通过远程服务的连接、监控和远程维护机器为用户创造附加价值；可提供安全控制的远程访问和服务，确保自己能够连接全球用户的数千个资产，实现产品性能可视化，进而为临床医师改善设备正常运行时间、增加患者数量。到目前为止，Elekta 已经远程修复了 30% 以上的机器问题，增加了设备 20% 的正常运行时间。凭借更卓越的产品洞察力，该企业为用户节约了大量差旅时间和成本，更重要的是避免可对患者治疗产生负面影响的意外临床停机。①

8.5.7 客户自服务

如前所述，数字化原生代的“90 后”和“00 后”已经成为目前的消费主力，他们的成长经历几乎就是一部互联网与数字化技术的发展史，因此天然具有创新、求变的特质。良好的经济条件让他们不再迁就，而是追求极致的产品和体验。

案例

随着信息娱乐系统和高科技驾驶辅助系统的普及，汽车的各种功能与技

① 参考 PTC 官网文章《Elekta 强化互联网服务与产品能力》。

术逐渐变得越来越复杂。这也使很多用户懒得花时间去翻看繁重且不易懂的用户手册，以了解这些功能。奔驰公司为提升用户体验，采用了 AR 方式让用户抛弃多达数百页的纸质说明书，转而拿起手机扫描汽车的仪表盘或者方向盘等部位，手机屏幕就会显示相关功能的标号（见图 8-9）。用户只需要用手指点击相应的标号，就可以看到手机屏幕上显示的文字、照片或者视频，从而了解该功能的使用方法。[①]

图 8-9　AR 服务体验

8.5.8　数字化质量闭环

如何提高产品质量，降低废品率和返工率，一直是令企业头疼的问题。虽然已经有很多成熟的质量控制体系，如全面质量管理（TQM）、六西格玛、精益生产等，但是这些体系与产品研制过程相对脱节，执行和控制过程缺乏有效的数字化手段支撑，导致很多企业在质量控制上依然步履维艰，使生产成本居高不下，严重影响产品研制周期。

随着数字化技术应用的深入，像空客等先进企业开始探索端到端的数字化质量管理解决方案（见图 8-10）。基于产品数字主线，实现质量数据与产品数据的融合，将质量控制过程，包括 FMEA、KC 等贯穿于整个产品研制过程，再通过简单、易用的端到端工业 App 推送到用户桌面，由被动应对变为主动预防。同时，利用物联网技术聚合生产过程中的各类质量数据，包括工艺配料、

① 资料来源：汽车有实话。

设备参数、环境数据、生产检验记录等，再结合产品设计和工艺数据进行质量问题根因分析，从而进一步改进产品设计和工艺，完善 FMEA 和 KC 等，实现质量闭环控制和管理。

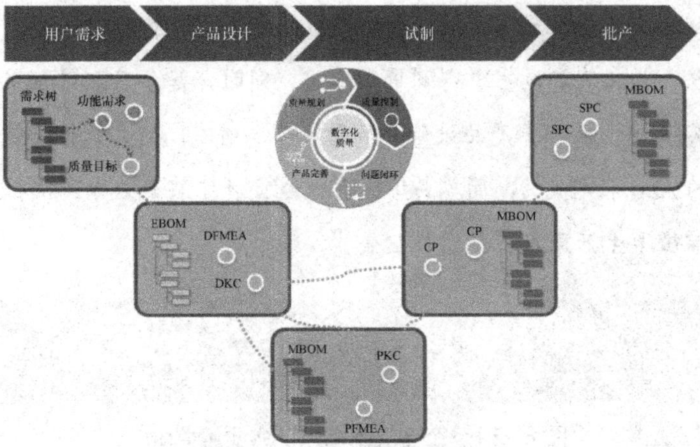

图 8-10　数字化质量管理

（1）质量管理与设计过程相结合

质量与产品设计过程本是密不可分的，然而种种原因导致很多企业的质量规划和控制过程与产品的研制过程脱节，使产品质量中的 FEMA、KC 等无法在产品设计过程中得到贯彻，企业往往以事后检验和问题处理为主，这严重影响了成本、效率和研制周期。数字化质量首先要实现质量规划过程的数字化，将 FMEA、KC 和 CP 等质量规划过程与产品设计和工艺设计过程相融合；其次要建立这些数据与产品研制数据的关联，便于数据追溯和更改贯彻，将质量管理由事后检验变为主动预防，降低废品率和返工率，从而有效降低成本，提高产品质量。

案例

空客作为全球两大飞机制造商之一，其在研发和制造方面的数字化技术应用处于全球领先地位。然而，由于飞机产品的复杂性，以及安全性要求，其装配过程极为复杂，大部分装配工作都需要人工完成，自动化工具或设备只是必要的辅助手段。如何保证工人的装配质量和工作效率一直是空客致力解决的问题。结合丰田汽车在产品质量先期策划（Advanced Product Quality Planning，APQP）和精益管理的经验，空客基于PTC Windchill和Thing Worx构建了端到端的数字化质量管理平台，实现了质量管理过程与研制过程的融合，将FEMA和KC数字化，与产品设计数据相关联，并在装配过程中得到贯彻落实。同时，基于装配过程中的质量问题，其进一步优化了产品设计和质量规划。所以，这些工作都是通过基于角色的App来完成的，简单易用，有效地提升了装配效率，降低了质量成本，缩短了生产周期（见图8-11）。[①]

图8-11　空客端到端数字化质量App

（2）质量控制过程数字化

传统制造企业对质量过程数据的采集仍以人工纸质为主，其完整性、时效性和可用性较差。质量数据采集和处理的滞后容易导致产品批量报废或返工，给企业带来巨大的损失。同时，由于质量数据没有实现数字化，企业也无法利用这些数据发现质量管理问题，预测产品质量趋势，预防即将发生的质量问题。

质量控制过程的数字化就是采集和记录生产过程中的质量数据，包括工艺配料、设备参数、环境数据、生产检验记录等，实现NC、CAPA等质量管理流程的数字化，通过端到端工业App简化员工操作，提高执行效率。同时，企业可基于这些数据进行统计分析预测质量趋势，预防质量问题发生，实现产品质量的持续改进和优化。

（3）质量数据分析

根据实际的监测参数波动变化，预测分析产品质量趋势，实时洞察生产质量，在发生质量问题前提早预警，及时采取纠正措施，避免废品或返工；

① 参考PTC官网文章《Airbus以IoT助力未来工厂》。

基于规范性分析给出的最佳参数范围，对设备参数或辅料配比等进行修正，以保证最佳的产品质量，降低生产成本。

案例

我国某大型集装箱制造商生产的几乎所有产品都需要经过喷漆工艺，因此涂料和漆是产品成本的重要部分。其旗下一个工厂仅水性漆的每年采购成本就超过 2 亿元，全集团采购额近百亿元。若能节省 5% ~ 10%，就是一笔非常可观的利润。由于其箱体大，油漆厚度较厚，无法采用乘用车普遍应用的静电喷涂工艺，只能通过机械臂喷漆实现局部自动化。但是，混料配比、喷枪压力、移动速度等需依靠工人经验，无法得到精准控制，导致喷漆厚度不均匀，班次差异性大，返工造成了巨大的浪费，并严重影响进度。该企业通过对其油漆生产工艺和喷涂环节的深入分析，增加数据采集点，利用 Thing Worx 的机器学习模块进行单体油漆消耗最小的指导性分析，对传送带速度、喷枪压力等工艺参数给出最优建议，从而有效提升了喷漆质量，降低油漆成本。

（4）质量问题闭环

产品质量问题的闭环管理是保证和提高产品质量的重要环节。建立跨系统、跨部门的质量问题闭环流程，利用数据关联快速、自动追溯受影响产品数据，实现质量问题闭环；利用质量问题根因分析，分析重大或频发质量问题的相关因子，及时制定预防或纠正措施，完善相应的 FMEA 和 CP 等，以保障持续稳定的产品质量。

案例

博世力士乐是全球领先的工业液压设备制造与技术服务公司。CytroPac 是其重要的动力组件产品系列，其在产品设计、营销、制造与服务过程中使用了 PTC 提供的领先的物联网及 AR 解决方案。通过访问智能互联产品的实时运行数据，可以获取产品性能和状态曲线。对异常情况可做进一步的故障分析，以找出引发产品故障的相关因素。例如，由于底盘散热性能不足导致产品过热的问题。故障产品的实时数据可以导入设计环境中进行实时仿真分析，以便改进和优化产品设计。通过数字主线和机器学习技术，博世力士乐在 CytroPac 产品上既实现了质量问题的闭环，也借助质量数据分析实现了产品的迭代更新。[①]

① Creating a Smart Connected Product from the Beginning.

结束语

数字化转型已经成为当下企业关注的热点话题。笔者希望通过本书为读者拨开数字化迷雾，看清什么是数字化，为什么要数字化，以及如何数字化，帮助企业建立正确、全面的数字化转型观，使数字化真正“为我所用”。

在我国，数字化转型刚刚起步，大家都是摸着石头过河，没有太多的经验可言，教训可能对企业更有价值。因此，大家不要停留或者观望，也不要期望借助外力或者别人的成功经验来成就自己，否则在高速发展的数字时代就可能与数字化失之交臂，成为数字化追随者，从而丧失主动权和竞争优势。埃森哲的调研报告指出，数字化追随者的数字投资收益低于行业平均水平，也低于行业平均的整体投资回报率①。

数字化转型可以说是一条不归路，企业要做好打持久战的准备，要有披荆斩棘、颠覆自我的勇气和决心，在快速试错、快速迭代的过程中找到真正适合自身的数字化转型路径，才能实现真正的产品和服务的差异化。在这个过程中，企业唯一可以依赖的就是成熟的数字技术工具和工业互联网平台。值得庆幸的是，5G 和工业互联网成为 2020 年我国“新基建”的两大重点投资方向，势必将加速二者创新发展，形成产业化生态，助力企业数字化转型。

数字化、工业互联网、智能制造中的任何一个都是庞大的课题，因此本书中若有不当之处，还望各位不吝指正。笔者也非常愿意与相关人士对数字化转型等议题进行深入的交流和探讨，与大家共勉共进，先在此感谢。

① 埃森哲．像领军者企业一样实现数字创新规模化．2019 年 4 月 1 日．

最后，笔者向为本书倾情作序的杨学山教授、郭孔辉院士、方明伦教授、赵敏会长表示感谢；也向同济大学工业 4.0 工厂主任陈明、美国辛辛那提大学李杰教授、优也公司首席科学家郭朝晖、北京兰光创新董事长朱铎先、北京联讯动力总经理林雪萍、精益数据创新体系创始人史凯、e-works 数字化企业网 CEO 黄培博士以及众多关心本书的专家表示衷心感谢，他们对本书提出了大量宝贵的意见和建议，提升了本书的专业价值。